무지한 스승

Liberté · Égalité · Fraternité
RÉPUBLIQUE FRANÇAISE

Cet ouvrage, publié dans le cadre du Programme de Participation à la
Publication, bénéficie du soutien du Ministère dès Affaires Etrangères et de
l'Ambassade de France en Corée.
이 책은 프랑스 외무부와 주한프랑스대사관의 출판 번역 지원 프로그
램의 도움으로 출간되었습니다.

무지한 스승

— 지적 해방에 대한 다섯 가지 교훈 — 개정판

JACQUES
RANCIÈRE

무지한 스승

자크 랑시에르 지음 │ 양창렬 옮김

궁리
KungRee

일러두기

1. 『무지한 스승』의 원본은 Jacques Rancière, *Le maître ignorant. Cinq leçons sur l'émancipation intellectuelle*, Librairie Arthème Fayard, 1987이다.

2. 원서에서 이탤릭체로 강조한 부분은 고딕체로, 대문자로 강조한 표현은 굵은 글씨체로, 그리고 인용문은 " "로 표시했다.

3. 인명이나 지명 그리고 작품명은 될 수 있는 한 외래어 표기법을 따랐다.

4. 단행본, 전집에는 『 』를, 정기간행물에는 《 》를, 논문이나 기사 등에는 「 」를 썼다.

5. 원주는 그냥 표시하였다. 옮긴이 주는 주 앞에 [옮긴이]로 표시했다.

6. 문맥의 이해를 돕기 위해 옮긴이가 말을 더할 때, 본문에 〔 〕을 써서 덧붙였다.

7. 중의적으로 읽을 수 있는 단어는 /를 써서 표시했다. 예) 수업/교훈

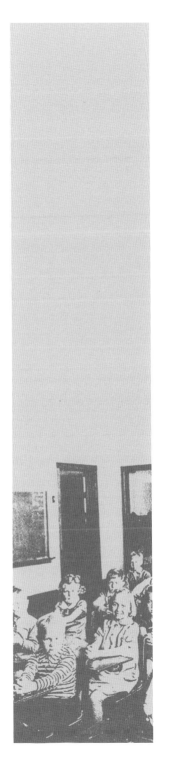

제1장

어떤
지적 모험

~) 1818년에 루뱅 대학 불문학 담당 외국인 강
사가 된 조제프 자코토는 어떤 지적 모험을 했다.
하지만 길고도 파란만장한 이력 탓에 (그는 별로) 놀라지도 않았
던 것 같다. 자코토는 1789년에 열아홉 번째 생일을 맞았다. 그는
당시 디종에서 수사학을 가르쳤고 변호사 일을 준비하고 있었다.[1]
1792년에는 (자원하여) 공화국 군대에서 포병으로 복무했다. 이후

....

1   [옮긴이] 조제프 자코토(1770~1840)는 1770년 3월 4일 프랑스 부르고뉴 지방의 디
    종에서 푸줏간 주인의 아들로 태어났다. 어렸을 때부터 학업에서 두드러졌으며 9세
    에 초등 과정을, 14세에 중등 과정을 마쳤다. 그 뒤 곧바로 중학교에서 수사학을 가
    르치는 대리 교사가 되었다. 그 후에도 수학이나 문학을 공부하고, 1786년부터는 디
    종 대학에서 법을 공부하여, 1789년에 법학 학사학위를 받아 변호사가 되었다. 그의
    나이 열아홉의 일이다.

국민 의회 시기(1792~1795년)에는 화약국 교관, 육군장관 참모, 에콜 폴리테크니크 교장 대리를 차례로 역임했다. 디종으로 돌아온 뒤에는 분석, 이데올로기, 고전어, 순수 · 초월 수학, 법학을 가르쳤다.[2] 동향인들의 존경을 받던 터라 1815년 3월에는 마지못해 디종의 국회의원이 되었다.[3] 부르봉 왕가가 복귀하는 바람에 망명길에 오를 수밖에 없었고, 네덜란드 왕의 관대함 덕분에 (정교수가 받는) 월급의 반을 받는 강사직을 얻을 수 있었다.[4] 환대를 받은 조제

....

2 [옮긴이] 1795년, 디종 국립 고등 공예 학교에서 자코토는 논리학과 '감각작용 및 관념에 대한 분석'을 가르쳤고, 1796년에는 고전 문헌학을 가르쳤다. 1802년 시행된 교육 개혁법에 따라 국립 고등 공예 학교 제도가 고등학교 제도로 대체되고 나서 그는 디종 고등학교에서 고전 문헌학 대신 수학을 가르쳤다. 1806년부터는 디종 대학 법학부에서 강사 생활을 했으나 정식 교수로 임명되지 못하다가, 1809년에 과학부에서 순수 수학을 가르치는 교수로 임명된다.

3 [옮긴이] 옛 부르봉 왕가와 사돈지간이던 나라들은 1814년에 프랑스 제국을 공격했다. 특히 오스트리아 군대가 디종을 점령했을 때, 자코토는 체포되었다. 디종 법학부 교수회는 자코토를 풀어달라는 청원 운동을 했고, 오스트리아 군대가 떠난 뒤에야 그는 한 달 만에 디종으로 돌아올 수 있었다. 이 사건 때문에 유명세를 타게 된 자코토는 1815년 '100일 천하' 기간 동안 디종의 하원 의원이 된다.

4 [옮긴이] 1815년 7월 13일 나폴레옹이 이끌던 프랑스 제정이 완전히 무너지고, 두 번째로 왕정복고가 이뤄지자 자코토는 벨기에로 망명했다. 자코토가 벨기에를 택한 까닭은 그의 부인이 그곳 출신이었기 때문이다. 네덜란드의 지배를 받던 벨기에에서 그는 개인 교습을 하며 연명했다. 몇 년 동안 여러 대학에 강사직을 요청했으나 거절당했고, 1818년 6월 29일에야 루뱅 가톨릭 대학의 불문학 담당 외국인 강사로 임명되어 그 해 10월 15일에 첫 수업을 했다. 그러나 본문에서 언급된 네덜란드 국왕의 '관대함'과 '환대'는 반어법으로 이해해야 한다. 왜냐하면 프랑스 최고 교육 기관인 에콜 폴리테크니크에서 교장 대리까지 역임한 자코토에게 불문학 대리 강사를 시킨 것은 자코토 본인에게는 굴욕이었기 때문이다. 더욱이 당시 네덜란드 국왕이었던 기욤 1세는 벨기에에 잔존하는 프랑스의 영향을 없애고자 노심초사하고 있었고, 바로 이 정치적인 이유 때문에 루뱅 대학에 새로 개설된 불문학 강좌에 제대로 된 지위를 부여하지 않았던 것이다. 자코토의 생애와 관련하여 우리는 Jean-François Garcia,

프 자코토는 루뱅에서 조용한 나날을 보낼 생각이었다.

우연은 (그의 뜻과는) 다르게 정했다. 이 하급 외국인 강사의 수업은 단숨에 학생들의 호평을 얻었다. 수업을 들으려던 학생들 중 다수가 프랑스어를 몰랐다. 조제프 자코토 쪽도 네덜란드어를 조금도 몰랐다. 따라서 학생들이 그에게 요구하는 것을 가르칠 수 있는 언어가 전혀 없었다. 그래도 자코토는 학생들의 바람에 부응하고 싶었다. 그러려면 학생들과 그 사이에 공통된 어떤 **것/사물**로 된 최소한의 연결고리를 맺어야 했다. 그런데 당시 브뤼셀에 (페늘롱이 쓴)『텔레마코스의 모험』의 프랑스어-네덜란드어 대역판이 출간되었다. 공통된 것/사물을 찾았다. 텔레마코스는 그렇게 조제프 자코토의 인생에 들어왔다. 자코토는 통역을 통해 학생들에게 그 책을 건네주고, 네덜란드어 번역문을 사용해서 프랑스어 텍스트를 익히라고 주문했다. 학생들이 제1장의 절반까지 왔을 때 그는 학생들이 익힌 것을 쉼 없이 되풀이하되, (외운 부분 말고 책의) 나머지는 이야기할 수 있을 만큼만 읽으라고 시켰다. 이는 임시변통의 해결책이었다. 하지만 규모는 작아도 계몽주의 시대에 인기를 끌던 풍의 철학 실험[5]이기도 했다. 조제프

....

Jacotot, Paris, P.U.F., 1997를 참조하였다.

5 [옮긴이] 보통 '경험'으로 번역되는 expérience를 우리는 '실험'으로 옮겼다. 『무지한 스승』의 영역자가 역자 서문(p. xix)에서 밝히듯이 프랑스 계몽주의에서 expérience는 실험과 경험을 동시에 뜻한다. 우리말 사전에서 실험은 '이론이나 관념을 실제로 경험하거나 시험해보는 것'이라고 정의된다. 즉 우리말에서 실험이라는 단어는 경험을 포함하고 있다. 따라서 우리는 위 단어를 굳이 실험/경험으로 옮기지 않고 실험으로

자코토는 1818년에도 여전히 지난 세기의 인간이었던 것이다.

실험은 기대 이상이었다. 자코토는 그렇게 준비한 학생들에게 읽은 내용 전부에 대해 각자 생각한 바를 프랑스어로 써보라고 주문했다. "그는 끔찍하리만치 부정확한 어구들, 어쩌면 절대 무능을 예상했다. 정말이지 아무 설명도 듣지 못한 이 모든 젊은이들이 어떻게 생판 모르는 언어의 어려움을 이해하고 해결할 수 있었겠는가? 상관없다! 우연히 열린 이 길이 그들을 어느 곳으로 이끌었는지, 이 체념 어린 경험적 방법의 결과가 무엇이었는지 보았어야 한다. 혼자서 하게끔 내버려둔 이 학생들이 많은 프랑스인들이 해냈던 것과 같은 정도로 이 어려운 단계를 해치우는 모습을 봤으니 그가 오죽 놀라지 않았겠는가? 의지만 있으면 할 수 있다는 것일까? 모든 사람들은 다른 사람들이 행하고, 이해했던 것을 잠재적으로 이해할 수 있던 것일까?"[6]

이것이야말로 우연한 실험이 자코토의 정신에 일으킨 혁명이었다. 그때까지만 해도 그는 모든 성실한 선생들이 생각하는 대로 다음과 같이 믿었다. 스승의 주요 임무는 자신의 지식을 학생들에게 전달하고 그들을 자신이 가진 학식을 향해 서서히 끌어올리는 것이라고. 자코토는 다른 선생들과 마찬가지로 학생들에게 지식을

옮겼다. 더욱이 자코토는 여기저기에서 expérience의 짝말로 '결과résultat'를 쓰곤 한다. 그러니 그가 염두에 두고 있는 뜻은 경험보다는 실험이라고 하겠다.

6 Félix et Victor Ratier, "Enseignement universel. Émancipation intellectuelle," *Journal de philosophie panécastique*, 1838, p. 155.

주입하고 앵무새처럼 되풀이하게 하는 것이 관건이 아님을 알았다. 또한 학생들이 우연의 길을 피할 수 있도록 해주는 것이 중요함을 알았다. 중요한 것과 부수적인 것, 원리와 결론을 아직 구별하지 못하는 정신들은 우연의 길에서 길을 잃으니 말이다. 간단히 말해서 스승의 본질적 행위는 **설명하는 것**, 지식에서 간단한 요소들을 끌어내는 것, 그리고 지식의 단순한 원리와 젊고 무지한 정신을 특징짓는 단순한 사실을 일치시키는 것이었다. 가르친다는 것은 지식을 전달하는 동시에 잘 짜인 점진적 순서에 따라 가장 단순한 것에서 가장 복잡한 것으로 정신을 이끌고 가면서 그 정신을 형성하는 것이었으며, 이 둘은 참으로 하나의 동일한 운동이었다. 이렇게 앎을 정연하게 제 것으로 만들고, 판단과 취향을 형성하는 가운데 학생은 사회적 용도가 그에게 요구하는 높이만큼 성장한다. 그리고 학생은 그것(앎, 판단, 취향)을 그 용도에 맞게 이용할 준비를 한다. 예컨대 교양 있는 엘리트들은 가르치고, 변론하고, 통치해야 한다. 이제 인민의 엘리트 중에서 엄선된 새로운 아방가르드들은 도구와 기계를 구상하고, 도안하고, 제작해야 한다. 특수한 천재성을 갖고 태어난 정신들은 과학자로서 경력을 쌓으면서 새로운 발견을 해야 한다. 물론 이 과학자들의 행보는 교육자들의 정연한 질서로부터 뚜렷이 멀어진다. 그러나 이 질서에 반대하여 끌어낼 수 있는 어떠한 논거도 없었다. 반대로 독특한 천재적 능력을 마음껏 발휘하도록 하려면 견고하고 체계적으로 교육을 받아야 한다. Post hoc, ergo propter hoc.[7]

성실한 선생이라면 누구나 위와 같이 추론한다. 30년 간 교직에 있으면서 자코토 역시 그렇게 추론하고 행동했다. 그런데 우연히 모래알이 기계 안에 끼어들었다. 자코토는 그의 '학생들'에게 프랑스어의 기본 요소에 대해 아무 설명도 하지 않았다. 심지어 철자법과 동사 변화도 설명해주지 않았다. 학생들은 자신들이 아는 단어에 상응하는 프랑스 단어와 그 단어들이 어미 변화하는 이치를 혼자서 찾아냈다. 그들은 혼자서 단어들을 조합하여 프랑스어 문장을 만드는 법을 익혔다. 학생들이 책을 읽어 나가면서 문장에 쓰는 철자법과 문법도 점점 더 정확해졌다. 더구나 그들이 구사하는 문장은 초등학생 수준이 아니라 작가 수준이었다. 그렇다면 스승의 설명은 쓸데없는 것이었나? 설명이 쓸데없지는 않았다면, 그 설명은 누구에게, 무엇에 쓸모가 있었는가?

설명자의 질서[8]

조명[9]이 갑자기 조제프 자코토의 정신 안에서 모든 교육[10] 체계가

....

7 [옮긴이] "이 이후에, 그러므로 이 때문에." 과학자들이 '이후에' 교육자들의 정연한 질서에서 멀어지며 천재적 능력을 발휘하는 것도 사실은 바로 그들이 통과한 질서 '때문'이라는 말이다. 그렇기 때문에 과학자들의 행보는 교육자들의 질서에 반대하는 논거가 되지 못하는 것이다

8 [옮긴이] L'ordre explicateur는 1) 설명자들의 세계관, 2) 설명 체계, 3) 설명의 순서를 한꺼번에 뜻한다.

9 [옮긴이] 랑시에르는 '조명illumination'의 비유를 즐겨 쓴다. 그것은 플라톤에서 아렌트에 이르기까지 무수한 사상가들이 사용한 어둠(노동과 욕구)과 밝음(행위와

맹목적으로 받아들이는 명백함(설명의 필요성)을 사정없이 비출 것이다. [설명이 필요하다는] 이 명백함보다 더 확실한 것이 무엇이란 말인가? 누구도 자신이 이해한 것 말고는 정녕 알지 못한다. 자신이 이해하기 위해서는 누군가가 그에게 설명을 해주었어야 하며, 스승의 말이 가르치는 **교과**의 침묵을 깼어야 하는 것이다.

하지만 [모든 교육 체계가 당연시하는] 이 논리는 몇 가지 모호함을 내포하지 않을 수 없다. 예를 들어 여기 학생의 손에 책이 들려 있다고 치자. 이 책은 학생이 어떤 교과를 이해하게끔 하기 위한 일련의 추론들로 짜여 있다. 이제 스승은 그 책을 설명하기 위해 말을 시작한다. 그는 그 책에 짜여 있는 일련의 추론들을 설명하기 위해 일련의 추론을 한다. 그러나 왜 그 책에 그런 도움이 필요할까? 설명자에게 돈을 지불하지 않고 가장[11]이 그냥 자

말)의 나눔을 반박하기 위해 쓰인다. 동굴에 묶여 있는 수인들 또는 빈자들의 '비가시성'에 대해 랑시에르는 자신의 힘으로 동굴을 빠져나가 '햇빛을 본' 해방된 노동자들을 맞세운다. 즉 말하는 존재로서 자신이 갖는 지적 능력의 평등을 확인하는 해방된 노동자들의 개인적이거나 집단적인 '우연한 경험들'을 가리키기 위해 랑시에르는 '조명'이라는 표현을 쓴다. Jacques Rancière, "La scène révolutionnaire et l'ouvrier émancipé (1830~1848)," *Tumultes*, n° 20, 2003, p. 55 이하 참조. 이 텍스트는 원래 1988년에 작성되었다.

10 [옮긴이] 이 책에는 교육과 관련된 표현들이 여럿 사용된다. 주로 나오는 동사들 중 일부를 굳이 구분하자면 enseigner는 '가르치다'를, instruire는 '깨우치다'를, éduquer는 '교육하다'를, former는 '길러내다'를 뜻한다. 그래서 우리는 이 동사들의 명사형인 enseignement은 '가르침 및 교육'으로, instruction은 '지도'로, éducation은 '교육'으로, formation은 '양성'으로 옮겼다. 그밖에 pédagogie는 '교육학'이나 '교수법'으로 옮겼다.

11 [옮긴이] le père de famille를 옮긴 것이다. 문자 그대로 옮기면 '가족의 아버지' 또는 '가부장(家父長)'이 된다. 우리는 위 표현을 가족의 어머니, 아버지를 모두 아우

기 자식에게 책을 주고, 아이가 직접 그 책의 추론을 이해할 수는 없을까? 설령 아이가 그 추론들을 이해하지 못한다고 치자. 그가 이해하지 못한 것을 〔말로〕 설명해주면 왜 그 아이는 그 추론들을 더 잘 이해하게 되는 걸까? 〔말로〕 설명한 추론들은 성격이 다른 것일까? 이런 경우 그 추론들을 이해하는 방식을 또다시 설명해야 하는 것은 아닐까?

설명의 논리는 이처럼 무한 퇴행의 원리를 내포한다. 〔추론들을 설명하는〕 이유들이 늘어나는 데에는 결코 멈추어야 할 이유가 없다. 퇴행을 멈추고, 체계에 밑바탕을 부여하는 것은 그저 설명자가 설명을 설명해야 하는 지점을 판정할 수 있는 유일한 사람이라는 사실에 있다. 그는 그 자체로 현기증 나는 다음과 같은 질문을 판정할 수 있는 유일한 사람이다. 학생은 추론을 이해할 수 있도록 그에게 가르치는 추론들을 이해했는가? 스승이 가장을 사로잡는 것이 바로 이 지점이다. 아이가 그 책의 추론을 이해했다는 것을 가장이 어떻게 확신할 수 있겠는가? 가장이 갖지 않

....

르기 위해 '가장'이라고 옮겼다. 왜냐하면 랑시에르가 여기저기에서 지적하듯 어머니가 자식을 가르치지 못할 이유가 없기 때문이다. 오히려 19세기 지적 해방 운동에서 어머니나 여성이 지능을 가지고 자식들을 직접 가르칠 수 있음을 증명한 것이야말로 더 커다란 추문의 대상이 되었다. 예컨대 자코토를 비판하던 사람 중 가장 유명했던 폴 로랭Paul Lorain은 『자코토의 방법에 대한 논박Réfutation de la méthode Jacotot』(1830)에서 자코토가 말하는 지적 해방 및 여성 해방에 대해 이렇게 비꼬아 말했다. "가슴 뭉클한 발견이로다! 여성, 어머니, 인류의 가장 아름다운 절반이 그녀의 아이의 교사가 된다니!" 마찬가지로 본문에서는 가장이 가르치는 대상을 fils(남자 아이)라고 적고 있는데, 우리는 그것을 모두 '자식'이라고 옮겼다.

은 것, 다시 말해 아이, 책과 함께 트리오를 이루는 데 항상 빠지게 될 것은 설명자가 가진 독특한 기술인 **거리**의 기술이다. 스승의 비밀은 가르친 교과와 지도해야 하는 주체 사이의 거리를 식별할 줄 아는 데 있다. 그것은 또한 **배우는 것**과 **이해하는 것** 사이의 거리를 식별하는 것이기도 하다. 설명자는 거리를 설정하고 없애는 자다. 그는 자신의 말 속에서 그 거리를 펼치고, 줄인다.

〔스승의〕 말이 갖는 특권적 지위는 역설적인 위계를 세우기 위해서만 무한 퇴행을 제거한다. 사실 설명자의 질서에서 글로 쓰인 설명을 설명하기 위해서는 보통 말로 하는 설명이 필요하다. 이는 추론이 지워지지 않는 문자로 영원히 기록된 책 속에서보다 말하는 순간 흩어져버리는 스승의 말로 전달될 때 학생의 정신 속에 더 분명하고, 더 잘 새겨진다는 것을 전제한다. 글에 대한 말의 역설적 특권, 시각에 대한 청각의 역설적 특권을 어떻게 이해해야 할까? 말의 권력과 스승의 권력 사이에는 어떤 관계가 있을까?

이 역설은 곧바로 또 하나의 역설과 만난다. 아이가 가장 잘 배우는 **말들**, 아이가 그 뜻을 가장 잘 꿰뚫을 수 있는 말들, 아이가 가장 잘 제 것으로 만들어서 쓰고 싶은 대로 쓸 수 있는 말들은 바로 선생이 설명해주지 않아도 배운 말들, 모든 설명하는 선생이 설명을 하기 이전에 배운 말들이다. 다양한 지적 학습의 능률이 불균등하기는 해도, 모든 인간 아이가 가장 잘 배우는 것은 어떤 스승도 설명해줄 수 없는 모국어다. 사람들은 아이에게 말하고, 아이 주변에서 말한다. 아이는 그것을 듣고, 기억해두고, 따라 하고, 되풀이하고, 틀리고, 고치고, 운 좋게 성공하고, 방법을 익혀 다시 시작한다. 설명자들이 지도에 착수하기에는 너무 어린 나이에도 거의 모든 아이는 성별, 사회적 조건, 피부색과 상관없이 부모가 사용하는 언어를 알아듣고 말할 수 있다.

그런데 자기 고유의 지적 능력(이하, 지능)을 통해 그리고 언어를 설명해주지 않은 스승들을 통해 말하는 법을 익힌 이 아이는 이제야 엄밀한 뜻에서 지도(指導)를 받기 시작한다. 이제 모든 일은 그때까지 아이가 쓰던 바로 그 지능의 도움으로는 아무것도 더는 익힐 수 없다는 듯이, 또 자율적인 학습-검증 관계가 이제부터 그에게 낯설게 된 듯이 진행된다. 위 둘 사이에, 이제 어떤 불투명함이 자리 잡는다. 그것은 **이해하다**와 관련이 있다. 이 단어 하나가 모든 것 위에 베일을 씌운다. **이해한다**는 것은 아이가 한 명의 스승이 해주는 설명이 없다면, 그리고 나중에 점진적인 어떤 순서로 주어지는 이해해야 할 교과들이 있는 만큼 더 많은 스승들이 해주는 설명이 없다면 할 수 없는 일이다. 여기에 이상한 정황이 더해진다. 진보의 시대가 시작하고부터 이 설명들은 더 잘 설명하기 위해, 더 잘 이해시키기 위해, 더 잘 익히는 법을 가르치기 위해 끊임없이 개선되었지만, 위에서 말한 이해에 그에 상응하는 개선이 이루어졌는지는 결코 측정할 수 없다. 오히려 유감스러운 소문이 나기 시작하더니 걷잡을 수 없이 커진다. 설명 체계의 효율이 꾸준히 떨어진다는 소문 말이다. 당연히 효율을 높이려면 설명을 이해하지 못하는 자들이 더 쉽게 이해할 수 있도록 설명을 새롭게 개선할 수밖에 없다.

　조제프 자코토를 사로잡은 계시는 다음으로 귀결된다. 설명자가 가진 체계의 논리를 뒤집어야 한다. 이해하지 못하는 무능력을 바로잡기 위해 설명이 꼭 필요한 것은 아니다. 반대로 이 **무능력**이란 설명자의 세계관이 지어내는 허구이다. 설명자가 무능한 자를 필요로 하는 것이지 그 반대가 아니다. 즉 설명자가 무능한 자를 무능한 자로 구성하는 것이다. 누군가에게 무언가를 설명한다는 것은 먼저 상대가 혼자 힘으로는 그것을 이해할 수 없음을 그에게 증명하는 것이다. 설명은 교육자의 행위이기에 앞서, 교육학이 만든 신화다. 그것은 유식한 정신과 무지한 정신, 성숙한 정신과 미숙한 정신, 유능한 자와 무능한 자, 똑똑한 자와 바보 같은 자로 분할되어 있는 세계의 우화인 것이다. 설명하는 자만이 가진 재주는 이처럼 이중으로 된 시작의 몸짓에 있다. 한편 그는 절대 시작을 포고(布告)한다. 오로지 지금 이 순간부터 학습 행위가 시작된다. 다른 한편 그는 배워야 할 모든 것 위에 무지의 베일을 씌운다. 그리고 이 베일을 걷는 책임은 바로 그 자신에게만 있다. 설명하는 자에게 도달하기까지, 꼬마는 앞도 못 보고 더듬거리고 짐작하면서 나아갈 뿐이다. 꼬마는 이제 학습하게 될 것이다. 〔전에는〕 단어들을 듣고 되풀이해왔다. 이제는 읽는 것이 중요하다. 꼬마는 음절을 알아듣지 않으면 단어를 알아들을 수 없을 것이다. 문자를 알아듣지 않으면 음절을 알아듣지도 못할 것이다. 꼬마에게 문자를 알아듣게 할 수 있는 것은 책도 그의 부모도 아닌 스승의 말뿐이다. 우리가 말했듯이, 교육학의 신화는 세계를 둘로 분할한다. 좀 더 정확히 말해서, 교육학의 신화는 지능을 둘로 분할한다. 열등한 지능이 있고 우월한 지능이 있다. 열등한 지능은 지각을 무작위로 등록하고, 기억해두고, 해석하고, 습관과 욕구의 좁은 고리 안에서 경험을 통해 되풀이한다. 이것이 어린아이와 보통 사람이 가진 지능이다. 우월한 지능은 이성을 통해 사물을 인식하며, 그것은 방법에 따라, 단순한 것에서 복잡한 것으로, 부분에서 전체로 나아간다. 우월한 지능을 가졌기 때문에 스승은 자신의 지식을 학생의 지적 능력에 맞추어 전달할 수 있고, 또 학생이 배운 것을 제대로 이해했는지 검증할 수 있다. 이것이 설명의 원리다. 이것은 이제부터 자코토가 말하는 **바보 만들기**abrutissement[12]의 원리가 될 것이다.

바보 만들기가 무슨 뜻인지 잘 이해해보자. 그러려면 기존의

....

12 [옮긴이] 우리는 abrutir(우둔하게 만들다, 바보로 만들다)의 명사형인 abrutissement 을 '우둔화'라는 어려운 한자말보다는 '바보 만들기'라는 명확한 우리말로 옮겼다. 이에 맞춰, abrutir하는 자인 abrutisseur를 '바보를 만드는 자'라고 옮겼다. 랑시에르는 abrutissement을 (지적) 해방—모든 지능의 발현이 내포하는 본성적 평등을 의식하는 것—에 맞세우면서, "abrutissement이란 어떤 존재가 자신의 무능력을 받아들이고 그것을 재생산하는 의식" 또는 "열등감"이라고 말하기도 한다. Jacques Rancière, "L'émancipation et son dilemme," *Cahiers du Cedref*, n° 1, 1989, p. 49 참조. 다시 말해 랑시에르는 지능의 불평등이 자연(본성)적인 것이라고 설명하면서 다른 사람들의 무능력을 연출하는 '바보로 만드는 행위'와 그로 인해 지능은 불평등하고 자신은 무능하다고 믿으며 '바보가 된 느낌'을 모두 가리키기 위해 '바보 만들기'라는 표현을 쓴다.

이미지들을 몰아내야 한다. 바보를 만드는 자는 이해하기 어려운 지식을 학생의 머릿속에 주입하는 늙어빠진 둔한 스승이 아니다. 하물며 자신의 권력과 사회 질서를 공고히 하기 위해 표리부동한 진리를 실천하는 사악한 존재도 아니다. 반대로 바보를 만드는 자는 유식하고 식견 있으며 선의를 가졌을수록 더 유능하다. 그가 유식하면 유식할수록, 그가 아는 것과 무지한 자들의 무지 사이의 거리는 더 분명하게 나타난다. 그가 식견을 갖추었을수록, 앞도 못 보고 더듬거리는 것과 방법을 가지고 탐구하는 것 사이의 차이는 그에게 더 분명해 보인다. 그럴수록 그는 문자를 정신으로 대체하고, 책의 권위를 명료한 설명으로 대체해야 한다고 고집하게 될 것이다. 그는 이렇게 말할 것이다. 무엇보다 학생은 이해해야 한다. 그러려면 사람들이 그 학생에게 항상 더 잘 설명해주어야 한다. 식견 있는 교육자의 고민은 이런 것이다. 꼬마가 이해할까? 이해 못 하지. 그에게 설명해줄 새로운 방식을 찾아야지. 원리에서 더 엄밀하면서도 형식에서 더 흥미를 유발하는 그런 방식을. 그리고 아이가 이해했는지 검증해보아야지.

이 얼마나 고귀한 고민이란 말인가. 불행하게도 식견 있는 자들이 쓰는 이 대수롭지 않은 단어, 이 **이해하자**라는 슬로건이 바로 모든 악의 근원이다. 그 단어 때문에 이성의 운동은 멈추고, 이성에 대한 신뢰는 파괴된다. 그 단어는 지능의 세계를 둘로 쪼개고, 더듬거리며 나아가는 동물과 지도받은 꼬마 사이, 상식과 과학 사이를 단절시켜 이성을 탈선하게 만든다. 이 이원성의 슬로건이

선포된 이상, **이해시키는** 방식의 모든 개선(방법론자들과 진보주의 자들의 중요 관심사)은 바보 만들기의 진보가 된다. 맞을까봐 두려워 어름어름 말하는 아이는 회초리에 복종하는 것이다. 더 이상 말이 필요 없다. 아이는 자신의 지능을 다른 것에 적용하게 될 것이다. 그러나 **설명을 들은** 꼬마는 자신의 지능을 애도 작업에 쏟을 것이다. 이해하기, 다시 말해 누군가 그에게 설명해주지 않으면 자신은 이해할 수 없다는 사실을 이해하는 작업 말이다. 아이는 더 이상 회초리가 아니라 지능의 세계에 세워진 위계에 복종한다. 그것만 뺀다면 아이는 다른 사람처럼 평온하다. 문제의 해답을 찾기가 너무 어렵다 해도, 아이에게 눈을 크게 뜨는 지능 정도는 있을 것이다. 스승은 세심하며 인내심 있다. 꼬마가 〔설명을〕 더는 따라오지 못함을 보게 될 경우, 스승은 다시 꼬마에게 설명해주면서 그를 다시 〔이해의〕 길로 이끌 것이다. 그리하여 꼬마는 새로운 지능, 즉 스승이 설명해준 것들에 대한 지능을 획득하게 될 것이다. 나중에는 꼬마 역시 설명자가 될 수 있을 것이다. 장비는 갖추어졌다. 그는 그 장비를 개선할 것이다. 그는 진보적 인간이 될 것이다.

우연과 의지

설명을 듣고 성장한 설명자의 세계는 위와 같이 돌아간다. 우연히 **사실**과 대면하지 않았더라면 자코토 선생 역시 여전히 그리했을 것이다. 조제프 자코토는 생각했다. 모든 추론은 사실에서 출발해야 하고, 사실에 따라야 한다고. 이를 두고 그가 유물론자였다고 이해해서는 안 된다. 오히려 그 반대다. 걸으면서 운동을 증명했던 데카르트처럼, 그와 같은 시대를 살던 지독한 왕당파이자 종교인인 멘 드 비랑처럼, 자코토는 행동하고 자신의 활동을 의식하는 정신의 **사실들**〔행적들〕을 모든 물질적인 **것/사물**보다 더 확실한 것으로 보았다. 그래서 이것이 중요했다. 학생들이 그의 설명의 도움 없이도 프랑스어로 말하고 쓰는 법을 **스스로 익혔다는 것은 사실이었다.** 자코토는 학생들에게 그의 학식을 조금도 전달하지 않았다. 프랑스어에 있는 어근이나 어근의 굴절에 대해 조금도 설명해주지 않았다. 그는 개혁 교육자들이 하는 방식으로 나아가지도 않았다. 개혁 교육자들은 『에밀』의 가정교사처럼 학생들을 더 잘 이끌기 위해 길을 잘못 들게 하고, 혼자 힘으로 넘는 법을 배워야 하는 장애물 길을 교묘하게 설치한다. 자코토는 학생들에게 페늘롱의 텍스트와 그 번역―그것은 학교 식으로 행간에 적혀 있는 것도 아니었다―, 그리고 프랑스어를 배우고자 하는 학생들의 의지를 홀로 내버려두었다. 그는 자신도 출구를 몰랐던 숲을 가로지르라고 학생들에게 명령했을 뿐이다. 필연적으로 그는 자신의 지능을 조금도 쓸 수 없었다. 글로 쓰인 단어들에 인쇄된 지능과 초심자의 지능을 묶어주는 스승의 매개적 지능을 쓸 수 없었던 것이다. 그는 동시에 교육학의 바보 만들기 원리인 이 상상적 거리를 제거했다. 모든 것은 부득이 프랑스어를 모종의 방식으로 쓰길 **바랐던** 페늘롱의 지능, 그 사용법에 상응하는 네덜란드어 표현을 주길 **바랐던** 번역자의 지능 그리고 프랑스어를 배우길 **바랐던** 초심자의 지능 사이에서 일어났다. 다른 어떤 지능도 필요하지 않은 것으로 드러났다. 자코토는 생각지도 않게 학생들과 발견했던 다음의 사실을 그들에게 발견하게 해주었다. 모든 문장, 결국 그 문장들을 만들어내는 모든 지능은 같은 본성에 속한다. 이해하는 것은 번역하는 것과 결코 다르지 않다. 다시 말해 이해하는 것은 하나의 텍스트에 상응하는 것을 주는 것이지 그것의 이유를 주는 것이 아니다. 글로 쓰인 페이지 배후에는 아무것도 없다. **다른** 지능, 즉 설명자의 지능 작업이 필요한 이중의 바탕도 없다. 스승의 언어, 언어의 언어—어떤 텍스트에 왜 그 단어와 그 문장이 쓰였는지 그 이유를 말하는 권력을 가질 단어와 문장—도 없다. 플랑드르 학생들은 그 증거를 내놓았다. 그들은 『텔레마코스의 모험』에 대해 말하기 위해서 『텔레마코스의 모험』에 나오는 단어들밖에 쓸 수 없었다. 페늘롱의 문장을 이해하고 저마다 이해한 것을 말하기 위해서는 페늘롱의 문장으로 충분했다. 배우기 그리고 이해하기는 번역이라는 행위를 표현하는 두 가지 방식이다. 스스로를 표현하고자 하는 의지, 즉 번역하고자 하는 의지를 제외하면 텍스트 이편에는 아무것도 없다. 학생들이 페늘롱을 익히면서 언어를 이해했다고 할 때, 이는 [프랑스어로 된] 왼쪽 면과 [네덜란드어로 된] 오른쪽 면을 비교하는 훈련만 가지고 되는 것이 아니었다. 단(段)을 바꾸는 소질이 중요한

것이 아니라 생각하는 바를 타인이 쓴 단어로 이야기할 수 있는
능력이 중요한 것이다. 학생들이 페늘롱에게 이것을 배웠다면,
그것은 페늘롱이라는 작가의 행위 자체가 **번역가**의 행위였기 때
문이다. 정치적 교훈을 설화(說話)로 번역하기 위해서, 페늘롱은
호메로스의 그리스어와 베르길리우스의 라틴어를 당대의 프랑
스어에 집어넣었다. 그리고 동화에서 박식한 이야기에 이르기까
지 다른 1백여 텍스트들의 전문적이거나 꾸밈없는 언어를 집어
넣었다. 페늘롱이 이 이중의 번역에 적용했던 것은, 학생들이 그
의 책에 대해 생각한 바를 그의 책에 쓰인 문장들을 가지고 이야
기할 때 사용했던 것과 동일한 지능이다.

또한 학생들이 『텔레마코스의 모험』에서 프랑스어를 익힐 수
있게 해준 지능은 그들이 모국어를 배울 때 썼던 것과 같은 지능
이었다. 관찰하기, 기억에 담아두기, 되풀이하기, 검증하기, 알려
고 하는 것과 이미 아는 것을 연관시키기, 행하기, 행한 것에 대
해 반성하기. 학생들은 가서는 안 되는 식으로 갔다. 즉 아기들처
럼 앞 못 보고 더듬거리며, **수수께끼**를 풀면서 간 것이다. 그래서
다음과 같은 질문이 제기되었다. 지적으로 가치 있다고 인정받은
[설명자의] 질서를 뒤집을 필요가 있던 것은 아닐까? 수수께끼 풀
기라고 손가락질 받는 이 방법이야말로 **고유의** 힘을 소유한 인간
지능의 참된 운동이었던 것이 아닐까? 이 방법을 몰아내는 것은
무엇보다 지능의 세계를 둘로 자르려는 의지의 표현이 아닐까?
방법론자들은 우연에 따르는 나쁜 방법과 이성에 따르는 행보를

맞세운다. 자신들이 증명하고 싶어하는 것을 미리 설정한다. 아직 볼 능력이 없어서 사물들과 부딪치면서 세계를 탐험하는 어린 동물이 있기에 자신들이 그 동물에게 이 세계를 식별하는 법을 가르치려 한다고 전제한다. 하지만 어린이는 먼저 말하는 존재다. 자기가 들은 단어를 되풀이하는 아이 그리고 『텔레마코스의 모험』 속에서 '길을 잃은' 플랑드르의 학생은 무턱대고 가는 것이 아니다. 그들의 온갖 노력, 온갖 탐험은 다음의 것, 즉 그들에게 건네질 인간의 말로 향한다. 그들은 그 말이 무엇인지 분간하고, 그 말에 답하고 싶어한다. 학생이나 식자로서가 아니라 인간으로서. 마치 당신을 시험하는 누군가에게 대답하는 것이 아니라, 당신에게 말을 건네는 누군가에게 대답하는 것처럼. 평등의 징표 아래.

사실이 거기에 있다. 학생들은 설명해주는 스승 없이 홀로 익혔다. 한 번 일어났던 일은 언제나 또 일어날 수 있다. 결국 위 발견은 **선생** 자코토가 (모든 성실한 선생들처럼) 가지고 있던 원리들을 뒤집을 수 있었다. 인간 자코토는 한 사람에게 기대할 수 있는 것이 얼마나 다양한지 깨달을 수 있었다. 자코토의 아버지는 푸줏간 주인이었고, 나중에는 목수였던 장인의 회계를 보았다. 이외할아버지가 외손자인 자코토를 중학교에 보냈다. 1792년 무장봉기에 대한 호소가 울려퍼졌을 때, 자코토는 (디종 중학교에서) 수사학(을 가르치는) 선생이었다. 전우들의 투표로 그는 포병 장교가 되었다. 그는 뛰어난 포수 실력을 발휘했다. 1793년에 화약국에서 이 라틴 문헌학자는 화학 교관이 되어 노동자들을 속성으로 가르쳤다. 그 노동자들은 푸르크루아의 발견[13]을 전국 방방곡곡에 퍼뜨리기 위해 차출된 자들이었다.[14] 자코토는 푸르크루아의 연구실에서 보클랭을 알게 되었다. 〔푸르크루아의 조수로 일하던〕 보클랭은 농부의 아들로, 그의 고용주 몰래 화학자가 되기 위한 훈련을 했다. 자코토는 에콜 폴리테크니크에서 임시 위원회가 민첩한 머리와 애국심이라는 이중의 기준에 따라 선발한 젊은이들이 도착하는 것을 보았다. 그는 젊은이들이 몽주[15]나 라그랑주[16]가 설명했던 수학보다 그 선생들이 보는 앞에서 스스로 했

....

13 〔옮긴이〕 앙투안-프랑수아 푸르크루아(1755~1809). 가난한 집에서 태어났으나 여러 후견인들의 도움으로 의학 및 화학을 공부한 뒤 유명한 교수가 되었다. 1785년에 과학 아카데미 회원으로 임명되었고, 프랑스 혁명이 발발하자 혁명을 열렬히 옹호했다. 1792년에는 병기창에 부족했던 '화약'을 만드는 새로운 방법을 개발하기 위해 헌신했다. 푸르크루아의 발견은 이 새로운 화학을 말한다.

14 〔옮긴이〕 사실 화약국 교관이던 푸르크루아는 그의 발견을 지나치게 이론적이고 모호하게 설명하는 바람에 학생들이 전혀 그의 말을 이해할 수 없었다. 그래서 전쟁부 장관은 1793년 10월에 푸르크루아의 후임으로 자코토를 교관으로 임명했던 것이다.

15 〔옮긴이〕 가스파르 몽주(1746~1818). 프랑스의 수학자. 프랑스 혁명 기간 동안 미터법 체계를 수립했고, 1795년에는 에콜 폴리테크니크 설립에 관여했다. 그는 그곳에서 화법기하학·해석기하학·미분기하학을 가르쳤고, 그의 강의를 출판하여 교과서로 삼았다. 그 중 두 가지가 중요한데, 하나는 고등사범학교 강의에 기초한 『화법기하학』으로 한 장의 종이 위에 입체의 투영도(평면도·입면도·형적)를 그려 3차원 공간의 입체를 2차 평면에 표현하는 도형법에 관한 것이고, 다른 하나는 『기하학에 응용되는 해석학』으로 3차원 기하학을 대수적인 방법으로 발전시킨 것이다. 그의 새로운 방식은 공업설계에 혁신을 일으켰다.

16 〔옮긴이〕 조제프-루이 라그랑주(1736~1813). 프랑스의 수학자. 해석학을 역학에 응용하여 만든 방정식으로 뉴턴보다 더 정확하게 운동의 미분방정식을 만들었다. 이외에도 정수론·타원함수론·불변식론(不變式論) 등에 관해 많은 연구 업적이

던 수학 때문에 아주 훌륭한 수학자가 되는 것을 보았다. 자코토 역시 자신의 행정직을 잘 이용하여 수학자로서의 실력을 갖추었다. 그는 나중에 디종 대학에서 수학을 가르쳤다.[17] 자신이 가르치던 고전어 목록에 히브리어를 추가했고,『히브리어 문법에 관한 시론*Essai sur la grammaire hébraïque*』이라는 책도 썼다. 신만이 알 일이지만, 이 언어에 미래가 있다고 여겼다. 마지막으로 본의 아니게, 하지만 굳은 결의를 갖고서 유능한 인민 대표로 일했다. 간단히 말해 그는 상황이 너무 위급하여 점진적인 설명 단계를 뛰어넘을 수밖에 없는 정황 속에서 개인의 의지 그리고 조국의 위기로 인해 전에 없는 능력들이 생겨날 수 있음을 깨달았다. 나라의 필요 때문에 야기된 이 예외 상태가 아이더러 세계를 탐험하라고 명령하는 위급 상황이나 식자와 발명가에게 색다른 길을 강제하는 여타의 위급 상황과 그 원리에서 다르지 않다고 생각했다. 아이, 식자, 혁명가의 경험을 통해, 플랑드르 학생들이 성공적으로 수행했던 **우연**의 방법은 그 두 번째 비밀을 밝혀주었다. 이 **평등**의 방법은 먼저 **의지**의 방법이었다. 사람은 배우려는 의지가 있을 때, 자신의 욕망의 긴장이나 상황의 강제 덕분에 설명해

....

있으며, 천체역학 분야에도 기여하였다.

17 [옮긴이] 자코토는 1794년 12월 19일, 즉 24세의 나이에 에콜 폴리테크니크의 교장 대리가 되었다. 그 자리는 학생들을 가르치기보다는 학교를 감시, 경영하는 행정직이었다. 가르치는 것이 더 좋았던 자코토는 디종 국립 고등 공예 학교에 자리가 나자 에콜 폴리테크니크의 행정직을 그만두고 자신의 고향으로 돌아갔다. 1809년부터는 디종 대학 과학부에서 수학을 가르쳤다.

주는 스승 없이도 혼자 배울 수 있었던 것이다.

해방하는 스승

이 〔상황의〕 강제는 그 정황 속에서 자코토가 내린 지시의 형태를 띠었다. 그로부터 이제 학생이 아니라 스승과 관련하여 중요한 결론 하나가 도출된다. 학생들은 설명하는 스승 없이도 배웠다. 그렇다고 그 어떤 스승도 없이 배운 것은 아니다. 학생들은 전에는 알지 못했지만 지금은 안다. 그러므로 자코토는 학생들에게 무언가를 가르쳤다. 하지만 자신의 어떤 학식도 전달하지 않았다. 학생이 배운 것은 스승의 학식이 아니었다. 자코토가 스승인 까닭은 그의 학생들을 그들 혼자서 빠져나올 수 있는 고리 안에 가둬두도록 명령했기 때문이다. 그는 자신의 지능을 그 일에서 빼냄으로써 학생들의 지능이 책의 지능과 씨름하도록 내버려두었다. 설명해주는 스승의 실천이 묶어주는 두 기능인 식자의 기능과 스승의 기능이 그런 식으로 분리되었다. 마찬가지로 학습 행위에서 작동하는 두 능력, 즉 지능과 의지가 서로 분리되고 해방되었다. 스승과 학생 사이에는 순전히 의지와 의지의 관계만 성립되었다. 스승이 〔제자의 의지를〕 지배하는 관계는 학생의 지능과 책의 지능 사이의 전적으로 자유로운 관계로 귀결되었다. 책의 지능은 또한 공통된 것이었다. 그것은 스승과 학생을 지적으로 평등하게 이어주는 끈이었다. 이 장치는 교육 행위의 엉킨 범주들을 풀 수 있게 해주었고, 또 설명하는 (자의) 바보 만들기를 정확히 정의할 수 있게 해주었다. 하나의 지능이 다른 지능에 종속되는 곳에 바보 만들기가 있다. 인간, 특히 아이는 자신의 길을 계속 걸어갈 수 있을 만큼 의지가 충분히 강하지 않을 때 스승이 필요할 수 있다. 그러나 이 예속sujétion은 순전히 의지 대 의지의 것이다. 예속이 하나의 지능과 다른 지능을 연결할 때 그것은 바보 만들기가 된다. 가르치고 학습하는 행위에는 두 의지와 두 지능이 있다. 우리는 그것들의 일치를 **바보 만들기**라고 부를 것이다. 자코토가 만든 실험 상황에서 학생은 하나의 의지(자코토의 의지)에 연결되고, 하나의 지능(책의 지능)에 연결된다. 이 둘은 전적으로 구분된다. 우리는 의지의 관계와 지능의 관계의 차이가 인정되고 유지되는 것을 **해방**이라고 부를 것이다. 의지가 다른 의지에 복종한다 할지라도, 한 지능의 행위가 바로 자신의 지능에만 복종하는 것이 해방인 것이다.

이 교육 실험은 모든 교육학 논리와의 단절로 향했다. 교육자들의 실천은 학식과 무지의 대립에 기초한다. 교육자들은 무지한 자를 유식하게 만들기 위해 선택하는 수단들—엄한 방법이냐 부드러운 방법이냐, 전통적 방법이냐 근대적 방법이냐, 수동적 방법이냐 능동적 방법이냐—에 따라 서로 구별된다. 우리는 그 방법들의 능률을 비교할 수 있다. 이런 관점에서 우리는 첫눈에 자코토가 가르친 학생들의 빠름과 전통적 방법의 느림을 비교할 수 있을 것이다. 그러나 실제로는 아무것도 비교할 것이 없었다. 방법의 대결은 교육 행위의 목적에 대한 최소한의 동의를 전제한다. 즉 교육 행위의 목적이 스승이 학생에게 지식을 전달하는 것이라는 데 동의하는 것이다. 그런데 자코토는 아무것도 전달하지 않았다. 그는 어떤 방법도 쓰지 않았다. 그것은 순전히 학생 자신의 방법이었다. 그리고 프랑스어를 더 빨리 배우느냐 더 늦게 배우느냐는 그 자체로 그다지 중요하지 않은 일이다. 비교는 방법 사이에서가 아니라 지능을 쓰는 두 가지 방식, 지적 질서를 바라보는 두 가지 개념화 사이에서 성립된다. **빠른 길**이라고 해서 가장 좋은 교육의 길인 것은 아니었다. 그것은 다른 길, 자유의 길이었다. 자코토는 혁명력 2년(1794년)에 군대에서 그 길을 실험했다. 폭약을 제조하거나 에콜 폴리테크니크를 설립하면서 말이다. 자유의 길은 자유가 위기에 처했다는 긴급함에 답하는 동시에 모든 인간 존재의 지적 능력을 신뢰해야 한다는 긴급함에도 답한다. 무지와 학식의 교육학적 관계 아래에 바보 만들기와 해방의 더 근본적인 철학적 관계가 있음을 깨달아야 한다. 고로 두 용어가 걸려 있는 것이 아니라 네 용어가 걸려 있는 것이다. 학습 행위는 다양하게 조합되는 네 가지 한정을 따라 산출될 수 있다. 해방하는 스승이냐 아니면 바보로 만드는 스승이냐. 유식한 스승이냐 아니면 무지한 스승[18]이냐.

....

18   [옮긴이] 우리는 le maître ignorant을 '무지한 스승'이라고 옮겼다. 스승이라는 단어
      와의 역설적 결합을 강조하기 위해 우리는 ignorant을 '무지한' —이는 '유식한savant'

마지막 안(무지한 스승에 의한 학습)이 가장 지지받기 어려운 것이었다. 유식한 자가 자신의 학식을 설명하는 것에서 빠져야 한다는 얘기를 듣는 것은 그나마 괜찮다. 하지만 무지한 자가 다른 무지한 자로 하여금 학식을 끌어내도록 만들 수 있다는 얘기를 어찌 받아들일 수 있겠는가? 자코토의 실험은 (그가 무지한 자가 아니라) 프랑스어 선생이었다는 위치 때문에 애매했다. 그러나 그의 위치는 적어도 스승의 앎이 학생을 지도한 것이 아니며, 어떤 것도 스승이 자신의 앎과는 다른 것을 가르치고, 자신이 모르던 것을 가르치는 것을 막지 못한다는 것을 보여주었다. 그러므로 조제프 자코토는 다양한 실험을 해나가고, 우연히 한 번 만든 것을 의도대로 되풀이하는 데 전념했다. 그리하여 전혀 할 줄 모르는 회화와 피아노 이렇게 두 과목을 가르치기 시작했다. 법학과 학생들은 법학부의 빈 강좌 하나가 그에게 주어지기를 바랐다. 그러나 루뱅 대학은 벌써 이 기상천외한 외국인 강사에 대해 우려하고 있었다. 자코토의 수업을 듣겠다고 학생들이 정교수들의 대형 강의를 나 몰라라 했기 때문이다. 학생들은 촛불 두 개로

의 반대다—이라고 옮겼다. 그리고 그것의 명사형인 ignorance는 '무지'—그것은 '학식science'의 반대다—라고 옮겼다. 랑시에르는 무지한 스승의 뜻을 다음과 같이 정리한다. 첫째, 무지한 스승은 학생에게 가르칠 것을 '알지 못하는 스승'이다. 둘째, 무지한 스승은 어떤 앎도 전달하지 않으면서 다른 앎의 원인이 되는 스승이다. 셋째, 무지한 스승은 불평등을 축소하는 수단들을 조정한다고 여겨지는 불평등에 대한 앎을 '모르는 스승'이다. 이에 대해서는 자크 랑시에르가 2002년 6월 리우 데 자네이루에서 한 강연(http://www.caute.lautre.net/spip.php?article 1291)을 참조.

희미하게 불을 밝히는 비좁은 강의실 안으로 밤마다 구름같이 몰려들었다. "저는 여러분에게 가르칠 것이 하나도 없는 것을 가르쳐야 합니다"[19]라는 말을 들으려고 말이다. 학교 당국의 의견을 물었더니 학교 측은 자코토에게서 강의를 할 만한 어떤 자격도 찾아볼 수 없다고 대답했다. 정확히 말해 자코토는 자격과 행위 사이의 틈을 실험하는 데 몰두했다. 그는 학생들에게 프랑스어로 법학 강의를 하기보다 네덜란드어로 변론하는 법을 가르쳐주었다. 학생들은 변론을 아주 잘 했다. 하지만 자코토 자신은 여전히 네덜란드어를 몰랐다.

역량의 고리

이 실험은 다음의 사실을 명확히 하기에 충분하다고 자코토는 여겼다. 학생을 해방한다면, 다시 말해 학생이 그의 고유한 지능을 쓰도록 강제한다면, 우리는 **우리가 모르는 것을 가르칠 수 있다**. 스승이란 임의의 고리 안에 지능을 가두어두는 자다. 지능은 스스로에게 필연적으로 되어야지만 그 고리에서 빠져나올 수 있을 것이다. 무지한 자를 해방하기 위해서는 본인 스스로 해방되어야만 하고, 즉 인간 정신의 진정한 힘을 깨달아야 하며 또 그것으로

----

19 *Sommaire des leçons publiques de M. Jacotot sur les principes de l'enseignement universel*, publié par J. S. Van de Weyer, Bruxelles, 1822, p. 11.

족하다. 무지한 자는 스승이 모르는 것을 홀로 배우게 될 것이다. 만일 무지한 자가 그것을 할 수 있음을 스승이 믿어주고, 또 그로 하여금 그의 능력을 현실화하도록 강제하기만 한다면 말이다. 이것은 **역량**의 고리로서, 낡은 방법(우리는 이제부터 그것을 간단히 **구식**la Vieille이라고 부를 것이다)을 쓰는 설명자와 학생을 이어주는 무능의 고리에 대응한다. 그러나 그 둘의 힘 관계는 아주 특별하다. 무능의 고리는 항상 이미 존재한다. 그것은 무지와 학식의 분명한 차이 속에 스스로를 감추는 사회 세계의 움직임이기도 하다. 역량의 고리는 공개성을 통해서만 효력을 발휘할 수 있다. 그러나 그것은 하나의 동어반복이나 부조리로밖에 보이지 않을 수 있다. 유식한 스승이 자신이 아는 것만큼이나 모르는 것도 가르칠 수 있다는 얘기를 도대체 이해할 수나 있겠는가? 유식한 스승은 (학생이 설명하는 스승 없이 혼자 얻는) 지적 역량의 증가를 자신의 학식의 가치 절하로밖에 받아들이지 않는다. 그리고 무지한 자도 혼자 힘으로 익힐 수 있다는 것을 믿지 않는다. 하물며 그가 다른 무지한 자를 가르칠 수 있다는 것은 더더욱 생각하기 어렵다. 지능의 세계에서 배제된 자들은 자신들을 배제하는 판결에 스스로 동의하는 것이다. 요컨대 해방의 고리는 **시작되어야** 한다.

거기에 역설이 있다. 왜냐하면 조금만 생각해보면, 자코토가 제안하는 '방법'은 그 어떤 것보다 오래된 것이니까 말이다. 그 방법은 한 개인이 (다른 이에게) 설명해달라고 할 수단을 갖지 못한 지식을 자기 것으로 만들어야 하는 모든 상황에서 날마다 멈추지 않고 입증되는 것이다. 무언가를 혼자 힘으로, 설명해주는 스승 없이 배워보지 못한 사람은 세상에 한 명도 없다. 이 학습 방법을 '보편적 가르침'이라고 부르기로 하자. 우리는 그것에 대해 다음과 같이 주장할 수 있을 것이다. "보편적 가르침은 세계가 시작되고부터 모든 설명 방법과 함께 실제로 존재한다. 이 가르침은 그 자체로 모든 위인들을 실제로 양성했다." 그러나 이상한 점이 있다. "모든 인간은 살아가면서 수천 번이나 이런 경험을 했다. 하지만 누구의 머릿속에서도 다른 사람에게 이렇게 말할 생각이 들지는 않았다. 나는 설명을 듣지 않고 많은 것들을 배웠지. 자네도 나처럼 그것을 할 수 있다고 믿네 (…) 나나 이 세상 누구도 다른 이들을 지도하기 위해 그것을 쓸 생각을 하지는 못했지만 말야."[20] 저마다 자기 안에 발휘되지 않고 잠들어 있는 지능에 다음과 같이 말하기만 하면 될 것이다. Age quod agis, 즉 네가 하는 것을 계속하라.[21] "사실을 배워라, 그것을 따라하라, 네 자신을 알라,

20 Enseignement universel. Langue maternelle, 6ᵉ édition, Paris, 1836, p. 448 그리고 Journal de l'émancipation intellectuelle, t. III, p. 121.

21 [옮긴이] "보편적 가르침은 모두가 하는 것, 우리가 날마다 하는 것, Age quod agis에 기초한다고 나는 내 제자에게 말한다. 오늘, 내일, 늘 네가 어제 하던 것을 해라. 너는 길 위에 있었다. 그 길에서 이탈하지 마라. 네가 시작했을 때처럼 너의 교육을 계속하라. 네가 이날까지 따라온 절차에 따라 네 언어 공부를 완수하라. 그것을 바꾸지 마라. 너는 네가 알고 있는 문법의 기초들에서 [그 언어를] 배웠던 것이 아니다. 시간 낭비하지 마라. 네가 혼자 익힐 수 있는 것을 너에게 가르쳐주겠다는 사람들의 말을 듣지 마라. 그들은 너를 지연시킬 테니까." J. Jacotot, Enseignement universel. Langue maternelle, 6ᵉ édition, 1841, p. 117-118 참조. 랑시에르는 자코토의 책, 『보편적 가르침. 모국어』(1823)의 6판(1836)을 인용한다. 우리는 옮긴이주를 달기 위

이것이 자연의 진행 방식이다."²² 너에게 네가 가진 힘의 진가를 알아볼 수 있게 해준 우연의 방법을 체계적으로 되풀이하라. 동일한 지능이 인간 정신의 모든 행위에서 작동하고 있으니.

여기에 가장 어려운 도약이 있다. 모두가 필요한 때에 이 방법을 사용한다. 하지만 누구도 그 방법을 인정하고 싶어하지 않는다. 누구도 그것이 의미하는 지적 혁명과 씨름하고 싶어하지 않는다. 사회적 고리, 사물들의 질서는 그 방법이 그것 그대로, 즉 진정한 방법—그것을 통해 저마다 배우고, 그것을 통해 저마다 자신의 능력의 진가를 알아볼 수 있다—으로 인정받지 못하게 막는다. (그 우연의 방법을) 방법으로 감히 인정해야 한다. 그리고 각자의 힘에 대한 **공개** 검증을 계속해야 한다. 그렇지 않으면 무능의 방법, 구식이 사물들의 질서만큼이나 지속될 것이다.

누가 시작하고자 할 것인가? 자코토가 살던 때에 인민 지도를 고민했던 선의를 가진 온갖 종류의 사람들이 있었다. 보수파는 인민이 그의 노골적인 욕구들을 초월하도록 가르치고 싶어했다. 혁명파는 인민이 그의 권리들을 의식하도록 만들고 싶어했

해 1841년에 출간된 6판을 사용했다. 자코토는 『보편적 가르침. 모국어』에 무엇이든 가르치기 위해 필요한 모든 지침이 들어 있다고 주장했다. 외국어를 배우거나 음악을 배우는 것, 심지어 수학을 배우는 것 역시 모국어를 배우고 가르치는 방법과 다르지 않기 때문이다. 보편적 가르침의 방법은 보편적인 것이다. 랑시에르가 자코토에게서 끌어내는 철학적 성찰의 핵심들 역시 주로 이 책에 근거한 만큼, 우리도 옮긴이주에서 이 책을 자주 인용할 것이다.

22 *Enseignement universel. Langue étrangère*, 2ᵉ édition, Paris, 1829, p. 219.

다. 진보파는 지도를 통해 계급 격차를 줄이고 싶어했다. 실업가들은 지도를 통해 인민 최고의 지능들에게 사회적 지위를 향상시킬 수 있는 수단을 줄 수 있기를 꿈꾸었다. 이 모든 선한 의도들은 장애물에 부딪혔다. 보통 사람들은 이 지도를 획득하는 데 할애할 시간도 별로 없고, 그럴 만한 돈은 더더욱 없다. 사람들은 또한 때에 따라서 노동하는 주민 계층을 개선하기 위해 필요·충분하다고 판단된 최소한의 교육을 보급할 수 있는 경제적 수단을 찾곤 했다. 진보론자들과 실업가들은 상호 교육[23]이라는 방법을 높이 평가했다. 그 방법에 따르면 널따란 장소에 많은 수의 학생들을 모은 뒤, 그들을 여러 반으로 나눈다. 각 반의 학생들은 그들 중에서 더 뛰어난 학생들, 감독생의 지위로 승진한 학생들이 지도한다. 따라서 스승의 지시와 가르침은 감독생의 중계를 통해 지도해야 할 전 주민에게 전파된다. 이 경관은 진보 애호가들의 마음에 들었다. 학식이 그렇게 정상에서부터 가장 빈약한 지능으로까지 퍼지니 말이다. 행복과 자유도 학식을 따라 아래로 내려올테고 말이다.

....

23   [옮긴이] enseignement mutuel을 우리말로 옮긴 것이다. 1797년 영국의 랭커스터 Lancaster가 고안한 일종의 '조교 제도Monitorial system'를 말한다. 산업혁명 과정에서 많은 수의 아이를 한꺼번에 돌보고 가르쳐야 하는 상황에 대한 대책으로 마련되었다. 선생이 10여 명의 학생들에게 그의 권위(선생의 몸짓, 호루라기 등)를 넘겨주고, 지식을 전달하면, 그 조교들이 한 강의실에 모인 수백 명의 학생들을 가르치는 것이다. 계몽주의 및 콩도르세의 정신을 물려받은 자유주의자들은 이 '상호 교육'을 선호했는데, 왜냐하면 그들은 이런 교수법이 그들의 정치적 신념인 '입헌 군주제' 모델을 교육에 적용한 것이라고 생각했기 때문이다.

자코토에게 이런 종류의 진보는 고삐의 냄새가 났다. 그는 [그 것을] **개선된 말 길들이기**(調馬)라고 말하곤 했다. 그는 상호 지도의 가치 아래 다른 것을 꿈꾸고 있었다. 각각의 무지한 자가 다른 무지한 자에게 스승이 될 수 있는 것 말이다. 전자는 후자에게 후자가 지닌 지적인 힘을 보여주게 될 것이다. 더 정확히 말하면 자코토의 문제는 인민 지도가 아니었다. 사람들은 깃발 아래 징집된 신병들, 지령을 이해할 수 있어야만 하는 하급 장교들, 통치되어야 하는 인민을 **지도한다**. 그것도 당연히 신이 내려준 권리 없이, 오직 **능력**의 위계를 따라 점진적 방식으로 말이다. 자코토에게 문제는 **해방**이었다. 모든 보통 사람이 자신이 인간으로서 존엄함을 파악하고, 자신의 지적 능력의 진가를 알아보며, 그 능력을 쓰기로 결정할 수 있어야 한다. 지도 애호가들은 지도야말로 진정한 자유의 조건이라고 단언했다. 그 뒤 그들은 인민에게 무엇을 지도할지 논쟁하는 한이 있더라도 인민을 지도할 의무가 자신들에게 있음을 확인했다. 그 지도자들의 의무에서 인민에게 어떤 자유가 생기는지 자코토의 눈에는 보이지 않았다. 반대로 자코토는 이 사안에서 새로운 형태의 바보 만들기를 감지했다. 해방하지 않고 가르치는 자는 바보를 만든다. 그리고 해방하는 자는 해방된 자가 무엇을 배워야 하는지에 대해서는 걱정할 필요가 없다. 해방된 자는 그가 원하는 것을 배울 것이다. 어쩌면 아무것도 배우지 않을 수도 있다. 해방된 자는 자신이 배울 수 있다는 것을 알 것이다. **왜냐하면** 인간이 기술을 가지고 만들어낸 모든 생산물에는 똑같은 지능이 작동하기 때문이다. 그리고 인간은 항상 다른 인간의 말을 이해할 수 있기 때문이다. 자코토의 저작을 찍어내던 인쇄공에게는 정신이 박약한 아들이 한 명 있었다. 사람들은 그 아이를 데리고선 아무것도 할 수 없다고 체념했다. 자코토는 아이에게 히브리어를 가르쳤다. 그 뒤에 아이는 훌륭한 석판공이 되었다. 물론 히브리어는 그에게 아무 짝에도 쓸모없었다. 재능을 더 타고났고, 더 지도받은 지능들이 영원히 알지 못할 것—**그것은 히브리어에 속하는 것이 아니었다**—을 알게 된 것 말고는.[24]

상황은 명확했다. 그것은 인민을 지도하기 위한 방법이 아니었다. 그것은 빈자들에게 알려야 할 **혜택**이었다. 빈자들은 인간이 할 수 있는 것이라면 뭐든지 할 수 있다고 말이다. 그것을 **알리는** 것으로 충분했다. 자코토는 그 일에 헌신하기로 마음먹었다.[25] 그

----

24 [옮긴이] 인쇄공의 아이는 자코토에게서 배운 히브리어를 석판공 일을 할 때 써먹을 수는 없었지만, 히브리어를 배우면서 겪은 '지적 모험'을 통해 유식하다고 자칭하는 자들이 알지 못하는 '지능의 평등이 주는 혜택'을 알았다는 말이다.

25 [옮긴이] 뒤에서 보겠지만, 자코토는 보편적 가르침이 '개인'을 지적으로 해방시키는 것이라고 본다. 즉 우리는 혼자서만 해방될 수 있다. 그러면서도 자코토는 개인의 지적해방을 그와 일견 모순되는 듯 보이는 자비와 멀지 않은 것으로 보았다. 개인은 자신이 받은 지적 해방의 '혜택'을 다른 이들에게 알림으로써 남을 도울 수 있다. 다시 말해 "개인적 해방의 혜택들을 다른 이들에게 알림으로써, 우리는 자연이 모든 생명체들 사이에 짜놓은 연대의 관계들을 현실화하는 새로운 사회성에 이바지한다. 해방된 학(學)은 떼려야 뗄 수 없이 생명의 학이자 헌신의 도덕이다." Jacques Rancière, "Savoirs hérétiques et émancipation du pauvre," *Les sauvages dans la cité*, Seyssel, Champ Vallon, 1984, p. 48 (=*Les scènes du peuple*, Lyon, Horlieu, 2003, p. 49-50) 참조. 본문에 나오듯이 자코토는 이 혜택을 특히 빈자들에게 알려야 한다고 생

는 우리가 모르는 것을 가르칠 수 있다고, 가난하고 무지한 가장도 스스로 해방되기만 하면 설명해주는 어떤 스승의 도움 없이도 자기 아이들을 교육할 수 있다고 주장했다.[26] 그리고 그는 이 **보편적 가르침**의 수단을 일러주었다. **무언가를 배우라, 그리고 그것을 이 원리, 즉 모든 인간은 평등한 지능을 갖는다는 원리에 따라 나머지 모든 것과 연결하라.**

루뱅에서, 브뤼셀에서 그리고 헤이그에서 사람들은 감동했다.

....

각했다. 그는 심지어 모든 편지 말미에 "Je vous recommande surtout les pauvres—특히 빈자들을 부탁드립니다—."라는 인사말을 적었다고 한다. 요컨대 보편적 가르침의 두 가지 의무조항이 있는 셈이다. 하나는 제 자신을 아는 것, 다른 하나는 다른 사람들을 돕는 것.

26 [옮긴이] 해방된 가장—자코토는 가르치는 자 자신이 먼저 해방되는 것을 보편적 가르침의 '필요조건'으로 본다—이 자식을 해방하는 과정에 대해 자코토는 이렇게 설명한다. "해방된 가장은 그의 자식이 『텔레마코스의 모험』 제1장을 읽게 만들 것이다. 아이는 그것을 베껴 쓰고, 외우며, 매일 그것을 암송할 것이다. 해방된 가장은 칼립소가 자신이 아는 모든 여인과 비슷하다는 것을 알게 될 것이다. 칼립소는 모든 슬픈 사람처럼 슬프다. 그녀는 쓸쓸해하고, 희망을 품기도 하며, 두려워한다, 등등. 마치 도시와 마을에 사는 모든 사람처럼 말이다. 해방된 가장은 그 책에 등장하는 모든 인물이 그의 나라의 거리를 지나는 남자나 여자와 비슷하다는 것을 알게 될 것이다. 그러나 그는 이 모든 것을 그의 자식에게 설명하지는 않을 것이다. 그는 자식에게 대신 다음과 같이 말하기만 할 것이다. 너는 이 칼립소라는 여자에 대해 어떻게 생각하니? 이 텔레마코스에 대해서는? 마지막으로 그 책의 제1장에서 언급되는 모든 인물에 대해서는? 너는 **여신**에 대해 어떻게 생각하니? **불행한 사람**에 대해서는? **난파**에 대해서는? 무언가를 **하는 체하는 것**에 대해서는? 마지막으로 제1장에서 말하는 모든 것에 대해서는? 아이가 해방된 가장이 보기에 합당하다고 할 만한 무언가를 대답하게 되는 순간 그 아이 본인은 해방되어 있을 것이다. 왜냐하면 그 아이는 설명 없이도 생각을 하고 있으니 말이다. 그 책에 나오는 **단어 하나하나**가 아버지의 질문거리가 되어줄 것이다. 자식은 대답을 글로 적을 것이다. 제1장은 무궁무진하다. 이 훈련은 여생 동안 내내 이루어져야 한다." J. Jacotot, *Enseignement universel. Langue maternelle*, 6e édition, 1841, p. 425-426 참조.

사람들은 파리와 리옹에서 역마차를 탔다. 사람들은 새로운 것[27]을 들으려고 영국과 프로이센에서 왔다. 사람들은 상트페테르부르크와 뉴올리언스까지 그 새로움을 가지고 갔다. 리우 데 자네이루까지 소문이 퍼졌다. 몇 년 동안 논쟁이 거세게 일었다. 앎의 공화국은 그 토대부터 흔들렸다.

이 모든 것은 분별 있는 사람이자 이름난 학자요, 덕망 있는 가장이었던 자가 네덜란드어를 알지 못해 미치광이가 되는 바람에 벌어진 일이다.

....

27   [옮긴이] la nouvelle을 우리말로 옮긴 것이다. 일차적인 뜻은 '소식'이다. 하지만 바보 만들기라는 '구식'에 맞서는 보편적 가르침이라는 '신식'을 뜻한다고 볼 수도 있다. 그래서 우리는 중의적으로 새로운 것이라고 옮겼다.

제2장

무지한 자의
수업/교훈

그러면 텔레마코스와 함께 칼립소가 있는 섬에 상륙해보자. 이 방문자들 중 한 명과 함께 광인이 사는 동굴로 들어가보자. 루뱅에 있는 마르셀리스 양의 학원으로. 자코토 덕분에 라틴 문헌학자가 된 무두장이 데쉬이페레이레 씨의 집으로. 루뱅 사관학교로. 그곳에서 철학자이기도 한 오라녀 가문의 프레데릭 왕자는 보편적 가르침의 창시자에게 장차 군사 교관이 될 자들을 지도하는 임무를 맡겼다. "신병들이 벤치에 앉아 나지막이 한목소리로 **칼립소는, 칼립소는 못했다,** 따위를 외치는 모습을 떠올려보오. 두 달 뒤에 그들은 읽고, 쓰고, 셈할 줄 알게 되었소 (…) 이 기초 교육 기간 동안 누구는 영어를, 다른 누구는 독일어를, 이 자는 축성술을, 저 자는 화학을 배웠소, 등등.

- 창시자가 이걸 죄다 안단 말이오?

- 전혀 모르오. 하지만 우리가 그에게 그걸 죄다 설명해주었소. 그리고 단언컨대 그는 사관학교를 잘도 활용했소.

- 그러나 뭐가 뭔지 모르겠소. 그러면 당신들은 모두 화학을 알고 있던 것이오?

- 아니오. 하지만 우리는 그걸 익혔고, 우리는 그에게 수업을 해주었소. 이것이 보편적 가르침이오. 제자가 스승 노릇을 하는 것이라오."**[1]**

모든 것에 질서가 있듯, 광기에도 하나의 질서가 있다. 그러니 처음—텔레마코스—부터 시작해보자. 광인은 말한다. **전체는 전체 안에 있다.** 그리고 공공연히 빈정대는 자들은 덧붙인다. **그리고 전체는『텔레마코스의 모험』안에 있다.[2]** 왜냐하면『텔레마코스의 모험』은 분명 전체를 만들어내는 책이니까. 학생은 읽기를 배우고 싶어하는가? 그는 영어나 독일어, 변론술이나 전투술을 배우고 싶어하는가? 광인은 침착하게『텔레마코스의 모험』한 권을 학생의 손에 쥐어주고, 학생은 **칼립소는, 칼립소는 못했다, 칼립소는 하지 못했다** 따위를 되풀이하기 시작할 것이다. 그런 식으로 학생이『텔레마코스의 모험』의 장들을 정해진 수만큼 숙지하고, 다른 장

---

1 *Enseignement universel. Mathématiques*, 2e édition, Paris, 1829, p. 50-51.

2 [옮긴이] "전체는 전체 안에 있다. 그리고 전체는『텔레마코스의 모험』안에 있다."는 빈정거림에 대해서는 이 책, 59쪽을 보라.

들을 이야기할 수 있게 될 때까지. 우리는 학생에게 그가 익힌 모든 것—문자의 형태, 단어의 위치 및 어미변화, 이미지, 추론, 인물의 감정, 도덕적 교훈—에 대해 말하고, **그가 본 것, 그가 그것에 대해 생각한 것, 그가 그것에 대해 행한 것**을 말하라고 주문할 것이다. 우리는 거기에 그저 명령조건 하나를 보탤 것이다. 학생은 그가 말할 모든 것의 물질성을 그 책 속에서 제시해야 할 것이다. 우리는 위와 같은 조건에서 학생더러 작문을 하고, 즉흥작[3]을 하라고 주문할 것이다. 학생은 책에 나온 단어와 표현법을 써서 자신의 문장을 만들어야 할 것이다. 그는 책 속에서 자신의 추론과 논리적 연관이 있는 사실들을 내놓아야 할 것이다. 간단히 말해 스승은 학생이 말할 모든 것의 물질성을 책 속에서 검증할 수 있어야 할 것이다.

책의 섬

그 책. 『텔레마코스의 모험』 또는 다른 책. 자코토는 우연히 『텔레마코스의 모험』을 손에 쥐게 되었고, 편의상의 이유로 그 책을

....

3　[옮긴이] improvisation을 우리말로 옮긴 것이다. 본디 즉석에서 무언가를 만드는 행위 혹은 그 결과를 뜻한다. 사실 『보편적 가르침. 모국어』(256쪽 이하)에서 자코토가 improvisation을 말할 때 일차적으로 염두에 두었던 훈련은 '즉석연설'이었다. 이 훈련은 비단 연설에 국한되지 않고, 어떤 주제에 대해 머릿속에 떠오른 것을 그 자리에서 준비 없이 곧바로 하는 것(작문이든 그림이든 음악이든)을 모두 아우른다. 그래서 우리는 그것을 '즉흥작'이라고 옮겼다.

고수했다. 『텔레마코스의 모험』은 여러 나라 언어로 번역되었고, 서점에서 쉽게 구할 수 있었다. 그 책은 불문학의 걸작은 아니지만 문체는 세련되고, 낱말은 다양하며, 도덕은 엄격하다. 우리는 그 책에서 신화와 지리를 배운다. 프랑스어 '번역'을 통해 우리는 거기에서 베르길리우스의 라틴어와 호메로스의 그리스어를 듣는다. 간단히 말해 그것은 고전이다. 한 언어가 그것의 형식과 힘의 정수를 보여주는 책들 중 하나인 것이다. 하나의 **전체**가 되는 책. 우리가 새로 배우게 될 모든 것을 그것에 갖다 붙일 수 있는 어떤 중심. 이 새로운 것들 각각을 **이해하고**, 우리가 거기에서 본 것, 그것에 대해 생각한 것, 그것에 대해 행한 것을 말할 수단을 찾을 수 있는 바탕이 되는 어떤 고리. 보편적 가르침의 첫 번째 원리는 다음과 같다. **무언가**를 배우고, 그것을 나머지 전체와 연관시켜야 한다. 그러니 먼저 무언가를 배워야 한다.[4] 라 팔리스[5]도 똑

----

4 [옮긴이] 이 '무언가'는 뒤에 나오는 '어떤 [특정한] 것'과 반대로 '아무거나'를 가리킨다. 랑시에르는 이 문단 첫머리에서 "『텔레마코스의 모험』 또는 다른 책"이라고 말하면서 보편적 가르침이 어디에서나 출발할 수 있음을 암시했다. 이와 같이 "출발점의 이론적 비차이는 지적 해방을 결정하는 연결점을 이런저런 것을 하는 우발적 실천들에 맡긴다. 아무 사물이나 글로 구성할 수 있고, 아무 글이나 교과서로 구성할 수 있는 자가 해방되는 것이다." Jacques Rancière, "Savoirs hérétiques et émancipation du pauvre," *Les sauvages dans la cité*, Seyssel, Champ Vallon, 1984, p. 38 (=*Les scènes du peuple*, Lyon, Horlieu, 2003, p. 39) 참조. 물론 자코토가 고백하듯이 프랑스어를 가르칠 때 『텔레마코스의 모험』 같은 이야기책이 주는 이점도 없지 않다. "사람들은 『텔레마코스의 모험』이 보편적 가르침에서 필수불가결한 책인지 물었다. [그 책이] 필수불가결할 것은 하나도 없다. 그러나 나는 성찰들로 가득 찬 책보다는 잘 쓰인 이야기에서 언어를 더 쉽게 배울 수 있다고 생각한다." J. Jacotot, *Enseignement universel. Langue maternelle*, 6ᵉ édition, 1841, p. 24 참조. 또한 자코토는 제자들에게 자신이 알

같이 그렇게 말할까? 라 팔리스도 아마 그럴 것이다. 그러나 구식은 이렇게 말한다. **어떤 것**을 배우고 나서 다른 어떤 것, 그리고 또 다른 어떤 것을 배워야 한다. 선별, 개선, 불완전, 이런 것들이 구식의 원리들이다. 〔구식에 따르면〕 우리는 몇 가지 규칙과 기본 원리를 배운다. 우리는 그것들을 몇 가지 독해 선집에, 그리고 〔우리가〕 습득한 기초에 맞는 몇 가지 예제에 적용한다. 그 다음 우리는 한 단계 높이 올라간다. 다른 기초, 다른 책, 다른 예제, 다른 선생…… 단계마다 무지의 구덩이가 패이고, 선생은 그 구덩이를 메우고 나서 다른 구덩이를 판다. 토막들이 더해진다. 스승의 꽁무니에 학생을 달고 다니는 설명자가 주는 앎의 쪼가리들이 더해지는 것이다. 학생은 스승을 결코 따라잡을 수 없을 것이다. 책은 결코 전부가 아니며, 수업은 결코 끝나지 않는다. 항상 스승은 앎을, 다시 말해 학생의 무지를 자신의 수중에 간직한다.[6]

"저 이거 이해했어요"라고 학생이 만족한 채 말한다.

....

지 못하는 것을 가르치는 것에만 중점을 두지 않고, 무엇보다 도덕 교육을 강조했다. 『텔레마코스의 모험』이 꾸준히 교재로 사용된 이유는 그 책에 인간만사의 모든 도덕적 교훈이 들어 있기 때문이다.

5   〔옮긴이〕 자크 드 샤반느 라 팔리스(1470~1525). 프랑스의 귀족이자 이름난 군사 지도자. 프랑수아 1세의 원수로서 이탈리아군과 싸우다 파비아 전투에서 전사했다. 18세기에 몬노예Monnoye가 라 팔리스의 덕을 기리기 위해 노래를 만들었는데, 가사 내용이 너무 뻔해 웃음을 자아냈다. "그는 금요일에 죽었다네/그의 생애 마지막 날/ 그가 토요일에 죽었다면/더 산 것이었으리." 혹은 "그가 죽기 15분 전/그는 아직 살아 있다네." 그래서 '라 팔리스의 진리la vérité de la Palice'라고 하면 흔히 불을 보듯 뻔한 말을 가리킨다.

6   〔옮긴이〕 '완결되지 않은 채 남겨둔다'로 읽을 수도 있다.

"네가 그렇게 믿는 거야"라고 스승이 고쳐준다. 사실 어려운 부분이 있는데, 지금은 그냥 넘어간 것이란다. 그에 해당하는 수업을 하게 되면 그 어려움이 뭔지 설명해줄게.

"무슨 뜻이죠?"라고 호기심에 찬 학생이 묻는다.

"너한테 그것을 말해줄 수도 있겠지", 하지만 지금은 때가 아니란다라고 스승은 대답한다. 너는 말해줘도 이해 못할 테니까. 내년에 설명을 듣게 될거야.

스승은 학생보다 늘 한 발 앞서 있다. 학생은 더 멀리 가기 위해서는 다른 스승과 보충 설명이 필요하다고 항상 느낄 것이다. 이는 마치 승리한 아킬레우스가 헥토르의 시체를 자기 마차에 매달고 트로이 주변을 도는 것과 같다. 앎의 체계적인 개선은 무한정 되풀이되는 훼손이다. "가르침을 받은 모든 사람은 반쪽 인간일 뿐이다."[7]

지도를 받은 꼬마가 이 훼손으로 고통을 받는지 여부는 묻지 말자. 그 체계의 천재성은 손실을 이득으로 전환하는 데 있다. 꼬마는 **앞으로 나아간다.** 사람들은 그에게 가르쳤고, 그러므로 그는 배웠고, 그러므로 그는 까먹을 수 있다. 꼬마의 뒤에 또다시 무지의 구덩이가 패인다. 그러나 이것이 신기한 점인데, 이 무지는 이제부터 다른 사람들의 무지가 된다. 꼬마는 자기가 까먹은 것을 넘어선 것이다. 그는 더 이상 조잡한 지능을 가진 자들과 유치원

---

7   *Lettre du fondateur de l'enseignement universel au général Lafayette*, Louvain, 1829, p. 6.

꼬마들처럼 문자를 한 자씩 더듬거리거나 어름어름 말하지 않는다. 사람들은 학교에서 앵무새가 아니다. 우리는 기억을 채워 넣는 것이 아니라 지능을 양성한다. 꼬마는 말한다. 저는 이해했어요. **저는 앵무새가 아니에요.** 그가 더 많이 까먹을수록, 그가 이해하고 있다는 사실은 그에게 더욱 분명해진다. 그가 더 똑똑해질수록, 그는 자신이 넘어선 자들, 앎의 대기실에, 즉 무언의 책 앞에 남아 있는 자들, **이해할** 만큼 충분히 똑똑하지 못해서 되풀이만 하는 자들을 위에서 내려다볼 수 있다. 이것이 설명자들이 지닌 천재성이다. 설명자들은 그들이 열등하게 만든 존재로 하여금 자신들을 따르게 한다. 바보를 만드는 나라의 가장 견고한 끈, 즉 그 열등한 존재의 우월의식을 이용해서 말이다.

뿐만 아니라 이 우월의식은 정(情)을 사라지게 하지 않는다. 지도받은 꼬마는 아마 인민의 무지를 측은히 여기고, 인민을 지도하는 일을 하고 싶어할 것이다. 그는 타성에 굳어버린 두뇌, 방법이 없기에 길을 잘못 들어선 두뇌를 데리고 이 일을 하기는 어렵다는 것을 알 것이다. 그러나 그가 헌신한다면 지능들의 위계 속에서 각 범주에 알맞은 설명 유형들이 있음을 알게 될 것이다. 그는 **지능이 이해할 수 있는 범위 안에** 위치할 것이다.

이제 여기에 다른 이야기가 있다. 광인―그의 신봉자들이 부르는 식으로 하자면, 창시자―은 그의 『텔레마코스의 모험』, 책 하나, **사물** 하나를 가지고 무대에 들어선다.

― "붙들고 읽으시오." 그가 빈자에게 말한다.

- "나는 읽을 줄 모르오." 빈자가 대답한다. 책에 쓰인 것을 내가 어떻게 이해할 수 있겠소?

- 당신이 지금까지 모든 것/사물을 이해했던 방식으로, 다시 말해 두 가지 사실을 비교하면 된다오. 자, 내가 당신에게 한 가지 사실을 말해주겠소. 그 책의 첫 문장이오. **칼립소는 오디세우스가 떠난 뒤 마음을 진정시키지 못했다.** 되풀이하시오. **칼립소는, 칼립소는 못했다**…… 그럼 이제 두 번째 사실이오. 단어들이 거기에 적혀 있소. 아무것도 못 알아보겠소? 내가 당신에게 말한 첫째 단어는 칼립소요. 종이 위에 적힌 첫째 단어가 그것 아니겠소? 그것을 잘 보시오. 당신이 무수한 다른 단어들 가운데에서 항상 그 단어를 확실하게 알아볼 수 있게 될 때까지 말이오. 그러려면 당신은 거기에서 본 것을 모조리 나에게 **말해야** 하오. 종이 위에 손으로 쓰인 기호들, 인쇄소에서 조판 활자를 손으로 모아서 만든 기호들이 거기에 있소. 이 단어를 나에게 이야기하시오. 내게 "모험 이야기, 그러니까 오고, 가고, 우회하는 이야기를 하시오, 한 마디로 종이 위에 이 단어를 적었던 펜촉 또는 동판 위에 그 단어를 새긴 끌이 지나간 궤적들의 이야기를 해보시오."[8] 거기에서 o와 L을 알아볼 수 있겠소? 철물공이던 내 학생 중 하나는 o를 **동그라미**라고 부르고, L을 **직각자**라고 불렀다오. 당신이 모르는 대상이나 장소의 형태를 묘사할 때처럼 각각의 문자의 형태에 대해 내

---

8   *Journal de l'émancipation intellectuelle*, t. III, 1835-1836, p. 15.

게 이야기해보시오. 못 하겠다고는 하지 마오. 당신은 볼 줄 알고, 말할 줄 알고, 보여줄 수 있고, 기억할 수 있잖소. 무엇이 더 필요하오? 보고, 또 보고, 말하고, 또 말하기 위해 절대로 집중하기만 하면 된다오. 나를 속이지도 말고 본인을 속이지도 마시오. 당신이 본 것이 이것이 정말 맞소? **당신은 그것에 대해 어떻게 생각하오?** 당신은 생각하는 존재가 아니오? 아니면 당신은 몸뚱이뿐이라고 생각하는 거요? "창시자인 스가나렐은 이 모든 것을 바꾸었소[9] (…) 당신은 나처럼 하나의 영혼을 가지고 있소."[10]

그 다음 책이 말하는 바에 대해 말할 때가 온다. 칼립소에 대해, 고통에 대해, 여신에 대해, 영원한 봄에 대해 당신은 어떻게 생각하오? 당신이 그런 말을 하게 만든 것이 무엇인지 나에게 대시오.

그 책, 그것은 가로막힌 도주로이다. 우리는 학생이 어떤 길을 그려나갈지 알 수 없다. 그러나 우리는 그가 어디에서 빠져나갈 수 없는지는 안다. 그는 그의 자유의 행사에서 빠져나갈 수 없다. 우리는 또한 스승이 다른 곳에, 오로지 문가에 서 있을 권리가 없

9　[옮긴이] 본문에서 말하는 스가나렐은 몰리에르의 소극(笑劇), 『억지 의사Le Médecin malgré lui』(1666)의 주인공이다. 본디 나무꾼으로 의술에 대해서는 아무것도 모르면서 의사 노릇을 해야 했던 스가나렐은 극중에서 아주 유식하게(?) "간이 왼쪽에 있고, 심장이 오른쪽에 있다"고 주장한다. 이에 제롱트가 놀라며 심장이 왼쪽에 있고, 간이 오른쪽에 있는 것이 아니냐고 묻자, 스가나렐은 "그렇지요. 옛날에는 그랬지요. 하지만 **우리가 이 모든 것을 바꾸었소.** 우리는 지금 완전히 새로운 방법으로 의학을 하니까 말이오."라고 답했다. 『억지 의사』, 2막 4장 참조.

10　*Ibid.*, p. 380.

을 것임을 안다. 학생은 혼자 힘으로 모든 것을 보고, 쉼 없이 비교하고, 늘 다음의 세 가지 질문에 대답해야 한다. 무엇을 보고 있니? 너는 그것에 대해 어떻게 생각하니? 너는 그것을 가지고 무엇을 하니? 이렇게 무한히 말이다.[11]

그러나 이 무한, 이것은 더 이상 스승의 비밀이 아니라 학생의 걸음이다. 책은 완결되어 있다. 책이란 학생이 손에 쥔 전체다. 학생은 그 전체를 모조리 훑어볼 수 있다. 스승이 학생에게 숨기는 것도 조금도 없고, 학생이 스승에게 숨길 수 있는 것도 조금도 없다. 그 고리는 속임수를 쫓아낸다. 먼저 이 무능력—**나는 할 수 없다, 나는 이해 안 된다**……—이라는 커다란 속임수를 쫓아낸다. 이해할 것은 아무것도 없다. 전체가 그 책 안에 있다. 단지 이야기만 하면 된다. 각 기호의 모양, 각 문장의 모험, 각 장의 교훈. 말하기 시작해야 한다. 할 수 없다고 말하지 마라. 너는 **나는 할 수 없어요**라고 말할 줄 안다. 그 대신 **칼립소는 하지 못했다**……고 말해라. 그러면 너는 떠난 것이다. 너는 네가 이미 알던 길로, 네가 이제부터 중단하지 않고 따라가야 할 길로 떠난 것이다. **나는 말할**

---

11 [옮긴이] 학생이 이해했는지, 다시 말해 학생이 암송하는 것에 주의를 기울이는지 아닌지를 알아보기 위해 자코토가 제시한 첫 번째 예제는 다음과 같다. "스승 : 칼립소는 무엇에 대해 마음을 진정시키지 못했니? 학생 : 오디세우스가 떠난 것에 대해서요. 스승 : 칼립소의 섬은 추웠니? 학생 : 모르겠어요. 스승 : 잘 보렴. 학생 : 아니요. 그곳은 영원한 봄이 유지되고 있었어요. 스승 : 왜 그녀는 홀로 [바닷가를] 거닐었지? 학생 : 그녀는 슬펐으니까요. 질문들의 수는 무한하다." J. Jacotot, *Enseignement universel. Langue maternelle*, 6ᵉ édition, 1841, p. 30 참조.

수 없어요라고 말하지 마라. 대신 칼립소의 방식으로, 텔레마코스, 나르발, 이도메네우스의 방식으로 말하는 법을 배워라. 다른 고리가, 즉 역량의 고리가 시작된다. 너는 **나는 할 수 없어요**라고 말하는 방식들을 한없이 발견할 것이며, 곧 너는 뭐든지 말할 수 있게 될 것이다.

어떤 고리 내에서 이동하는 여행. 우리는 오디세우스의 아들의 모험이 그 여행의 매뉴얼이며, 칼립소가 그 첫째 단어임을 이해한다. 칼립소, **감추는 여자**. 감춰진 것이 하나도 없음을, 단어 밑에 단어가 없음을, 언어의 진리를 말하는 언어가 없음을 정확히 발견해야 한다. 우리는 기호를 배우고 또 기호를 배우고, 문장을 배우고 또 문장을 배운다. 우리는 **다 만들어진** 문장들을 되풀이한다. 우리는 책을 통째로 외운다. 그러면 구식은 분개하며 말한다. 그것 봐라. 당신들에게 **무언가를 익힌다**는 말은 그런 뜻이다. 첫째, 당신의 아이들은 앵무새처럼 되풀이한다. 그들은 기억이라는 하나의 능력만을 키운다. 그동안 우리는 지능, 취향 그리고 상상력을 기른다. 당신의 아이들은 **가슴으로** 익힌다(외우기만 한다). 그것이 당신들이 한 첫 번째 잘못이다. 두 번째 잘못은 이것이다. 당신의 아이들은 가슴으로 **익히지 않는다**. 당신은 아이들이 가슴으로 익힌다고 말하지만, 그것은 불가능하다. 일반적으로 인간의 두뇌 그리고 특히 아이의 두뇌는 그러한 기억의 노력을 할 수 없다.

순환 논증. 한 고리에서 다른 고리로 가는 담론. 그 명제들을 뒤집어야 한다. 구식은 아이 수준의 기억으로는 그런 노력을 할 수 없다고 말한다. 왜냐하면 무능 일반이 구식의 슬로건이기 때문이다. 구식은 기억이 지능이나 상상과는 다른 것이라고 말한다. 왜냐하면 구식은 무능 위에 군림하고자 하는 자들에 공통된 무기인 분할을 쓰기 때문이다. 구식은 기억이 취약하다고 믿는다. 왜냐하면 구식은 인간 지능의 역량을 믿지 않기 때문이다. 구식은 기억이 열등하다고 믿는다. 왜냐하면 구식은 열등한 자들과 우등한 자들(의 분할)을 믿기 때문이다. 구식의 이중의 논증은 요컨대 다음으로 귀결된다. 열등한 자들과 우등한 자들이 있다. 열등한 자들은 우등한 자들이 할 수 있는 것을 할 수 없다.

구식은 그것밖에 모른다. 구식에게 필요한 것은 불평등함이다. 그러나 그것은 군주의 칙령을 인정하는 불평등함이 아니라, 자명한, 그리고 모두의 머릿속에, 모든 문장에 있는 불평등함이다. 그 점에서 구식은 부드러운 무기인 차이를 가진다. **이것은 저것이 아니다. 이것과 저것은 거리가 멀다. 우리는 비교할 수 없다……** 기억은 지능이 아니다. 되풀이하는 것은 아는 것이 아니다. 비교는 이성이 아니다. 바탕과 형상이 있다. 어떤 곡식 가루든 구별의 방아로 쉽게 빻을 수 있다. 논증은 이렇듯 근대화될 수 있고, 과학적인 것과 인도주의적인 것으로 향할 수 있다. 지능의 발달에는 단계가 있다. 아이의 지능은 어른의 지능이 아니다. 아이의 지능에 너무 부담을 주면 안 된다. 아이의 건강을 위태롭게 하고 아이의 재능을 소진시킬 수 있다…… 구식이 요구하는 것은 오로지 구식이 말하는 부정과 차이에 동의하라는 것이다. 이것은 아니다. 이것은 다르다. 이것은 이상이다. 이것은 이하다. 지능의 위계의 모든 권좌를 설치하기 위해 그만하면 충분하다.

칼립소와 열쇠공

구식이 이야기하게 내버려두자. 사실을 보자. 명령하는 의지가 있고 복종하는 지능이 있다. 이 지능을 어떤 의지의 절대 강제 아래에서 걸어가게 만드는 행위를 **주의**라고 부르기로 하자. 이 행위는 알아보아야 할 문자의 형태, 기억해야 할 문장의 형태, 두 수학적 존재 사이에 찾아내야 할 관계, 작문해야 하는 이야기의 요소들 중 어느 것을 대상으로 한다고 해서 다르지 않다. 기억에 새기는 능력이 있고, 이해하는 능력이 따로 있고, 또 판단하는 능력이 따로 있는 것이 아니다…… o를 동그라미라고 부르고, L을 직각자라고 부르는 열쇠공은 이미 관계를 통해 생각하는 것이다. 그리고 **발명**은 **회상**과 같은 질서에 속한다. 설명자가 꼬마의 '취향'과 '상상력'을 '양성'하도록 내버려두자. 그가 창작자의 '천재성'에 관해 논설하도록 내버려두자. 우리는 이 창작자처럼 하는 데 만족할 테니. 에우리피데스를 외우고 번역하고 되풀이하고 모방하는 라신처럼, 테르툴리아누스에 대해서 그렇게 했던 보쉬에처럼, 아미요에 대해 그렇게 했던 루소처럼, 호라티우스와 유베날리스에 대해 그렇게 했던 부알로처럼. 투키디데스를 여덟 번 **베껴 쓴** 데모스테네스처럼, 타키투스를 쉰두 번 읽었던 호프트처럼, 같은 책을 늘 새로 읽으라고 추천하는 세네키처럼, 바흐의 여섯 소나타를 무한정 되풀이했던 하이든처럼, 똑같은 토르소를 항상 다시 만드는 데 매달린 미켈란젤로처럼……[12] 역량은 분할되지 않는다. 보고 말하고, 우리가 본 것과 말하는 것에 주의를 기울이는 하나의 힘만 있다. 우리는 문장을 익히고 또 익힌다. 우리는 사실, 다시 말해 사물들 사이의 관계 그리고 또 모두가 같은 성질의 것인 또 다른 관계들을 발견한다. 우리는 문자, 단어, 문장, 관념을 조합하는 것을 배운다…… 우리는 우리가 학식을 익혔다고 말하지 않을 것이다. 우리가 진리를 안다거나 우리가 천재가 되었다고 말하지 않을 것이다. 그러나 우리는 지적 질서 속에서 한 명의 인간이 할 수 있는 것이라면 무엇이든지 자신도 할 수 있음을 알게 될 것이다.

바로 이것이 **전체가 전체 안에 있다**는 말이 뜻하는 바다.[13] 그것은

12 Gonod, *Nouvelle exposition de la méthode de Joseph Jacotot*, Paris, 1830, p. 12-13.

13 [옮긴이] "이것이 **전체는 전체 안에 있다**는 말의 의미다. 그것은 다음을 뜻한다. 당신의 학생이 같은 느낌의 모든 그림들을 비교하고, [그것들이] 어떤 점에서 비슷하고 다른지를 보도록 훈련시켜라. 이 공리, **전체는 전체 안에 있다**는 기초다. 우리의 이론(우리에게는 이론이 없다)의 기초가 아니라, 우리가 학생이 하게 만들어야 하는 훈련들의 기초인 것이다. 학생은 무언가를 알아야 한다. 그는 그것을 끊임없이 되풀이해야 한다. 그리고 그것을 나머지 모두와 연관시켜야 한다." J. Jacotot, *Enseignement universel. Langue maternelle*, 6ᵉ édition, 1841, p. 45 참조. 자코토의 말에서 알 수 있듯이, '전체는 전체 안에 있다'의 핵심은 누구나 여러 대상들 사이의 관계—'비슷함'과 '다름'—를 파악하고 그것을 이미 알고 있던 것과 연관시킬 수 있는 지능을 가지고 있다는 데 있다. 또한 『텔레마코스의 모험』이라는 한 권의 책 안에는 우리가 모든 책, 모든 언어에서 보고 읽을 수 있는 모든 것, 그리고 그것들을 연관시킬 수 있는 그 무언가가 있다. 다시 말해, 전체 속의 임의의 점, 어느 한 책에서 출발하더라도

역량의 동어반복이다. 언어의 모든 역량이 한 권의 책의 전체 안에 있다. 자기를 지능으로서 인식하는 것 전체는 책 한 권, 한 장, 한 문장, 한 단어에 숙달하는 데 있다. **전체는 전체 안에 있다, 그리고 전체는 『텔레마코스의 모험』에 있다**며 비웃는 자들은 박장대소한다. 그들은 (자코토의) 제자들을 불시에 붙들고 묻는다. 전체가 『텔레마코스의 모험』 제1장에도 있느냐? 그리고 그 책의 첫 단어에 있느냐? 수학이 『텔레마코스의 모험』에 있느냐? 그리고 수학이 그 책의 첫 단어에 있느냐? 그러면 제자는 땅이 꺼지는 듯 느끼며 스승에게 이렇게 도움을 청한다. 어떻게 대답해야 하나요?

"너는 인간의 모든 제작물이 **칼립소**라는 단어에 있음을 믿는다고 대답해야 했다. 왜냐하면 이 단어는 인간 지능의 한 제작물이니까 말이다. 분수의 덧셈을 만든 자는 **칼립소**라는 단어를 만든 자와 지적으로 같은 존재다. 이 예술가는 그리스어를 알았다. 그

....

이미 그것은 모든 것과 연결되어 있다. 그리고 전체 안에 전체가 있는 이유는 바로 인간이 만들어낸 그 모든 것들이 동일한 지능의 작품이기 때문이다. 그렇기 때문에 자코토는 『보편적 가르침. 모국어』의 후기에서 '전체는 전체 안에 있다'를 다음과 같이 정식화하고 있다. "당신의 학생이 최고의 작가들처럼 모국어를 쓸 줄 알게 되자마자, 그가 그들처럼 생각하자마자, 그가 페늘롱의 저작을 알게 되자마자, 그 저작을 이제 모든 문학 작품들과 연관시키는 것은 비로 그 학생의 소관이다. 바로 이 연관, 바로 이 비교가 우리가 **전체 안에 전체가 있다**라고 이름붙인 지적 훈련을 이룬다. 만일 학생이 페늘롱의 저작과 연관시키면서 문법책 한 권을 본다면, 그는 그 문법학자가 페늘롱과 똑같은 지적 존재임을 알아보게 될 것이다. 그것은 동일한 기술인 것이다. 그러니 학생은 전체는 전체 안에 있다고 말하게 될 것이다. 한 마디로 말해서 골무, 장화, 노래, 책, 책의 한 구절, 인간이 만든 아무 작품이나 검토해보라. 당신은 (그것들에서) 늘 똑같은 지능의 증거들을 알아보게 될 것이다. **전체는 전체 안에 있다.**" J. Jacotot, 위의 책, p. 460-461.

는 **꾀바른, 숨겨진**을 뜻하는 단어〔칼립소〕를 선택했다. 이 예술가는 우리가 말하는 그 단어를 쓸 수단을 상상했던 자와 비슷하다. 그는 우리가 그 위에 글을 쓰는 종이를 만든 자와 비슷하며, 글 쓰는 용도로 펜을 사용하는 자와 비슷하고, 주머니칼로 펜을 깎는 자와 비슷하며, 철로 주머니칼을 만든 자와 비슷하고, 철을 그와 비슷한 것들에서 제련한 자들과 비슷하며, 잉크를 만든 자와 비슷하고, **칼립소**라는 단어를 인쇄한 자와 비슷하며, 인쇄기를 만든 자와 비슷하고, 이 기계의 효과를 설명하는 자와 비슷하며, 이 설명을 보급시킨 자와 비슷하고, 인쇄용 잉크를 만든 자와 비슷하다, 등등…… 모든 학문, 모든 예술, 해부학 그리고 동역학 따위는 **칼립소**라는 단어를 만든 것과 같은 지능의 열매들이다. 미지의 땅에 상륙한 철학자는 모래 위에 그려진 기하학 도형을 보고는 그 땅에 사람이 있으리라고 짐작했다. '봐, 사람 발자국이야'라고 철학자는 말한다. 그의 동료들은 그가 미쳤다고 생각했다. 왜냐하면 그가 그들에게 보여준 선들은 발자국 같아 보이지 않았기 때문이다. 개선된 19세기 식자들은 사람들이 그들에게 **칼립소**라는 단어를 보여주고, 또 그들에게 '인간의 손가락이 거기에 있다'고 말하자 눈을 휘둥그레 뜨고 얼이 빠져 있다. 프랑스 사범학교에서 온 파견인은 **칼립소**라는 단어를 보면서 이렇게 말할 것이라고 나는 장담한다. '그가 아무리 말해도 소용없다. 그것은 손가락 모양이 아니다.' **전체는 전체 안에 있다.**"[14]

칼립소 **안에** 있는 전체란 바로 인간의 모든 발현에 들어 있는 지능의 역량이다. 동일한 지능이 명사도 만들고 수학 기호도 만든다. 동일한 지능이 기호도 만들고 추론도 한다. 두 종류의 정신이 있는 것이 아니다. 새로운 관계를 발견하고 조합하기 위해 의지가 지능에 전달하는 에너지가 더 크냐 작으냐에 따라서 지능의 **발현들**에 불평등이 있다. 그러나 **지적 능력**의 위계는 존재하지 않는다. 이러한 〔지적 능력의〕 **본성**상의 평등을 의식하는 것이 바로 해방이라고 하는 것이며, 그것이 앎의 나라로 가는 모든 여행길을 연다. 모험을 감행하는 것이 중요한 것이지 더 잘 배우거나 못 배우거나, 더 빨리 배우거나 더 늦게 배우거나 하는 것이 중요한 것이 아니다. '자코토의 방법'은 최상의 방법인 것이 아니라 다른 방법이다. 그렇기 때문에 실행된 절차 자체는 그리 중요하지 않다. 이때에는 『텔레마코스의 모험』을 썼지만, 다른 어떤 것도 그렇게 될 수 있을 것이다. 우리는 텍스트부터 시작하지 문법부터 시작하지 않으며, 완성된 단어부터 시작하지 음절부터 시작하지 않는다. 더 잘 배우기 위해 그렇게 배워**야만 하는** 것도 아니고, 자코토의 방법이 전반적인 방법의 효시가 되어야 하는 것도 아니다. 사실 우리는 B, A, BA[15]보다는 **칼립소**부터 시작할 때 더 빨리 나아갈 수 있다. 그러나 이렇게 얻은 속도는 획득된 역량

---

14 *Langue maternelle*, p. 464-465.
15 〔옮긴이〕 프랑스어 알파벳을 갓 배울 때 가르치는 기초지식. 베(B) 다음에 아(A)가 나오면 합쳐서 바(BA)라고 읽는다는 사실을 가리킨다.

의 효과, 해방하는 원리의 결과일 뿐이나. "옛날 방식은 문자들부터 시작하게 한다. 왜냐하면 그 방법은 지적 불평등의 원리에 따라, 더구나 아이들이 지적으로 열등하다는 원리에 따라 학생들을 지도하기 때문이다. 구식은 문자가 단어보다 더 구별하기 쉽다고 믿는다. 이것은 잘못이다. 하지만 결국 구식은 그렇게 믿는다. 구식은 아이 같은 지능이 C, A, CA를 배우기에 알맞을 뿐, 칼립소를 배우려면 어른의 지능, 다시 말해 우등한 지능을 가져야 한다고 믿는다."[16] 간단히 말해 **칼립소**처럼 B, A, BA는 하나의 깃발이다, **능력**에 맞서는 **무능력**의 깃발. 철자를 말하는 것은 배우는 수단이기에 앞서 통회의 기도이다. 그렇기 때문에 절차의 순서를 바꾸어도 원리의 대립은 조금도 바뀌지 않는다. "어쩌면 구식이 언젠가 단어부터 읽게 만들고, 반대로 우리가 어쩌면 우리 학생들에게 철자를 말하라고 시킬 수 있을 것이다. 그렇지만 이 외형적인 태도 변화에서 어떤 결과가 나오는가? 아무것도 없다. 우리 학생들은 예전만큼 해방될 것이며, 구식의 아이들은 예전만큼 바보가 될 것이다 (…) 구식은 그의 학생들더러 철자를 말하라고 시키기 때문에 그들을 바보로 만드는 것이 아니라, 학생들이 혼자서는 철자를 말할 수 없다고 말하기 때문에 그들을 바보로 만드는 것이다. 따라서 구식은 학생들을 해방하지 않을 것이다. 구식은 학생들이 단어부터 읽게 만들더라도 그들을 바보로 만든다.

....

16　*Journal de l'émancipation intellectuelle*, t. III, 1835-1836, p. 9.

왜냐하면 구식은 학생들의 젊은 지능이 자신의 늙은 두뇌에서 끌어내는 설명 없이 지낼 수 없다고 말하느라 노심초사하기 때문이다. 그러므로 절차, 걸음, 방식이 해방하거나 바보로 만드는 것이 아니라, 원리가 그렇게 만드는 것이다. 불평등의 원리, 낡은 원리는 무엇을 해도 바보로 만든다. 평등의 원리, 자코토의 원리는 그것이 적용되는 절차, 책, 사실이 무엇이건 해방한다."[17]

문제는 지능 자체에 지능을 계시하는 것이다. 그 어떤 것/사물이든 그것에 쓰일 수 있다. 이때에는 『텔레마코스의 모험』이지만, 아이나 무지한 자가 외우는 기도나 노래가 쓰일 수도 있다. 무지한 자가 아는 무언가가 항상 있기 마련이며, 그것은 비교되는 항 노릇을 할 수 있다. 즉 그 비교되는 항에 새롭게 알아야 할 것을 연관시킬 수 있다. 당신은 읽을 수 있어요라고 이야기해주자 눈을 동그랗게 뜨는 이 열쇠공의 증언을 들어보라. 그는 알파벳**조차** 알지 **못한다.** 하지만 그는 이 달력을 뚫어져라 쳐다본다. 그는 달의 순서를 알지 않는가. 그는 그런 식으로 1월, 2월, 3월……을 **짐작할** 수 있지 않은가. 그는 셈도 약간 할 줄 안다. 자신이 아는 것이 달력에 적혀 있는지 알아보기 위해 행을 따라가며 찬찬히 셈하는 것을 누가 막겠는가? 그는 자기 이름이 기욤인 것을 안다. 그의 생일이 1월 16일인 것도 안다. 그는 그 단어를 잘 찾아낼 수 있을 것이다. 그는 2월에 28일밖에 없다는 것을 안다.

....

17 *Ibid.*, p. 11.

그는 (2월에 해당하는) 단이 다른 단보다 더 짧다는 것을 잘 알아본다. 그리고 그는 28을 알아볼 것이다. 이하 마찬가지로. 스승이 그더러 찾아보라고 명령할 수 있는 무언가가 항상 있게 마련이다. 스승은 바로 그것에 대해 학생에게 질문할 수 있고 그의 지능이 한 일을 검증할 수 있다.

스승과 소크라테스

이것들이 사실 스승의 근본적인 두 가지 행위다. 스승은 **질문한다**. 그는 말을 명령한다. 다시 말해 스스로에 대해 무지하든 또는 스스로를 단념하든 지능의 발현을 명령한다. 그는 이 지능이 하는 일이 **주의** 깊게 이루어지는지, 이 말이 강제를 피하기 위해 **아무거나** 되는 대로 주워삼킨 것은 아닌지 검증한다. 그러려면 솜씨 좋고 더 유식한 스승이 필요하다고 말할 것인가? 반대로 유식한 스승은 자신의 학식 탓에 방법을 **망치기** 십상이다. 유식한 스승은 대답을 알고 있으며, 그의 질문들은 자연스럽게 학생을 그 대답으로 이끈다. 이것이 **훌륭하다는** 스승들의 비밀이다. 질문을 통해 그들은 학생의 지능을 조심스럽게 이끈다. 학생의 지능이 작동할 수 있을 만큼 상당히 조심스럽게, 하지만 지능을 혼자 내버려둘 정도까지는 말고. 각각의 설명자 안에 잠자고 있는 소크라테스가 하나씩 있다. 그리고 어떤 점에서 자코토의 방법—다시 말해 학생의 방법—이 소크라테스적인 스승의 방법과 근본적으로 다른지를 알아차려야 한다. 소크라테스는 질문을 던짐으로써 메논의 노예로 하여금 자기 안에 있는 수학적 진리들을 깨닫게 만든다. 거기에는 앎의 길이 있을지언정 해방의 길은 전혀 없다. 오히려 소크라테스는 노예가 자기 안에 있는 것을 재발견할 수 있도록 만들려면 그를 계속 붙들고 있어야 한다. 노예의 앎을 증명하는 것은 그의 무능을 증명하는 것과 같다. 노예는 결코 혼자 걸을 수 없을 것이다. 더욱이 스승의 가르침을 예증하기 위한 때가 아니고는 아무도 그에게 걸으라고 요구하지도 않는다. 소크라테스는 자기 안에서 노예로 남아 있도록 운명 지어진 노예에게 질문을 던지는 것이다.

소크라테스주의는 이렇게 바보 만들기의 개선된 형태다. 모든 유식한 스승처럼 소크라테스는 지도하기 위해 질문한다. 하지만 인간을 해방하고자 하는 자는 인간의 방식으로 상대에게 질문해야지 식자의 방식으로 질문해서는 안 되며, 지도받기 위해서 질문을 해야지, 지도하기 위해서 질문해서는 안 된다. 그리고 학생보다 실제로 많이 알지 못하는 자, 결코 학생보다 앞서 여행을 하지 않은 자, 즉 무지한 스승만이 인간을 해방할 수 있을 것이다. 무지한 스승이 아이에게 **칼립소**라는 단어를 깨닫는 데 필요한 시간을 면해줄 수 있는 가능성은 없다. 그러나 사람들은 이렇게 말할 것이다. 무지한 스승이 칼립소로 무엇을 할 수 있을까, 그는 칼립소에 대해 말하는 것을 알아들을 수나 있을까? 칼립소는 잠시 내버려두자. 그러나 **우리 아버지**[18]라고 말하는 것을 들어보지 못한 아이, 주기도문을 외우지 않은 아이가 누가 있겠는가? 이러면 사물을 찾은 것이다. 그러니 자기 자식에게 글 읽는 법을 가르치고 싶어하는 가난하고 무지한 가장은 당황하지 않아도 될 것이다. 이웃 중에 그에게 기도문을 필사해줄 만큼 충분히 문자를 깨우치고 호의적인 사람이 몇 있을 것이다. 그 기도문을 가지고 아버지나 어머니는 아이에게 **우리**라는 단어가 어디에 있냐고 물으면서 자기 아이 지도를 시작할 수 있다. "만일 아이가 주의 깊다면, 그 아이는 종이 위에 적힌 첫 단어가 **우리**임에 틀림없다고 말할 것이다. 왜냐하면 그것이 문장 첫머리에 나오니 말이다. 두 번째 나오는 단어는 반드시 **아버지**일 것이다. 아이는 이 두 단어를 비교, 구별, 인식할 것이며 도처에서 그 단어들을 알아볼 것이다."**19** 기도문 텍스트를 가지고 씨름하는 아이에게 그가 무엇을 보는지, 그것을 가지고 무엇을 하는지 또는 그것에 대해 무엇을 말하는지, 그가 말하거나 한 것에 대해 무슨 생각을 하는지 묻지 못할 아버지나 어머니가 누가 있겠는가? 마찬가지로 가장은 이웃이 손에 든 도구가 무엇인지, 그것을 어떻게 써야 하는지 그에게 물을 것이다. 우리가 모르는 것을 가르치는 것, 이는 다만 우리가 모르는 것 전체에 대해 질문하는 것이다. 그런 질문을 하는

---

18 [옮긴이] 우리말 주기도문―「마태오의 복음서」, 6장 9-13절에서 따온―은 "하늘에 계신 우리 아버지"로 시작하지만, 프랑스어에서는 "Notre Père qui es aux cieux"로 시작한다. 다시 말해, 프랑스식 주기도문은 우리(Notre) 아버지(Père)가 먼저 나온다.

19 *Journal de l'émancipation intellectuelle*, t. VI, 1841-1842, p. 72.

데에는 어떤 학식도 필요치 않다. 무지한 자는 무엇이든 물을 수 있다. 오로지 그의 질문들만이 기호의 나라로 가는 여행자에게 그의 지능을 자율적으로 발휘하도록 강제하는 진정한 질문들일 것이다.

반대파는 말하리라. 좋다. 그러나 질문자의 강점은 검증하는 자의 약점이기도 하다. 검증하는 자는 학생이 횡설수설하는지 어떻게 알겠는가? 아버지나 어머니는 항상 아이에게 물을 수 있다. **아버지** 또는 **하늘**을 나에게 보여주렴. 그러나 그들은 아이가 요구받은 그 단어를 잘 대는지 어떻게 검증할 수 있겠는가? 아이가 학습 과정에서 앞으로 나아감에 따라—그가 나아갔을 때 얘기지만—어려움은 더 커질 뿐이다. 무지한 스승과 무지한 학생은 장님과 앉은뱅이의 우화를 연기하는 꼴이 아니겠는가?

무지한 자의 힘

우선 반대파를 안심시키고 시작해보자. 우리는 무지한 자를 배우지 않고도 아는 지식의 수탁자로 만들 수도 없거니와, 식자들의 과학에 맞설 수 있는 인민 과학의 수탁자로 만들 수도 없다. 〔당신들 말대로〕 공부의 결과를 판단하고, 학생의 학식을 검증하려면 유식해야 한다. 하지만 무지한 자는 **더 적게** 하는 동시에 **더 많이** 할 것이다.[20] 그는 학생이 찾아낸 것을 검증하는 것이 아니라, 학생이 구한 것을 검증할 것이다. 그는 학생이 주의를 기울였는지 아닌지를 판단할 것이다. 공부를 실제로 했는지 판단하기 위해서는 인간이기만 하면 된다. 모래 위에 그려진 선들에서 인간의 발자국을 '알아보던' 철학자만큼이나 어머니는 "아이가 어떤 공부를 할 때, 문장의 단어들을 댈 때, 아이가 자신이 하는 것에 주의를 기울이는지 아닌지를 그 아이의 눈과 모든 특질 속에서"[21] 볼 줄 안다. 무지한 스승이 그의 학생에게 요청해야 하는 것은 자신이 주의 깊게 공부했음을 스승에게 증명해야 한다는 것이다. 이것이 별거 아니라고? 이 요청이 학생에게 종결될 수 없는 과제로서 내포하는 모든 것을 보라. 또한 이 요청이 무지한 점검자에게 줄 수 있는 지능을 보라. "이 **무지하지만 해방된** 어머니가 아이에게 **아버지**란 단어가 어디에 있냐고 물을 때마다 아이가 항상 같은 단어를 대는지 아닌지를 그녀가 주목하지 못하게 막을 사람이 누가 있겠는가? 어머니가 이 단어를 가리고 내 손가락 아래 있는 단어가 무엇이냐고 묻지 못하게 막을 사람이 누가 있겠는가? 등등."[22]

종교화 같은 광경,[23] 어설픈 민간 요법…… 설명자 족속의 공식 대변인은 그것에 대해 다음과 같이 판단했다. "**우리는 모르는 것**

---

20 [옮긴이] 무지한 자는 학생이 작업한 결과를 검증하는 것이 아니기 때문에 '더 적게' 하지만, 학생이 들인 수고와 주의를 검증하고, 나아가 지능의 평등을 입증하기 때문에 '더 많이' 한다.

21 *Ibid.*, p. 73.

22 *Ibid.*

23 [옮긴이] image pieuse를 옮긴 말이다. 속뜻은 '비현실적인', '어리석은' 이미지다.

무지한 스승

68

을 가르칠 수 있다는 여전히 가정에서나 쓰는 격언이다."[24] 우리는 이렇게 답할 것이다. '어머니의 직관'은 여기에서 어떤 가정의 특권도 행사하지 않는다. **아버지**라는 단어를 가리는 손가락, 그것은 칼립소(감추는 여자 또는 꾀바른 여자) **안에** 있는 것과 같다. (그 안에는) 인간 지능의 표시, 이성의 가장 기초적인 꾀―각자에 고유하고 모두에 공통된 참된 이성이 있다. 이 이성은 무지한 자의 앎과 스승의 무지가 서로 평등해지면서 지적 평등의 힘들을 증명하는 곳에서 본보기처럼 발현된다. "인간은 말하는 상대가 그가 말하는 것을 알지 못할 때 아주 잘 구별하는 동물이다…… 이 능력은 인간들을 이어주는 끈이다."[25] 무지한 스승의 실천은 시간도 없고, 돈도 없고, 아는 것도 없는 빈자로 하여금 자신의 아이들을 지도할 수 있게 해주는 단순한 방편이 아니다. 그 실천은 학식이 더 이상 도움을 주지 않는 곳에서 이성의 순수한 힘들을 해방하는 결정적 실험이다. 한 명의 무지한 자가 한 번 할 수 있는 것이라면 모든 무지한 자들이 언제나 할 수 있다. 왜냐하면 무지에는 위계가 없기 때문이다. 그리고 무지한 자들과 유식한 자들이 공통적으로 할 수 있는 것, 바로 그것을 지적 존재의 힘이라고 부를 수 있다.

....

24 Lorain, *Réfutation de la méthode Jacotot*, Paris, 1830, p. 90.
25 *Langue maternelle*, p. 271, 그리고 *Journal de l'émancipation intellectuelle*, t. III, 1835-1836, p. 323.

평등의 힘은 이원성의 힘인 동시에 공통성의 힘이다. 하나의 정신과 다른 정신의 엉김, **묶음**이 있는 곳에는 지능이 없다. 각자 행위하고, 자신이 한 것에 대해 이야기하고, 자신의 행위의 실제성을 입증하는 수단을 제공하는 곳에 지능이 있다. 두 지능 사이에 위치한 공통된 **것/사물**은 이 평등을 보증하는 보증물이다. 그것은 이중의 명목으로 그러하다. 물질적인 것/사물은 먼저 "두 정신을 소통하게 해주는 유일한 다리"다.[26] 다리는 통로이며, 또한 유지된 거리다. 책의 물질성은 두 정신에 똑같이 거리를 둔다. 하지만 설명은 한 정신으로 다른 정신을 무화시킨다. 그러나 또한 사물은 항상 물질적 검증이 가능한 심급이다. 무지한 검사자의 기술은 "검사받는 대상을 물적 대상, 문장, 책에 쓰인 단어들, 자신의 감각으로 검증할 수 있는 것/사물로 이끌고 가는 것"이다.[27] 검사받는 대상은 열린 책에, 각 단어의 물질성에, 각 기호의 굴곡에 검증을 늘 빚지고 있다. 사물, 즉 책은 무능력의 속임수와 앎의 속임수를 동시에 쫓아낸다. 그런 까닭에 무지한 스승은 기회가 닿으면 지도받은 꼬마의 학식을 검증하는 것이 아니라 그 꼬마가 말하고 행하는 것에 주의를 기울이는지를 검증할 수 있을 정도로 자신의 실력을 확대할 수 있을 것이다. "자기 의지와는 무관한 상황 때문에 자식을 중학교에 보내야만 하는 처지에 있

---

26   *Journal de l'émancipation intellectuelle*, t. III, 1835-1836, p. 253.
27   *Ibid.*, p. 259.

는 당신의 이웃들 중 한 명에게 당신은 이 수단을 통해 도움을 줄 수 있다. 만일 이웃이 당신에게 그 어린 학생의 학식을 검증해달라고 부탁한다면, 설사 당신이 조금도 공부한 적 없는 것과 관련된 의뢰가 들어와도 조금도 당황하지 않을 것이다. 당신은 아이에게 이렇게 말할 것이다.

- 얘야, 뭘 배웠니?

- 그리스어요.

- 뭔데?

- 이솝이요.

- 뭔데?

- 우화요.

- 어떤 우화를 아는데?

- 첫 번째 우화요.

- 첫 단어가 어디에 있니?

- 여기요.

- 네 책을 나에게 주렴. 네 번째 단어를 내게 암송해보렴. 그것을 써보렴. 네가 쓴 것은 책에 나온 네 번째 단어와 다른걸. 이웃분, 아이는 자신이 안다고 말하는 것을 읽지 못하네요. 이것은 그가 안다고 자처하는 것을 공부하거나 제시할 때 주의를 기울이지 않았다는 증거죠. 아이에게 공부하라고 이르세요. 제가 또 오죠. 그리고 제가 알지 못하는, 심지어 제가 읽을 줄도 모르는 그리스어를 그가 익혔는지 아닌지 당신에게 말해줄 테니까요."[28]

이런 식으로 무지한 스승은 무지한 자만큼이나 아는 자도 **지도할** 수 있다. 아는 자가 지속적으로 구하고 있는지 검증하면서 말이다. 구하는 자는 항상 찾는다. 그는 자신이 구하는 것을 반드시 찾는 것도 아니고, 그가 찾아**야만 하는** 것을 찾는 것은 더더욱 아니다. 그러나 그는 이미 알던 **것/사물**과 연관시킬 수 있는 새로운 어떤 것을 찾는다. 중요한 것은 경계를 지속하기, 무분별—아는 자는 무분별에 있어서 무지한 자처럼 탁월하다—에 빠지지 않도록 주의를 결코 느슨히 하지 않기이다. 스승이란 구하는 자를 **그의** 길에 붙들어 두는 자이다. 그 길에서 구하는 자는 혼자 구해야 하며 구하기를 멈추어서는 안 된다.

각자의 일

이 탐구를 검증하기 위해서는 구한다는 것이 무슨 말인지를 더욱더 알아야만 한다. 거기에 방법의 핵심이 있다. 타인을 해방하기 위해서는 본인이 해방되어야 한다. 다른 모든 여행자와 비슷하게 정신의 여행자로서, 지적인 존재들의 공통된 역량에 참여하는 지적 주체로서 자신을 인식해야 한다.

우리는 어떻게 이러한 자기 인식에 다다를 수 있을까? "한 명의 농부, 한 명의 장인(가장)이 사회 질서 속에서 자기가 누구이

<hr />

28 *Journal de l'émancipation intellectuelle*, t. IV, 1836-1837, p. 280.

며 무엇을 하는지를 생각한다면 지적으로 해방될 것이다."**29** 플라톤의 목소리를 통해 철학이 장인에게 운명으로 부과했던 낡은 명령의 무게를 인식하지 못하는 자에게 사태는 간단하게, 심지어 지나치게 단순해 보일 것이다. **네 고유한 일** 말고 다른 것은 하지 마라. 네 고유한 일이라 함은 무엇이 되었든 생각 자체를 하지 말고 그저 너의 존재의 정의를 끝까지 이용하는 이것을 **하는** 것이다. 만일 네가 갖바치라면, 신발을 만들어라. 그리고 너처럼 똑같이 신발을 만드는 아이를 낳아라. 너 자신을 알라고 델포이 신탁이 명령한 것은 너를 두고 한 말이 아니다. 설사 장난을 좋아하는 신이 재미 삼아 네 아이의 영혼에 사유의 금을 조금 섞는다고 하더라도, 그 아이를 길러 황금의 자손 중 한 명으로 만드는 것은 황금의 자손, 도시국가의 수호자의 소관이다.**30**

진보의 시대**31**는 필시 경직된 낡은 명령을 뒤엎고 싶어했다. 백

....

29 *Langue maternelle*, p. 422.

30 [옮긴이] 플라톤, 『국가』, III, 415a-c 참조.

31 [옮긴이] 여기에서 말하는 진보의 시대는 프랑스 혁명 이후 '혁명을 완수하자'는 슬로건이 울려퍼졌을 때를 말한다. 그때는 평등주의적이고 무질서한 열병에 들뜬 시대를 지나 진보와 질서를 화해시켜 새로운 질서를 수립해야 한다고 사람들이 떠들던 시대였다. 진보론자들은 구체제에 비해 이제 위에 있는 자들과 아래에 있는 자들 사이의 불평등이 다소 축소되었을 뿐 아니라 그 둘 사이에 최소한의 공동체가 존재할 수 있다고 생각했다. 이를 위해선 교육 형태의 위계에 바탕을 둔 잘 정렬된 진보를 촉진해야 했다. 그들은 이렇게 생각했다. 최하층도 최소한의 사유를 할 수 있는 존재인 만큼 그들에게 (보편) 지식과 (공화국의) 가치를 전함으로써 그들을 각자의 자리에 뿌리내리게 하고, 각자의 일과 직업에서 진보하게 하여 사회의 가치 발전에 이바지하게 만들 수 있다. 혁명의 시대를 완수하려던 진보적인 질서의 사회는 이렇게 무지한 자에 대한 아는 자의 권위를 상정하고, 그 둘의 격차를 가능한 축

과선서파와 함께 진보의 시대는 더는 어떤 것도 관례에 따라 이루어지지 않기를 원한다. 심지어 장인들의 작업마저도 말이다. 그리고 진보의 시대는 아무리 최하층이라고 하더라도 동시에 사유하는 존재가 아닌 사회적 행위자는 없음을 안다. 시민 데스튀트 드 트라시는 새로운 세기의 벽두에 그것을 환기했다. "말하는 인간은 누구나 이데올로기, 문법, 논리, 웅변술에 대한 관념들을 갖고 있다. 행위하는 인간은 누구나 사적 도덕과 사회적 도덕에 대한 자신의 원칙을 갖고 있다. 겨우 입에 풀칠하며 살아가는 존재도 모두 물리와 계산에 대한 자신의 통념을 가지고 있다. 바로 그것 덕분에 그는 그와 비슷한 자들과 함께 살아가고, 역사적 사실들을 조금씩 수집하며, 그것을 판단하는 방식을 가지고 있다."[32]

따라서 갖바치가 오로지 신발만 만들 수는 없으며, 또 그들이 나름대로 문법학자, 도덕학자 또는 물리학자가 되지 않을 수 없다. 거기에 첫 번째 문제가 있다. 장인과 농부가 그들이 속한 환경의 관례에 따르거나 우연한 만남을 통해 도덕, 계산 또는 물리에 대한 통념을 형성하는 한, 진보의 체계적인 행보는 이중으로

소하는 것이 곧 사회 불평등을 줄이는 것이라고 생각한다. 자코토는 이 진보의 기획이 플라톤의 생각을 되풀이하는 바보 만들기 기계에 불과하다고 본다. 자크 랑시에르의 『무지한 스승』 포르투갈어판 서문 및 《새로운 시선 Nouveaux Regards》과 했던 인터뷰(http://institut.fsu.fr/nvxregards/28/ 28_ranciere.htm) 참조.

32 Destutt de Tracy, *Observations sur le système actuel d'instruction publique*, Paris, an IX.

어긋날 것이다. 관례에 젖어 있는 사람들과 미신에 빠져 있는 자들 탓에 늦춰지거나, 성질 급한 사람들이 서두른 탓에 혼란에 빠지거나. 따라서 이성, 학식 그리고 일반적 이익의 원리에서 끌어낸 최소한의 지도를 해줌으로써 〔장인과 농부의〕 머릿속에 건전한 통념을 심어주어야 한다. 그렇지 않으면 그 머리는 잘못된 통념을 형성하게 될 것이다. 이 〔지도〕 기획이 잘못된 관념을 생산하는 자연적 환경에서 농부나 장인의 자식을 빼내면 빼낼수록 그만큼 더 이득이 될 것임은 불을 보듯 뻔하다. 그러나 이 명백한 사실은 곧바로 그것의 모순과 맞닥뜨린다. 아이는 관례와 미신에서 빼내져야 하지만, 그의 활동과 조건으로 되돌려 보내져야 한다. 그리고 진보의 시대는 인민의 아이를 그에게 운명처럼 주어진 조건과 분리하거나 이 조건에 붙어 있는 관념과 분리하는 것이 치명적인 위험이라는 경고를 벽두부터 들은 바 있다. 또한 그 시대는 다음과 같은 모순 속에서 맴돈다. 우리가 지금 알다시피, 학식은 모두 간단한 원리에 의존하며, 그것을 가지고 싶어하는 정신이 좋은 방법을 따르기만 한다면 누구든 쓸 수 있는 것이다. 그러나 모든 정신에 학식의 길을 여는 바로 그 본성은 어떤 사회 질서를 원한다. 그 질서 속에서는 계급이 나뉘며, 개인들은 그들에게 운명으로 주어진 사회 상태에 순응해야 한다.

이 모순에서 찾아낸 해결책은 지도instruction와 교육éducation을 균형있게 정렬하는 것, 즉 학교 스승이 맡는 역할과 가장이 맡는 역할을 배정하는 것이다. 학교 스승은 아이가 자신이 살아온 양육 환경에서 끌어내는 잘못된 관념을 지도의 빛으로 쫓아낸다. 가장은 초등학생이 그의 모자란 학식에서 끌어내고자 하는 도를 넘은 갈망을 교육으로 쫓아낸 뒤 그 아이를 원래 조건으로 끌고 온다. 가장은 자신의 관례적 실천에서 자기 자식을 지적으로 지도할 수 있는 조건을 끌어낼 수는 없지만, 반대로 이야기를 해주거나 모범을 보임으로써 자식에게 그의 조건에 머물러 있어야 하는 덕을 가르치는 데 있어서는 전능하다. 가정은 지적 무능력의 온상인 동시에 윤리적 객관성의 원리이다. 이 이중의 성격은 장인의 자기의식에 대한 이중의 제한으로 번역된다. 그가 무엇을 **하는지**에 대한 의식은 그의 것이 아닌 학식에 속한다. 그가 누구**인지**에 대한 의식은 그를 그 자신의 일 말고는 다른 어떤 것도 해서는 안 되는 것으로 그를 이끈다.

더 간단히 말해보자. 지도와 교육의 조화로운 균형은 이중의 바보 만들기의 균형이다. 여기에 정확히 해방이 대립된다. 해방이란 모든 인간이 자기가 가진 지적 주체로서의 본성을 의식하는 것이다. 그것은 데카르트의 정식을 거꾸로 뒤집은 평등의 정식이다. "데카르트는 **나는 생각한다, 고로 나는 존재한다**고 말하곤 했다. 이 대철학자의 훌륭한 생각은 보편적 가르침의 원리 중 하나다. 우리는 그의 생각을 뒤집어서 이렇게 말한다. **나는 인간이다, 고로 나는 생각한다.**"[33] 이 뒤집기는 **인간** 주체를 **코기토**(나는 생각한다)

....

33   *Sommaire des leçons publiques de M. Jacotot...*, p. 23. [옮긴이] 데카르트는 자연의 빛(인

의 평등 안에 포함시킨다. 생각은 사유 실체가 가진 한 속성이 아니다. 그것은 **인류**의 속성이다. "너 자신을 알라"를 모든 인간 존재의 해방 원리로 변형하기 위해서는 플라톤의 금지에 맞서 『크라틸로스』의 공상적인 어원 중 하나를 이용해야 한다. 인간, 즉 anthropos는 **자신이 본 것을 검토하는** 존재, 자신의 행위를 헤아리는 가운데 자신을 아는 존재다.[34] 보편적 가르침의 모든 실천은 다음의 질문으로 요약된다. **너는 그것에 대해 어떻게 생각하니?** 보편적 가르침의 모든 힘은 그 실천이 스승에게서 실현되는 해방, 학생에게서 생겨나는 해방을 의식하는 데 있다. 아버지는 자신을 앎으로써, 다시 말해 스스로 주체가 되는 지적 행위들을 검토함으로써, 그가 자신의 행위 속에서 사유하는 존재의 힘을 쓰는 방식에 주목함으로써 시작한다면 자기 자식을 해방할 수 있을 것이다.

....

간의 이성)은 평등하다고 생각했다. 이로부터 자코토는 모든 인간은 평등한 지적 주체라는 생각을 끌어낸다. "나는 인간이다, 고로 나는 생각한다."에서 '인간'은 존재와 사유의 평등(같음)을 보여주는 말이다. 자코토는 이렇듯 코기토의 주체를 인간 주체로 배가시킨다. 데카르트는 또한 『방법서설』제1부의 첫머리에서 '양식은 이 세상에서 가장 공평하게 분배되어 있는 것'이라고 말한다. 이로부터 자코토는 "지적일 수 있는 여러 방식들, 지능의 두 형태 사이의 나눔, 그러므로 두 형태의 인류가 있는 것이 아니라는" 생각을 끌어낸다. 그러나 자코토는 데카르트의 '방법'에는 반대한다. 자코토는 방법적 회의가 만들어내는 백지상태에서 출발하는 것이 아니라 이미 우리가 경험해서 익힌 무언가에서 출발한다. 그리고 자코토는 단순한 것에서 복잡한 것으로 나아가는 점진적인 방식, 역사나 우화를 이야기하는 지능과 반대되는 방법적 지성에는 반대한다. 자코토의 데카르트 수용 및 비판에 대한 랑시에르의 설명으로는 "L'actualité du Maître ignorant: entretien avec Jacques Rancière," *Le Télémaque*, n° 27, mai 2005, p. 23-24을 참조.

34 플라톤, 『크라틸로스』, 399c : "짐승들 중에서 사람만 안트로포스(anthropos)라 부르는 것은 옳은 일이지. 사람만 본 것을 검토하니까(anathrōn ha opōpe)."

해방 의식은 무엇보다 무지한 자가 가진 지적 실력의 목록을 작성하는 것이다. 무지한 자는 자신의 언어를 안다. 그는 또한 자신의 상태에 맞서 항의하기 위해서나 자신의 상태를 알거나 그보다 더 많이 안다고 믿는 자들에게 질문하기 위해 그 언어를 쓸 줄 안다. 그는 자신의 직업, 자신의 도구, 그 도구의 사용법을 안다. 그는 필요할 때 그것들을 개선할 수 있을 것이다. 그는 이 능력들에 대해 반성하고, 그가 그 능력들을 획득한 방식에 대해 반성하기 시작해야 한다.

이 반성에 대해 정확히 따져보자. 손으로 익힌 인민의 앎들, 도구를 이용하는 노동자의 지능을 학교의 학식이나 엘리트의 수사학과 맞세우는 것이 중요한 게 아니다. 성문이 일곱 개인 테베를 건설한 것이 누구냐고 물으면서, 사회 질서에서 건축가와 생산자가 받아야 할 자리를 주장하는 것이 중요한 게 아니다. 반대로, 두 가지 지능이 있는 것이 아니라, 인간의 기술이 들어간 작품이라면 무엇이든 동일한 지적 잠재성이 실행된 결과임을 인정하는 것이 중요하다. 곳곳에서 관찰하고, 비교하고, 조합하고, 만들고, 또 어떻게 그렇게 했는지에 주목하는 것이 중요하다. 어디에서나 가능한 이 반성, 이 자기로 되돌아가기는 사유 실체가 하는 순수한 관조가 아니다. 그것은 자신의 지적 행위에, 자기가 그리는 길에, 그리고 새로운 영토들을 정복하는 데 동일한 지능을 쏟아부으면서 그 길로 항상 나아갈 수 있는 가능성에 무조건 주의를 기울이는 것이다. 노동자의 손 그리고 (사회를) 먹여 살리는 인민이 빚어낸 작품을 수사의 구름들과 맞세우는 자는 바보로 남는다. 구름 제조는 더도 덜도 말고 딱 신발과 자물쇠 제조만큼의 일과 지적인 주의를 요하는 인간 기술의 작품이다. 아카데미 회원인 레르미니에 씨는 인민의 지적 무능력에 대해 논한다. 레르미니에 씨는 바보다. 그러나 바보는 멍청이나 게으름뱅이가 아니다. 만일 우리가 그의 논고에서 나무, 돌, 가죽을 가공하는 사람들이 가진 것과 같은 기술, 같은 지능, 같은 일을 알아보지 못한다면, 우리도 똑같이 바보가 된다. 오로지 레르미니에 씨가 한 **일**을 인정해야지만 우리는 가장 보잘것없는 자들이 빚어낸 작품 속에 발현된 지능을 인정할 수 있을 것이다. "그르노블 부근에 사는 가난한 마을 여인들은 장갑을 만드는 일을 한다. 그들은 장갑 12켤레에 30수(=1.5프랑)를 받는다. 해방되고 나서 그들은 잘 만들어진 장갑을 보고, 공부하고, 이해하는 데 몰두한다. 그들은 이 장갑의 **문장** 하나하나, **단어** 하나하나의 뜻을 짐작할 것이다. 그들은 결국 12켤레에 7프랑을 버는 도시 여인들만큼 잘 말하게 될 것이다. 우리가 가위, 바늘, 실을 가지고 말하는 언어를 배우는 것만이 중요하다. (인간 사회에서는) 단지 언어를 이해하고 말하는 것만이 문제다."**35**

언어의 물질적 관념성은 황금의 자손과 철의 자손 사이의 모든 대립을 반박하며, 손으로 일하기로 되어 있는 사람과 사유를

35 *Enseignement universel. Musique,* 3e éd. Paris, 1830, p. 349.

발휘하기로 운명 지어진 사람 사이의 모든 위계—설령 그 위계가 뒤집어진다 하더라도—를 반박한다. 언어로 빚은 모든 작품은 같은 방식으로 이해되고 실행된다. 바로 그렇기 때문에 무지한 자는 자신을 **알게** 된 뒤부터 그가 읽을 줄 모르는 책에서 자기 자식이 한 탐구를 검증할 수 있다. 무지한 자는 그의 자식이 무슨 **교과**를 공부하는지 알지 못한다. 그러나 그의 자식이 어떻게 하는지 그에게 말해주면 그는 자식이 연구자의 작업을 하는지 안 하는지 알아볼 것이다. 왜냐하면 그는 **구한다**는 것이 무엇인지 알고, 또 자식에게 한 가지만 주문하면 되기 때문이다. 자신이 (무언가를) 구할 때 도구를 이리저리 돌려보는 것처럼 자식더러 단어와 문장을 이리저리 돌려보라고 하면 되는 것이다.

두 지능 사이에 놓인 그 책—『텔레마코스의 모험』이든 다른 책이든—은 사물들의 물질성 안에 새겨진 이 관념적 공통성을 요약한다. 그 책은 지능의 평등**이다**. 그래서 똑같은 철학적 명령이 장인더러 자기 일 외에는 하지 말라고 지시하기도 하고, 책의 민주주의를 비난하기도 했던 것이다. 플라톤의 철인왕은 살아 있는 말과 책에 쓰인 죽은 문자를 맞세우곤 했다. 죽은 문자는 물질의 인간들이 쓰는 물질이 되어버린 사유, 말이 없는 동시에 지나치게 수다스러운 이야기이며, 그래서 사유하는 일밖에 없는 사람들이 보기에는 무작위로 이리저리 굴러다닌다. 설명하는 자의 특권은 (자기의 일 말고 다른 일은 하지 말고, 살아 있는 말이 아닌 죽은 문자는 쓰지 말라는) 이러한 금지의 잔돈일 뿐이다. 그리고 '자코토의 방법'이 책, 기호 조작, 기억술에 부여하는 특권은 플라톤의 글쓰기 비판이 서명하던 정신의 위계를 정확히 뒤집은 것이다.[36] 책은 이제부터 서로를 지능으로 인식하는 두 무지한 자들 사이의 새로운 관계를 봉인한다. 그리고 이 새로운 관계는 지적 지도와 도덕 교육이 맺는 바보를 만드는 관계를 전복한다. 교육의 규율적 재판소 대신 해방의 판결이 개입한다. 해방의 판결은 아버지나 어머니가 그의 아이에 대해 무지한 스승의 자리를 차지할 수 있게 해준다. 그 자리에서는 의지의 무조건적인 요청이 구현된다. 무조건적인 요청, 즉 해방하는 아버지는 무던한 교육자가 아니라 고집 센 스승이어야 한다. 해방하는 명령은 타협을 전혀 모른다. 그것은 스스로에게 명령할 수 있다고 가정하는 주체에게만 절대적으로 명령한다. 아버지나 어머니가 자식이 철저히 탐구했는지 검증하게 되는 한, 자식은 책에서 지능의 평등을 입증하게 될 것이다. 가정의 작은 방은 더 이상 장인을 그의 무능함에 대한 의식으로 끌고 오는 회귀의 장소가 아니다. 그곳은 새로운 의식의 장소, 자기를 넘어서는 장소다. 자기 초월은 각자의 '고유한 일'이 공통 이성을 십분 발휘할 때까지 그 일을 확장시킨다.

36　플라톤, 『파이드로스』, 274c~277a 그리고 J. Rancière, 『철학자와 그의 빈자들*Le Philosophe et ses pauvres*』, Fayard, 1983, p. 66과 그 이하 참조.

장님과 그의 개

말하는 존재들이 원리상 평등함을 입증하는 것이 실로 중요하다. 자식의 의지를 강제함으로써 가난한 가장은 그의 자식이 그와 같은 지능을 가졌고, 그와 마찬가지로 구하고 있음을 입증한다. 자식은 책을 쓴 사람의 지능을 그 책에서 찾아내고, 그의 지능이 자신의 지능처럼 진행됐음을 입증한다. 이 상호성이 해방하는 방법의 핵심이자 창시자가 그리스어 단어 두 개를 합쳐서 **판에카스티크**panécastique라고 세례명을 붙인 새로운 철학의 원리이다. 왜냐하면 그 새로운 철학은 **각각의**chaque 지적인 발현 속에서 인간 지능의 **전체**tout를 찾기 때문이다.[37] 아이들의 가정교사로 삼으려고 자기 정원사를 루뱅으로 연수를 보냈던 지주는 아마도 그 원리를 잘 이해하지 못했던 것 같다. 해방된 정원사나 무지한 스승 일반에게 기대할 수 있는 특별한 교육적 성과는 없다. 해방된 자가 본래 할 수 있는 것은 해방하는 자가 되는 것이다. 그것은 앎의 열쇠를 주는 것이 아니다. 그것은 자신의 지능이 다른 모든 지능과 평등하다고 보고, 또 다른 모든 지능이 자신의 지능과 평등하다고 볼 때 지능이 무엇을 할 수 있는지에 대한 의식을 주는 것

---

37 [옮긴이] panécastique는 그리스어 pan(전체, 모든)과 hekastos(각각의)를 합쳐 만든 말이다. 그리고 이 단어에 대한 풀이는 바로 뒤에 나온다. 위 단어에 대해 무리하게 한자어로 신조어를 만들어도 어차피 한눈에 뜻을 전달하기 어려워 부득이 소리 나는 대로 옮겼다.

이다.

　해방이란 이 평등에 대한 의식, 이 상호성에 대한 의식이며, 그래야만 지능은 입증을 통해 현실화될 수 있다. 인민을 바보로 만드는 것은 지도 부족이 아니라 인민의 지능이 열등하다는 믿음이다. '열등한 자들'을 바보로 만드는 것은 동시에 '우월한 자들'을 바보로 만든다. 왜냐하면 두 지능의 평등을 입증할 수 있는 비슷한 자에게 말을 거는 자만이 자신의 지능을 입증할 수 있기 때문이다. 그런데 우월한 정신은 열등한 자들이 그를 전혀 이해하지 못하게 만든다. 우월한 정신은 그를 인정해줄 수 있는 자들을 실격시킴으로써만 자신의 지능을 확보할 뿐이다. 여성의 정신이 남성의 정신보다 열등하다고 **알고 있는** 이 식자를 보라. 그는 생애 대부분을 그의 말을 이해하지 못하는 존재와 대화를 하며 보낸다. "얼마나 친밀한가! 사랑의 속삭임은 얼마나 감미로운가! 부부 생활에서! 가정에서! 말하는 자는 〔상대가 그의 말을〕 이해했는지 조금도 확신할 수 없으니. 그는 정신과 심장을 가졌노라. 그! 위대한 정신! 너무도 감성적인 가슴! 그러나 사회의 사슬은 그에게 시체를 붙여놓았으니! 아아!"[38] 학생들과 바깥 세상이 그에게 보내는 존경이 이 가정생활의 불운에서 그를 위로해주리라고 사람들은 말할까? 그러나 우월한 정신에 대해 열등한 정신이 내린 판단이 무슨 가치가 있겠는가? "이 시인에게 말하라. 당신의 최

....

38　*Journal de l'émancipation intellectuelle*, t. V, 1838, p. 168.

....
83

신작은 정말 좋았어요라고. 그러면 그는 입을 삐죽거리며 당신에게 답하리라. **대단히** 영광입니다. 이것을 다시 말하면 이렇다. 여보시오, 나는 당신같이 하찮은 지능이 나의 시를 호평했다고 해서 우쭐해하지 않는다오."³⁹

그러나 지적 불평등에 대한 이러한 믿음과 자신의 지능이 우월하다는 믿음은 식자나 뛰어난 시인들에 국한된 것이 아니다. 그러한 믿음의 힘은 그것이 허울뿐인 겸손 아래 모든 주민을 아우른다는 사실에서 온다. 당신이 배움을 부추기는 이 무지한 자는 당신에게 언명한다. "나는 못 하오. 나는 노동자일 뿐이니까." 이 논법에 담긴 모든 것을 잘 이해해라. 먼저 "나는 못 하오"는 "나는 하고 싶지 않소, 이런 수고를 내가 왜 하오?"를 뜻한다. 그것은 이런 말이기도 하다. 나는 틀림없이 그것을 할 수 있을 거요. 나는 똑똑하니까. 하지만 나는 노동자요. 나 같은 사람들은 그것을 할 수 없소. 내 이웃은 그것을 할 수 없으니까. 저능한 일을 상대로 하는 내게 그것이 무슨 소용이 있겠소?

불평등에 대한 믿음은 그런 것이다. 우월한 정신이라도 자신을 깎아내리기 위해 더 우월한 자를 찾곤 한다. 열등한 정신조차도 자신보다 더 열등한 자를 찾아내 멸시하곤 한다. 루뱅의 교수가 입는 정복(正服)은 파리에서는 별것도 아니다. 그리고 파리의 장인은 지방의 장인들이 얼마나 자기보다 열등한지 **알고 있다.** 지

39 *Enseignement universel. Mélanges posthumes*, Paris, 1841, p. 176.

방의 장인들은 농부들이 얼마나 그들보다 뒤떨어져 있는지 알고 있다. 이 농부들이 사태를 파악하고, 파리 〔대학 교수〕의 정복이 〔그 옷 속에〕 몽상가를 감추고 있다고 생각하게 되는 날, 상황은 원점으로 돌아올 것이다. 열등한 자들의 보편적 우월성은 우월한 자들의 보편적 열등성과 결합되어[40] 어떤 지능도 그와 평등한 것에서 자신을 인정받을 수 없을 그런 세계를 만들게 된다. 한 사람이 그에게 대꾸할 수 없는 다른 사람에게 말을 건넬 때 이성은 자취를 감춘다. "한 사람이 말하는 광경보다 더 아름답고 더 교훈적인 광경은 없다. 청자는 방금 들은 것에 대해 생각할 권리를 확보해야 하며, 화자는 청자에게 그것을 권해야 한다 (…) 따라서 청자는 화자가 지금 그의 이성 속에 있는지, 그가 이성에서 빠져나오는지, 다시 이성으로 돌아가는지를 검증해야 한다. 지능의 평등이 필요로 하는 이 검증을 허하지 않는다면, 나는 대화 속에서 장님과 그의 개가 나누는 이야기만을 볼 뿐이다."[41]

장님과 앉은뱅이 우화에 대한 대답, 즉 자기 개에게 말하는 장님은 불평등한 지능의 세계에 대한 변호다. 보다시피 철학과 인간성이 관건이지 초보적인 교수법이 관건이 아니다. 보편적 가르침은 무엇보다 비슷함에 대한 보편적 입증이다. 이는 해방된 자

40　[옮긴이] 일역자는 이렇게 풀어서 옮겼다. "어떤 열등한 자도 항시 누군가보다는 우월하다는 것이 어떤 우월한 자도 항시 누군가보다는 열등하다는 것과 결합되어."

41　*Journal de l'émancipation intellectuelle*, t. III, 1835-1836, p. 334.

라면 누구나, 스스로를 다른 모든 이들과 비슷한 인간으로 생각하기로 결정한 사람이라면 누구나 할 수 있는 일이다.

전체는 전체 안에 있다

전체는 전체 안에 있다. 역량의 동어반복은 평등의 동어반복이며, 모든 인간 작품에서 지능의 손가락을 찾아내는 동어반복이다. 그것이 밥티스트 프루사르를 놀라움에 빠뜨렸던 이 훈련의 의미다. 진보적 인간이자, 그르노블의 초등학교 교장이던 프루사르는 하원 의원 카시미르 페리에[42]의 두 자식을 대동하고 루뱅에 갔다. 교수법 학회Société des méthodes d'enseignement 회원인 밥티스트 프루사르는 보편적 가르침에 대해 이미 들어봤기 때문에, 회장인 드 라스테리 씨가 학회에서 이야기했던 훈련을 마르셀리스 양의 수업에서 확인했음에 틀림없다. 그는 어린 여학생들이 관행대로 15분 만에, 한 그룹은 **최후의 인간**에 대해, 다른 그룹은 **망명자의 귀환**에 대해 작문을 하고, 또 창시자가 단언하듯이 이 주제들과 관련하여 "우리의 가장 뛰어난 작가들의 가장 아름다운

....

42　[옮긴이] 카시미르 피에르 페리에(1777∼1832). 왕정복고 기간 동안 샤를 10세에 맞서 싸웠던 자유주의 정치가이자 프랑스 은행 이사를 지낸 은행가. 오를레앙파─부르봉 왕가의 오를레앙 가계를 지지한 입헌군주제 정파─의 중심인물. 1830년 7월 혁명으로 루이 필리프와 오를레앙파가 권력을 잡은 7월 왕정 기간 동안에, 특히 1831년부터 1832년에 죽기 전까지 내무부 장관을 지냈다.

구절들을 **훼손하지 않을**"문학적인 소품들을 써내려가는 것을 보았다. 이 단언에 대해 문학적 소양을 갖춘 방문객들은 가장 격렬하게 판단을 유보했다. 자코토 씨는 그들을 납득시킬 방도를 찾아냈다. 그들이 스스로를 분명히 당대 최고의 문인으로 꼽고 있으니, 그들도 똑같이 직접 시험을 치르고 학생들에게 비교할 수 있는 가능성을 주어야 마땅하다는 것이었다. 1793년〔이라는 격동의 시기〕을 겪었던 드 라스테리 씨는 기꺼이 훈련에 참여했다. 그와 달리 파리 사범학교에서 파견 나온 기니오 씨는 참여하지 않았다. 그는 **칼립소**에서 〔지능의〕 손가락을 조금도 보지 못했을 뿐 아니라, 반대로 학생들이 한 작문에서 croître에 용서할 수 없게도 악상 시르콩플렉스(^)가 빠져 있는 것만 보았다.[43] 시험에 초대를 받아놓고도 그는 한 시간이나 늦게 나타나는 바람에 다음날 다시 오라는 얘기를 들었다. 하지만 그는 〔그날〕 오후 파리행 역마차에 올라탔다. 짐가방 안에는 증거물이랍시고 수치스럽게 악상 시르콩플렉스가 빠진 i를 챙겨 넣고 말이다.

　작문한 것들을 읽고 나서 밥티스트 프루사르는 **즉흥작**(卽興作) 수업에 참여했다. 즉흥작은 보편적 가르침의 중요한 훈련이었다. 느닷없이 온갖 주제에 대해 서론, 본론, 결론을 갖추어 말하는 법을 배우는 것이다. 즉흥작을 배우는 것은 먼저 **자기 자신을 이기는 법을 배우는 것**이었다. 다른 사람 앞에서는 말을 못한다고 고백하

....

43　[옮긴이] 학생들이 croître(자라다, 성장하다)를 그냥 croître로 적었다는 말이다.

려고 겸허하게 자기를 꾸미는 오만, 다시 말해 타인의 평가에 따르기를 거부하는 오만을 이기는 법을 배우는 것이다. 그 다음 즉흥작은 시작하고 끝내는 법, 그 자체로 하나의 **전체**를 만들고, 하나의 고리 안에 언어를 가두어두는 법을 배우는 것이었다. 두 학생이 자신 있게 **무신론자의 죽음**에 대해 즉흥작을 했다. 그 뒤에 자코토 씨는 이런 우울한 생각들을 쫓아내기 위해서 다른 학생더러 **파리의 비행(飛行)**에 대해 즉흥작을 해보라고 했다. 교실 안이 웃음바다가 되었다. 자코토 씨는 상황을 분명히 했다. 웃을 일이 아니라, **말을 해야** 한다고 하면서 말이다. 그리고 이 공중을 날아다니는 주제와 관련하여, 어린 소녀는 8분 30초 동안 매력적인 것들을 말하고, 멋스럽고 참신한 상상으로 가득한 비교들을 했다.

밥티스트 프루사르는 음악 수업에도 참여했다. 자코토 씨는 그에게 프랑스 시 단편들을 부탁했다. 어린 학생들은 그 단편들에 반주를 곁들인 즉흥 멜로디를 만들었을 뿐 아니라, 그 멜로디를 황홀한 방식으로 연주했다. 프루사르 씨는 여러 차례 더 마르셀리스 양의 수업에 와서는 손수 도덕과 형이상학에 대한 작문 과제를 내기도 했는데, 학생들은 그 주제에 능란하고도 훌륭한 글솜씨를 보여주었다. 그를 가장 놀라게 한 것은 다음의 훈련이었다. 어느 날 자코토 씨는 학생들에게 이렇게 말했다. "아가씨들, 여러분은 인간이 만든 모든 제작물에 기술이 들어 있다는 것을 알 거예요. 치마에도 있고 증기 기관에도 있고. 단화에도 있고 문학 작품에도 있지요. 그러니까 여러분은 여러분의 단어, 표현, 생각을 여러분에게 주어진 저자의 이런저런 구절과 연관시킴으로써 기술 일반에 대해 작문해서 저에게 제출하세요. 그 저자에 대해서는 모든 것을 증명하거나 입증할 수 있게 여러분에게 제시해줄 테니까요."[44]

사람들은 밥티스트 프루사르에게 갖가지 책을 가져다주었다. 그는 직접 한 학생에게는 『아탈리』의 한 구절을, 다른 학생에게는 문법의 한 장을, 또 다른 학생들에게는 보쉬에의 한 구절, 지리학의 한 장, 라크루아의 산수에서 나눗셈 등을 지정해주었다. 그는 거의 비교대상이 안 될 것 같은 것들에 관해 써야 하는 이 이상한 훈련의 결과를 오래 기다리지 않았다. 30분이 지나고 사람들이 그의 눈앞에 가져온 작문들 그리고 그것들을 뒷받침하기 위해 즉석에서 작성한 해설들의 질을 보고 그는 또 한 번 깜짝 놀랐다. 그는 특히 『아탈리』에서 발췌한 **구절**로 기술에 대해 설명하고 거기에 **증명**과 **입증**을 덧붙인 것에 감탄했다. 그 글은 그가 보기에 한 번도 들어보지 못한 가장 뛰어난 문학 수업에 견줄 만했다.

그날 그 어느 때보다도 더 밥티스트 프루사르는 어떤 의미에서 우리가 **전체가 전체 안에 있다**고 말할 수 있는지를 이해했다. 그는 자코토 씨가 놀라운 교육자라는 것은 이미 알고 있었다. 그래서 그는 자코토의 지도로 양성되는 학생들의 수준을 예상할 수 있었다. 그러나 그는 그 이상의 무언가를 깨닫고 집으로 돌아왔다.

....

44　B. Froussard, *Lettre à ses amis au sujet de la méthode de M. Jacotot*, Paris, 1829, p. 6.

루뱅에 있는 마르셀리스 양의 학생들은 그르노블의 장갑 제조자들과 같은 지능을 가졌고, 심지어—이것은 가장 받아들이기 어려운 것인데—그르노블 부근의 장갑 제조자들과 같은 지능을 가졌다는 것을.

제3장

평등한 자들의
이성/이유

〔보편적 가르침의〕 이 효과들의 이유—"우리는 지능의 평등이라는 의견에 따라 아이들을 이끈다"—를 좀 더 깊이 살펴봐야 한다.

의견이란 무엇인가? 설명자는 이렇게 말한다. 의견이란 우리가 표면적으로 관찰한 사실에 대해 형성하는 느낌이다. 의견은 특히 취약하고, 대중적인 두뇌에서 싹튼다. 의견은 현상의 진정한 이유를 아는 과학에 반대된다. 원한다면 우리가 당신에게 과학을 가르쳐주겠다.

진정하시라. 우리는 의견이 진리가 아니라는 당신의 말에 동의한다. 그러나 우리가 관심을 기울이는 것은 바로 이 점이다. 진리를 알지 못하는 자가 진리를 구한다. 그리고 이 길에서 해야 할 어러 민님들이 있다. 유일한 잘못이 있다면 우리의 의견을 진리로 간주하는 것일 테다. 이런 일은 날마다 일어난다. 사실이다. 그러나 바로 한 가지 지점에서 우리, 광인〔자코토〕의 신봉자는 〔다른 이들과〕 구별되기를 바란다. 우리는 우리의 의견을 의견일 뿐 그 이상의 아무것도 아니라고 여긴다. 우리는 몇몇 사실을 보았다. 우리는 그런 것이 그 이유일 수 있다고 믿는다. 물론 당신도 할 수 있겠지만, 우리는 이 의견의 견고함을 입증하기 위해 몇 가지 다른 실험을 할 것이다. 게다가 우리가 보기에 이런 행보는 완전히 새로운 것은 아니다. 물리학자들과 화학자들이 자주 그런 식으로 나아가지 않는가? 그러니까 우리는 공손한 어조로 가설, 과학적 방법에 대해 말하는 것이다.

그럼에도 불구하고 공손은 우리에게 그리 중요하지 않다. 사실에만 한정해보자. 우리는 아이와 어른이 설명해주는 스승 없이도 혼자서 읽고, 쓰고, 음악을 하고, 외국어를 말하는 것을 배우는 것을 보았다. 우리는 이 사실이 지능의 평등으로 설명될 수 있다고 믿는다. 지능의 평등은 우리가 계속해서 입증하는 의견이다. 여기에는 한 가지 어려움이 있다. 사실이다. 물리학자와 화학자는 물리 현상을 고립시켜 그것을 다른 물리 현상들과 관련시킨다. 그들은 그 현상의 원인이라고 가정하는 것을 산출함으로써 이미 알려진 효과를 다시 만들어낼 수 있다. 그런 경로는 우리에게 허락되지 않는다. 우리는 평등한 두 지능을 택해서 그것들을 이런저런 조건에 놓아보자고 결코 말할 수 없을 것이다. 우리는 지능을 그것의 효과로만 안다. 하지만 우리는 지능을 고립시킬 수도 측정할 수도 없다. 우리는 지능의 평등이라는 의견에서 착상을 얻은 실험들을 거듭하는 수밖에 없다. 하지만 우리는 모든 지능이 평등하다고는 결코 말할 수 없을 것이다.

사실이다. 하지만 우리의 문제는 모든 지능이 평등함을 증명하는 것이 아니다. 우리의 문제는 [지능이 평등하다고] 가정함으로써 우리가 할 수 있는 것이 무엇인지를 보는 것이다. 그러려면 우리는 이 의견이 가능함을, 다시 말해 그 역(逆)의 어떤 진리도 증명되지 않음을 보이기만 하면 된다.

두뇌와 잎사귀

우월한 정신을 가진 자들은 사실이 정확하게 그 반대임이 분명하다고 말한다. 지능이 불평등하다는 것은 누가 봐도 명백하다. 첫째, 자연 안에 두 개의 똑같은 존재는 없다. 이 나무에서 떨어지는 잎사귀들을 보라. 그것들은 완전히 똑같아 보인다. 자세히 보라. 그리고 당신 생각이 틀렸음을 깨달아라. 이 수천 장의 잎사귀 중에서 어느 두 잎사귀도 비슷하지 않다. 개별성은 세상의 법칙이다. 그리고 식물에 적용되는 이 법칙이 **하물며** 생의 위계상 무한히 더 높은 곳에 위치한 존재인 인간 지성에 어찌 적용되지 않을 수 있겠는가? **그러므로** 모든 지능은 다르다. 둘째, 지능이 하는 일에 불평등하게 재능이 있는 존재들—식자와 무지한 자, 재기빌랄한 자와 멍청이, 총명한 자와 둔한 두뇌의 소유자―이 항상 있었고, 있을 것이며, 지금도 도처에 있다. 우리는 사람들이 이 주제에 대해 어떻게 말하는지 안다. 정황, 사회 환경, 교육의 차이…… 자, 그러면 한 가지 실험을 해보자. 같은 환경에서 나서 같은 방식으로 길러진 두 아이를 생각해보자. 두 형제를 택해서 그들을 같은 학교에 넣고 같은 훈련을 시켜보자. 무엇을 보게 될까? 하나가 다른 하나보다 더 성공할 것이다. 그러므로 내적인 차이가 있는 것이다. 그리고 이 차이는 다음의 사실과 관련이 있다. 둘 중 하나가 더 똑똑하고, 더 재능 있으며, 다른 이보다 더 많은 재주를 가졌다. **그러므로** 당신은 지능이 불평등함을 보는 것이다.

이 **명백함**에 뭐라고 답할까? 처음에서 시작해보자. 우월한 정신을 가진 자들이 그렇게 애지중지하는 잎사귀들에서 시작해보자. 우리는 그들이 바라는 만큼 그 잎사귀들이 다를 수 있음을 인정한다. 우리는 그저 이렇게 묻는 것이다. 어떻게 잎사귀들의 차이에서 바로 지능의 불평등으로 넘어갈 수 있는가? 불평등은 차이의 한 종류일 뿐이다. 그것은 우리가 잎사귀들의 사례에서 말하는 차이의 종류와는 다르다. 그리고 잎사귀는 물질적 존재지만, 정신은 비물질적이다. 오류추리(背理)가 아니고서야 어떻게 물질의 속성에서 정신의 속성을 결론내릴 수 있는가?

사실 이 분야에서 지금 만만치 않은 상대들이 있긴 하다. 생리학자들 말이다. 그들 중 가장 급진적인 자들은 정신의 속성이 사실 인간 두뇌의 속성이라고 말한다. 차이와 불평등은 인간 신체의 다른 모든 기관들의 짜임새 및 기능에서와 마찬가지로 두뇌에서도 지배적이다. 뇌가 무거운 만큼 지능도 높다. 그와 관련해서 골상학자와 두개 진찰자는 바삐 움직인다. 그들은 말한다. 이 사람은 천재의 돌기가 있고, 이 다른 사람은 수학자의 돌기를 갖고 있지 않다. 이 **돌출부들**은 그들이 하는 돌출부 검사에 맡겨두자. 그리고 이 사안을 진지하게 받아들이자. 우리는 사실 일관성 있는 유물론을 상상할 수 있다. 일관성 있는 유물론의 안중에는 두뇌밖에 없으며, 물질적 존재에 적용되는 것은 무엇이든지 두뇌에도 적용할 수 있을 것이다. 그렇다면 사실 지적 해방의 명제들은 멜랑콜리라는 이름으로 알려진 특수한 형태의 낡은 정신병에 걸린 괴이한 두뇌들이 꾸는 몽상에 지나지 않을 것이다. 이 경우에 우월한 정신들—다시 말해, 우월한 두뇌들—은 인간이 동물에게 명령하듯 열등한 정신들에게 실제로 명령을 내릴 것이다. 만일 사정이 그러했다면 간단히 말해 어느 누구도 지능의 불평등에 대해 왈가왈부하지 않을 것이다. 우월한 두뇌의 소유자들은 자신들의 우월성을 열등한 두뇌에게, 그것도 정의상 그들을 이해할 수도 없는 두뇌에게 군이 증명하려고 헛수고하지도 않을 것이다. 그들은 열등한 두뇌를 지배하는 데 만족할 것이다. 그리고 그들은 거기에서 아무런 장애물도 마주치지 않을 것이다. 그들의 지적 우월성은 물리적 우월성과 다름없이 사실로서 행사될 것이다. 정치 질서에서는 법도, 의회도, 정부도 더는 필요 없을 것이며, 지적 질서에서는 교육도, 설명도, 아카데미도 필요 없을 것이다.

사실은 그렇지 않다. 우리에게는 정부와 법이 있다. 열등한 정신들을 지도하고 설득하려고 애쓰는 우월한 정신들도 있다. 더 이상한 점은, 지능의 불평등을 신봉하는 사도들 절대다수가 생리학자들을 따르지 않을 뿐더러 두개 진찰을 비웃는다는 것이다. 그들에 따르면 자신들이 자부하는 우월성은 두개 진찰자들의 도구로 측정되지 않는다. 그들은 자신들의 우월성을 유물론으로 손쉽게 설명할 수도 있었을 텐데 [그렇게 하지 않고] 다른 사례를 만든다. 그들의 우월성은 정신적이다. 그들은 먼저 자신들을 후하게 평가하기 때문에 유심론자다. 그들은 비물질적이고 불멸하는 영혼을 믿는다. 그러나 비물질적인 것이 어떻게 더 많고 더 적을 수 있을까? 이것이 바로 우월한 정신을 가졌다는 자들이 빠지는 모순이다. 그들은 비물질적인 영혼, 물질과 구분되는 정신을 바란다. 그들은 지능들이 다르기를 바란다. 그러나 차이를 만들어 내는 것은 물질이다. 불평등을 고수하려면, [정신이] 두뇌에 위치한다는 사실을 받아들여야 한다. 정신적 원리의 단일성을 고수하려면, 동일한 지능이 다른 정황 속에서 다른 물질적 대상들에 적용된다고 말해야 한다. 그러나 우월한 정신들은 오로지 [두개의 차이에 의한] 물질적인 우월성을 바라는 것도 아니고 그들을 열등한 정신들과 평등하게 만들 [단일한] 정신성도 바라지 않는다. 그들은 비물질성에 고유한 정신의 고양을 말하면서도 유물론자들이 말하는 차이들을 주장한다. 그들은 두개 진찰에서 말하는 돌기들을 지능의 타고난 선물인 양 꾸민다.

하지만 그들도 그것이 약점이라고 느낀다. 그들은 또한 열등한 자들에게 임시로라도 무언가를 인정해주어야 한다는 것을 안다. 그래서 그들은 사태를 이런 식으로 정리한다. 그들은 말한다. 모든 인간에게는 비물질적인 영혼이 있다. 이 영혼 덕분에 아무리 보잘것없는 자도 선과 악, 양심과 의무, 신과 심판에 대한 위대한 진리들을 알 수 있다. 그 점에 대해 우리는 모두 평등하며, 심지어 보잘것없는 자들이 종종 우리보다 낫다는 것을 인정한다. 그들은 거기에 만족해야지 사회 전체의 이익을 신경 쓰는 임무를 가진 자들의 특권—그것을 위해서는 흔히 커다란 대가를 지불해야 한다—인 이 지적 능력을 조금도 주장해서는 안 된다. 그리고 이 차이들이 순전히 사회적이라고 말하러 우리에게 오지 마라. 오히려 같은 환경에서 나서, 같은 스승 밑에서 큰 이 두 아이들을 보라. 하나는 성공하고, 다른 하나는 성공하지 못한다. 그러므로……

좋다. 그러면 당신의 아이들, 그리고 당신의 **그러므로**를 보기로 하자. 하나는 다른 하나보다 더 성공한다. 그것은 하나의 **사실**이다. 당신들은 말한다. 그가 더 성공한다면, 그것은 **그가** 더 똑똑하기 **때문이라고**. 여기에서 설명은 모호해진다. 당신은 그가 더 성공했다는 사실의 원인일 수 있는 다른 **사실**을 내놓았는가? 만일 어느 생리학자가 〔두 아이의〕 두뇌 중 하나가 다른 하나보다 더 조밀하거나 더 가볍다는 사실을 발견한다면, 그것은 하나의 사실일 수도 있을 것이다. 생리학자는 정당하게 **그러므로라고 할** 수 있을 것이다.[1] 그러나 당신은 우리에게 다른 사실을 내놓지 않는다. "그는 더 똑똑하다"라고 말하면서 당신은 그저 사실을 이야기하는 관념들을 요약했을 뿐이다. 당신은 그 사실에 하나의 **이름**을 지어주었다. 그러나 하나의 사실에 대한 **이름**이 그것의 원인은 아니다. 기껏해야 그것의 은유일 뿐이다. 당신은 처음엔 "그는 더 성공한다"고 말하면서 사실을 이야기했다. 당신은 "그는 더 똑똑하다"라고 주장하면서 다른 하나의 이름으로 그 사실을 이야기했다. 그러나 두 번째 진술에는 첫 번째 진술 이상의 것은 없다. "이 인간은 더 많은 정신을 가졌기 때문에 이 다른 인간보다 더 성공한다. 이것은 정확히 다음을 뜻한다. 그는 더 성공하기 때문에 더 성공한다 (…) 이 젊은이는 훨씬 많은 **재주들**을 가졌다고들 한다. 나는 묻는다. 뭐가 더 많은 **재주들**인가? 사람들은 나에게 두 아이의 이야기를 다시 말하기 시작한다. 나는 속으로 말한다. **더 많은 재주**란 프랑스어로 내가 방금 들은 사실들 전체를 뜻한다고. 그러나 이 표현은 그 사실들을 조금도 설명해주지 않는다고."[2]

그러므로 고리에서 빠져나오는 것은 불가능하다. 돌출부에 기

....

1 [옮긴이] 자코토는 두뇌의 조밀함과 학업 성취를 연결시키는 것이 '동시에 발생하는 두 사건에 대한 잘못된 인과 관계에 기초한 추론Cum hoc, ergo propter hoc'이라고 비판한다. 자코토는 학습 결과의 차이를 두뇌의 물리적 성질에서 끌어내는 것은 하나의 '설명'일 수는 있으되, 그 두 '사실'이 필연적 관계에 놓인 것이라는 주장은 받아들일 수 없다고 말한다. 즉 생리학자들은 관계없는 다른 사실을 그 사실의 원인으로 갖다 대는 것이다. J. Jacotot, *Enseignement universel. Langue étrangère*, 7ᵉ éd., 1852, p. 228 참조.
2 *Langue étrangère*, p. 228-229.

대는 한이 있더라도 불평등의 원인을 제시하든가, 아니면 결국 동어반복을 하는 데 그치든가 해야 한다. 마치 잠들게 하는 힘virtus dormitiva이 아편의 효과를 설명하듯, 지능의 불평등은 지적 발현의 불평등을 설명하고 있다.

주의 깊은 동물

우리는 지능의 평등을 정당화하는 것도 똑같이 동어반복일 수 있음을 안다. 그러므로 우리는 다른 길을 택할 것이다. 우리는 우리가 보는 것에 대해서만 말할 것이다. 우리는 사실들을 명명할 것이다. 그것의 원인을 정하겠노라고 자처하지 않고 말이다. 첫 번째 사실. "나는 인간이 다른 동물들이 하지 않는 것들을 하는 것을 본다. 나는 이 사실을 내 마음대로 **정신, 지능**이라고 부른다. 나는 아무것도 설명하지 않는다. 나는 내가 보는 것에 이름을 부여한다."³ 나는 마찬가지로 인간이 **이성을 가진 동물**이라고 말할 수 있다. 그 말로 나는 인간이 자신의 생각을 그와 비슷한 자들에게 전달하기 위해 분절된 언어―인간은 이것을 이용하여 단어를 만들고, 형상을 그리며, 비교를 한다―를 쓴다는 사실을 가리킬 것이다. 둘째, 내가 두 인간을 비교할 때 "나는 삶의 첫 순간에 그들이 절대로 같은 지능을 가지고 있다고 본다. 다시 말해 그들은 정

....

3   *Ibid.*, p. 229.

확히 같은 목적에서, 같은 의도를 가지고 같은 것을 한다. 나는 이 두 인간이 평등한 지능을 가졌다고 본다. 이 **평등한 지능**이라는 단어는 아주 어린 나이의 아기 둘을 관찰하면서 내가 주목한 모든 사실들을 요약한 기호다."

나중에 나는 다른 사실들을 보게 될 것이다. 나는 이 두 지능이 더는 같은 것을 하지 않으며 같은 결과를 얻어내지 않음을 인정할 것이다. 괜찮다면 나는 하나의 지능이 다른 하나의 지능보다 더 발달했다고 말할 수 있을 것이다. 거기에서 또 내가 다만 하나의 새로운 사실을 **이야기한다**는 것을 아는 한 말이다. 그와 관련하여 내가 한 가지 가정을 하는 것을 막는 것은 아무것도 없다. 나는 한 사람의 능력이 다른 사람의 능력보다 열등하다고 말하지는 않을 것이다. 나는 그저 능력이 똑같이 발휘되지는 않았다고 가정할 것이다. 어느 것도 나에게 그것을 확실하게 증명해주지는 않는다. 그러나 어느 것도 그 반대를 증명해주지도 않는다. 나로서는 능력이 발휘되지 못하는 때가 있을 수 있으며, 많은 경험들이 그것을 확증해준다는 것을 아는 것으로 충분하다. 그러므로 나는 동어반복의 자리를 약간 옮길 것이다. 나는 그가 덜 똑똑하기 때문에 덜 성공했다고 말하지 않을 것이다. 나는 그가 아마 일을 덜 했기 때문에 실적이 낮은 것이며, 그가 덜 유심히 보았기 때문에 잘 보지 못한 것이라고 말할 것이다. 나는 그가 그의 일에 주의를 덜 기울였다고 말할 것이다.

이렇게 가정한다고 해도 그렇게 많이 나아가지는 못했다. 하지만 고리에서는 꽤 빠져나왔다. 주의는 두뇌의 돌기도 아니고 불가사의한 자질도 아니다. 그것은 원리에서는 비물질적이고, 효과에서는 물질적인 사실이다. 주의의 유무나 강도를 검증할 수단은 무수히 많다. 보편적 가르침의 모든 훈련은 바로 그 검증을 목표로 한다. 마지막으로 주의의 불평등은 하나의 현상이다. 우리는 그 가능한 원인을 경험을 통해 마땅히 알 수 있다. 우리는 왜 어린아이들이 세계를 탐사하고 언어를 학습하는 데 그리도 비슷한 지능을 쓰는지 알고 있다. 본능과 욕구가 아이들을 똑같이 이끈다. 어린아이들은 모두 대체로 충족시켜야 할 동일한 욕구를 가진다. 그들은 모두 마찬가지로 완전한 몫을 가지고 인간 사회에, 말하는 존재들의 사회에 들어가고 싶어한다. 그러려면 지능이 쉬어서는 안 된다. "이 아이는 여러 다른 언어로 일제히 그에게 말을 건네는 대상들에 둘러싸여 있다. 아이는 그 다른 언어들을 별도로 그리고 전체적으로 관찰해야 한다. 그것들은 아무런 관계도 없고 흔히 서로 모순된다. 아이는 자연이 그의 눈에, 촉각에, 모든 감각에 동시에 말을 거는 이 모든 관용어들로부터 아무것도 짐작할 수 없다. 그는 완전히 자의적인 수많은 기호들을 다시 떠올리기 위해 자주 되풀이해야 한다 (…) 이 모든 것을 위해서 얼마나 많은 주의가 필요하겠는가!"[4]

이렇게 크게 한 걸음 딛고 나면 욕구는 덜 절박해진다. 주의는

----

4   *Langue maternelle*, p. 199.

딜 일정해진다. 아이는 타인의 눈으로 배우는 것에 익숙해진다. 상황은 다양해진다. 그리고 아이는 상황이 요구하는 지적 능력을 개발한다. 보통 사람에게도 마찬가지다. 그들의 '낮은' 지능이 자연의 효과인지 사회의 효과인지 논하는 것은 쓸데없는 일이다. 그들은 그들의 욕구와 실존적 상황이 그들에게 요청하는 지능을 개발한다. 욕구가 멈추는 곳에서 지능은 쉰다. 더 강한 어떤 의지가 목소리를 내고 계속하라고 말하지 않는 한 말이다. 네가 무엇을 했는지를 보아라 그리고 모든 것에 동일한 주의를 기울이면서, 너의 길에서 벗어나지 않으면서 네가 이미 쓴 동일한 지능을 적용한다면 네가 **무엇을 할 수 있는지** 보아라.

이 관찰을 요약해보자. 우리는 다음과 같이 말할 것이다. **인간은 지능의 시중을 받는 의지이다.** 어쩌면 지적 성과의 불평등을 설명하기에 충분할 수도 있는 주의의 차이를 설명하기 위해서는 **어쩌면** 의지가 불평등하게 절박하기만 하면 된다.

인간은 **지능의 시중을 받는 의지이다.** 이 정식은 오랜 역사의 계승자다. 18세기 자유사상가들의 생각을 요약하며 생-랑베르⁵는 다음과 같이 주장했다. **인간은 지능의 시중을 받는 살아 있는 조직이다.**⁶

....

5 [옮긴이] 장 프랑수아 드 생-랑베르(1716~1803). 군인, 철학자, 그리고 로렌 지방 출신 시인. 그가 쓴 〈계절Saisons〉이라는 시는 18세기 서경시의 걸작으로 평가받는다.

6 [옮긴이] 이것은 랑시에르가 자코토의 글을 그대로 참조했기 때문에 생긴 착오다. "인간은 지능의 시중을 받는 살아 있는 조직이다"라는 정식은 생-랑베르의 것이 아니라, 보날드(1754~1840)에 반박하기 위해 나중에 멘 드 비랑이 했던 것이다. Maine de Biran, "Examen critique des opinions de M. de Bonald(1818)," Œuvres

그 정식은 유물론의 기미를 풍긴다. 왕정복고시기에 반-혁명의 사도인 보날드 자작은 그것을 엄격히 뒤집었다. 그는 **인간이 기관의 시중을 받는 지능**이라고 주장했다. 그러나 이 뒤집기는 지능을 아주 미묘하게 복원했다. 철학자(생-랑베르)의 정식에서 자작을 화나게 했던 것은 그 정식이 인간 지능에 너무 초라한 몫을 주기 때문이 아니었다. 보날드 자신도 인간 지능을 그리 중시하지 않았다. 반대로 그를 화나게 했던 것은 왕이 집단 조직을 위해서 복무한다는 공화주의 모델이었다. 그가 복원하고 싶었던 것은 위계적인 좋은 질서였다. 즉 왕은 명령하고, 신민들은 복종해야 한다. 지능은 군림한다. 그가 보기에 왕의 지능은 기호들의 세계를 전유(專有)하려는 아이나 노동자의 지능이 아니었다. 그것은 이미 신이 인간에게 준 법령 안에 기입되어 있는 신적인 지능, 그 기원이 자연이나 인간 기술에 있지 않고 순전히 신의 선물에 있어야 하는 언어활동 자체 안에 기입되어 있는 신적인 지능이었다. 인간 의지의 운명은 법령, 언어활동, 사회 제도에 이미 발현되고, 기입된 이 지능에 따르는 것이었다.[7]

....

inédites, t. III, édité par Ernest Naville, Dezobry: E, Magdeleine, 1859, p. 220 참조. 생-랑베르는 오히려 "인간은 그것을 둘러싼 모든 것과 그의 욕구들로부터 정신을 받는 조직화된 덩어리다"라고 말했다. 이 정의는 생리학적이고 유물론적인 냄새가 난다. 그래서 보날드는 이 정식이 인간을 동물, 심지어 식물과 구별되지 않게 만든다고 비판한다. 보날드가 보기에 그 정식은 조직화된 덩어리를 정신 앞에 둘 뿐 아니라, 정신을 덩어리의 욕구에서 나오는 것으로 간주하기 때문이다.

7 [옮긴이] 위에서 말한 생-랑베르의 정식에 보날드는 "인간은 기관의 시중을 받는 지능"이라는 정의를 맞세웠다. 인간의 가장 뛰어나고 고귀한 부분으로 지능을 설정하

이런 입장 정리는 어떤 역설을 낳았다. 계몽주의자들의 '개인주의' 철학에 대한 사회적 객관성과 언어활동의 객관성의 승리를 보장하기 위해서, 보날드는 그 나름대로 계몽주의 철학의 가장 '유물론적' 정식들을 다시 끌어다 써야 했다. 언어활동에 대한 사유의 모든 선차성(先次性)을 부정하기 위해, 지능으로부터 그것에 고유할 진리 탐구에 대한 모든 권리를 박탈하기 위해 보날드는 정신의 작동을 물질적 감각작용과 언어 기호들의 순수 메커니즘으로 환원해버린 자들에 동조해야 했다. 배꼽의 움직임을 관조하면서 자신에게 신의 영감이 깃들어 있다고 믿던 아토스 산의 수도사들을 비웃으면서까지 말이다.[8] 이렇듯 언어 기호들과 오성의 관념들 사이의 이 공자연성(共自然性)—18세기 사람들이 찾고자 했던, 그리고 이데올로그들이 계속 연구했던—은 지능을 신정(神政)과 사회정(社會政)의 시각에서 바라보는 틀에 제도화된 것에 유리하게 뒤집어진 채 회수됐다. 자작은 이렇게 적는다.

....

고, 그것이 물질에 선행하며 그것으로 환원되지 않는다고 주장한 것이다. 보날드에게는 지능 혹은 정신이 기관을 갖는 것이지 그 반대가 아니다. 인간, 사회, 우주의 구성이 유비적이라고 보았던 그는 특히 사회를 구성하는 세 가지 기본 형태를 다음과 같이 정식화한다. 인간이 '지능', '기관', '욕구 충족의 대상'을 가지듯이, 사회에는 명령하는 '권력', 권력의 지도에 따라 행동하는 '장관', 그리고 권력과 장관의 행위의 대상이 되는 '신민'이 있다. 그렇기 때문에 보날드에 따르면 지능(왕의 권력)은 명령하고, 욕구 충족 대상(신민들)은 그것에 복종해야 한다. 생-랑베르와 보날드 사이의 논쟁에 대해서는 Henri Moulinié, *De Bonald: la Vie, la Carrière politique, la Doctrine*, Paris, Félix Alcan, 1916, p. 270-1을 참조.

8 Bonald, *Recherches philosophiques sur les premiers objets des connaissances morales*, Paris, 1818, t. I, p. 67~68.

"인간은 그의 생각을 말하기 전에 그의 말을 생각한다."[9] 이것은 자신을 움직이는 경건한 사유를 무시하도록 내버려두지 않는 유물론적 언어활동 이론이다. "사회 질서의 근본 진리가 담긴 신성한 기탁물을 충실하고 영원히 지키는 수호자인 사회는 전체적으로 고려해 봤을 때 아이들이 대가족[10]에 들어감에 따라 그들 모두에게 이 진리를 알려준다."[11]

이 강력한 생각에 맞서 성난 손 하나가 그의 원고 위에 다음과 같은 글귀를 휘갈겨 썼다. "소크라테스의 유식한 무지에 대한 신탁의 대답과 이 모든 추잡한 잡소리를 비교해보라."[12] 이 글을 쓰는 것은 조제프 자코토의 손이 아니다. 의회에서 보날드 씨와 함께 일하던 동료인 기사 멘 드 비랑의 손이다. 조금 더 가서 그는 보날드 자작의 모든 체계를 단 두 줄로 뒤엎는다. 언어 기호들의 선차성은 지적 행위의 우위를 조금도 바꾸지 못한다. 각각의 인간 아이는 바로 이 지적 행위를 통해 언어 기호들에 의미를 부여한다. "인간은 자신의 유모에게서 얻은 단어들과 관념들을 연결함으로써만 말을 배운다." 언뜻 보기에 이는 놀라운 우연의 일치

....

9   Bonald, *Législation primitive considérée dans les premiers temps par les seules lumières de la raison, Œuvres complètes*, Paris, 1859, t. I, p. 1161.

10   [옮긴이] 대가족은 la grande famille를 바로 옮긴 것이다. 본디 '조건, 이익, 운명에서 형식적 유사성을 띤 개인들로 이루어진 공동체'를 뜻한다. 이를 가장 넓게 확장하면 인류 전체를 가리키지만, 본문에서는 '사회'를 비유적으로 표현하고 있다.

11   *Recherches philosophiques...*, p. 105.

12   Maine de Biran, "Les Recherches philosophiques de M. de Bonald," in *Œuvres complètes*, Paris, 1939, t. XII, p. 252.

다. 루이 16세를 지키던 근위사관과 혁명력 1년에 군대에서 일하던 옛 대위의 공통점이 무엇인지, 지방 군수와 국립 고등 공예학교 선생의 공통점이 무엇인지, 또 〔왕정복고기〕 군주제의 입법의회 의원과 망명한 혁명가의 공통점이 무엇인지 잘 보이지 않는다. 기껏해야 우리가 생각할 수 있는 것이라고는 둘 모두 스무살 즈음에 프랑스 혁명을 겪었고, 스물다섯 살 즈음에 소란을 피해 파리를 떠났으며, 소크라테스가 했던 옛 격언이 그 엄청난 격동의 시기 속에서 차지할 수 있었던 또는 다시 차지할 수 있었던 의미와 효력에 대해 시간을 두고 성찰했다는 것 정도다.[13] 자코토는 소크라테스의 격언을 약간 도덕학자의 방식으로 이해하고, 멘 드 비랑은 형이상학자의 방식으로 이해한다. 하지만 〔둘 사이에〕 공통된 시각이 남아 있다. 〔둘 모두〕 언어 기호들에 대한 사유의 우위를 지지했다. 분석적이고 이데올로기적인 전통 속에서 자신의 사유를 형성했던 두 사람은 그 전통에 대해 동일한 결산서를 제출했다. 이제 더 이상 언어 기호들과 오성에 떠오른 관념들의 상호 투명성 속에서 자기 인식과 이성의 힘을 찾아서는 안 된다. 의지의 자의성—그것이 혁명적이든 제정적이든—은 어제의 이성이 예정해두었던 잘 만든 언어들의 약속된 땅을 완전히 뒤

---

13 [옮긴이] 멘 드 비랑(1766~1824)은 1784년 파리에서 근위사관이 되었으나 프랑스 혁명 당시 부상을 입어 1793년에 은퇴하고 자신의 고향 베르주라크로 잠시 돌아갔다. 자코토(1770~1840)는 프랑스 혁명 당시 혁명군으로 활동하다가 1795년 디종으로 돌아가 라틴어, 수학, 법학 등을 가르쳤다.

덮었다. 사유의 확실성 역시 언어활동의 투명성—그것이 공화적이든 신정적이든 상관없이—이전으로 물러난다. 사유의 확실성은 그것의 고유한 행위에 영향을 미치고, 기호의 모든 조합에 선행하며, 그것의 방향을 정하는 정신 집중에 영향을 미친다. 혁명 시대·제정 시대의 신성이 된 의지는 저마다 자기에게 들이는 노력 안에서, 정신을 활동으로서 스스로 결정하는 가운데 자신의 합리성을 되찾는다. 지능은 관념들의 조합이기에 앞서 주의이자 탐구이다. 의지는 〔무언가를〕 선택하는 심급이기에 앞서 스스로를 움직이고자 하는 역량, 자신의 **고유한** 움직임에 따라 행동하고자 하는 역량이다.

지능의 시중을 받는 의지

이 근본적 전환은 인간에 대한 정의를 새롭게 전복한다. 〔새로운 정의에 따르면〕 인간은 **지능의** 시중을 받는 의지이다. 의지는 **관념주의자**idéistes와 **사물주의자**chosistes 사이 싸움에서 빼내야 하는 합리적인 힘이다. 또한 이런 뜻에서 데카르트적 **코기토**의 평등을 명확히 해야 한다. 모든 감각과 모든 신체에서 등을 돌림으로써만 자기 자신을 알았던 사유하는 주체에 새로운 사유하는 주체가 맞선다. 이 새로운 사유 주체는 자신 및 자신의 신체에 미치는 행위 속에서 자신을 체험한다. 그리하여 보편적 가르침의 원리에 따라 자코토는 데카르트의 유명한 밀랍 조각 분석을 자기

민의 방식으로 **번역**한다. "나는 보고 싶고, 그리고 본다. 나는 듣고 싶고, 그리고 듣는다. 나는 만지고 싶고, 그리고 나의 팔은 뻗어지고 사물의 표면을 타고 움직이거나 사물 내부로 들어간다. 나의 손은 벌려지고, 펼쳐지고, 뻗어지고, 죄고, 나의 손가락은 내 의지에 복종하기 위해 벌려지거나 오므려진다. 이 더듬는 행위에서, 나는 만지고자 하는 나의 의지만 안다. 이 의지는 나의 팔도, 나의 손도, 나의 뇌도, 만짐도 아니다. 이 의지는 곧 나요, 나의 영혼이요, 나의 역량이요, 나의 능력이다. 나는 이 의지를 느낀다. 이 의지는 내 안에 현존한다. 의지는 나 자신이다. [팔, 손, 뇌 따위가] 나에게 복종하는 방식을 나는 느끼지 않는다. 나는 그것의 행위들을 통해서만 그것이 나에게 복종하는 방식을 안다 (…) 나는 관념 형성idéification을 만지기라고 본다. 나는 내가 원할 때 감각 작용을 갖는다. 나는 나에게 감각작용을 가져오도록 나의 감각들에게 지시한다. 나는 내가 원할 때 관념들을 갖는다. 나는 그 관념을 찾고, 만질 수 있도록 나의 지능에게 지시한다. 손과 지능은 저마다 자신의 권한을 갖고 있는 노예다. 인간은 지능의 시중을 받는 의지다."**14**

나는 내가 원할 때 관념들을 갖는다. 데카르트는 의지가 오성에 미치는 힘을 잘 알고 있었다. 그러나 의지의 힘을 거짓의 힘으로, 오류의 원인으로 보았다. 의지의 힘을 관념이 명석 판명하지도

---

14   *Journal de l'émancipation intellectuelle*, t. IV, 1836~1837, p. 430-431.

않은데 **긍정하는** 성급함이라고 생각했다.[15] 반대로 지능이 오류를 범하는 것은 의지 부족 때문이라고 말해야 한다. 정신의 원죄, 그것은 성급함이 아니다. 그것은 부주의다. 그것은 부재다. "의지 없이 또는 반성 없이 행동해서는 지적 행위가 생겨나지 않는다. 무의지와 무반성으로부터 나오는 결과는 지능의 산물들 사이에 분류할 수도 없고 그 산물들과 비교할 수도 없다. 무위 속에서는 더 많은 행위도, 더 적은 행위도 볼 수 없다. 거기에는 아무것도 없다. 백치는 능력이 아니다. 그것은 이 능력이 부재하거나 잠자거나 멈춘 것이다."[16]

지능의 행위는 보고, 지능이 본 것을 비교하는 것이다. 지능은 먼저 무작위로 본다. 지능은 그것이 본 것을 또다시 보려면, 비슷한 사실을 보려면, 그것이 본 것의 원인일 수 있는 사실을 보려면 되풀이하고, 조건을 만들어내려고 애써야 한다. 지능이 자신이 본 것을 다른 사람들에게 말하려면 단어, 문장, 형상을 만들어

---

15 [옮긴이] 데카르트, 『성찰』, 제4성찰(AT, VII, 58)을 보라. "그렇다면 나의 오류는 도대체 어디서 생기는 것일까? 그것은 오직 다음과 같은 것에서, 즉 의지의 활동 범위가 오성보다 넓기 때문에, 내가 의지의 활동을 오성에 의해 인식된 범위 안에 묶어놓지 못하고, 오히려 인식하지도 않은 것에 의지를 작동시키는 데에서 비롯된다. 이런 것에 대해 의지는 비결정성의 상태에 있으므로 참된 것과 선한 것에서 쉽게 벗어나고, 이로써 나는 오류를 범하고 죄를 짓는 것이다." 번역은 윤선구, 『데카르트, 〈성찰〉』, 서울대학교 철학사상연구소, 2004 참조. 자코토는 데카르트의 오성 및 의지 개념을 참조함으로써 '지능의 시중을 받는 의지'의 토대를 마련한다. 그리고 이것은 '지능의 평등' 공리로 이어진다. 다시 말해, '모든 인간의 지능은 평등하지만, 각자의 의지에 따라 그 결과가 다른 것뿐이다.'

16 *Enseignement universel. Droit et philosophie panécastique*, Paris, 1838, p. 278.

내야만 한다. 간단히 말해 천재들에게 실례가 되겠지만, 가장 자주 쓰이는 지능 훈련 방식은 바로 되풀이하기다. 되풀이하기는 지겹다. 첫 번째 악은 게으름이다. 자리를 비우고, 어중간하게 보고, 보지도 않은 것을 말하고, 본다고 믿는 것을 말하기는 더 쉬운 일이다. 그런 식으로 부재의 문장, 정신의 어떤 모험도 번역하지 않는 **그러므로**가 만들어진다. "나는 못 하오"는 이러한 부재의 문장의 예다. "나는 못 하오"는 어떤 사실/행적도 가리키는 이름이 아니다. 정신에서는 이런 단언에 상응하는 어떤 것도 일어나지 않는다. 정확히 말하자면 그 단언은 아무것도 말하길 **바라지 않는다.**[17] 따라서 의지가 지능의 행보를 옥죄느냐 풀어주느냐에 따라 말은 채워지거나 비워지게 된다. 의미작용은 의지의 작업이다. 바로 그것이 보편적 가르침의 비밀이다. 그것은 또한 우리가 천재라고 부르는 자들의 비밀이기도 하다. 신체에 꼭 필요한 습관을 들이기 위한 지칠 줄 모르는 노력. 지능에 새로운 관념 및 그 관념을 표현하는 새로운 방식을 명령하기 위한 지칠 줄 모르는 노력. 무작위로 생겨난 것을 의도대로 다시 만들고, 불운한 상황을 성공의 기회로 바꾸기 위한 지칠 줄 모르는 노력. "이것은

---

17 [옮긴이] "그 단언은 아무것도 말하길 **바라지** 않는다"는 elle ne *veut* rien dire를 문자 그대로 옮긴 것이다. 보통 "그것은 아무것도 의미하지 않는다" 또는 더 간단히 "그 것은 아무 뜻도 없다"를 뜻한다. 의미하다(vouloir dire)는 '나의 생각을 단어, 문장, 형상으로 만들어 타인에게 말하길 바란다(vouloir dire)'는 뜻이다. 랑시에르가 의 미작용을 '의지'의 작업으로 보기 때문에, '바라다'는 표현을 살리기 위해 위와 같이 옮겼다.

아이에게나 웅변가에게나 참이다. 우리가 삶 속에서 성장하듯 웅변가들은 의회에서 성장한다 (⋯) 우연히 지난 회기 때 쓰라린 경험을 통해서 웃음을 샀던 자는 항상 그가 원할 때마다 웃길 수 있는 법을 배울 수 있다. 영원히 입을 열지 못할 정도로 그를 좌절시킨 야유를 초래했던 모든 관계들을 그가 연구했다면 말이다. 데모스테네스의 시작은 그러했다. 그는 원치 않게 웃음을 사고 나서 어떻게 그가 아이스키네스에 맞서 폭소를 유발할 수 있을지 배웠다. 데모스테네스는 게으르지 않았다. 그는 게으를 수 없었다."[18]

개인은 그가 바라는 것을 모두 할 수 있다고 보편적 가르침은 여전히 주장한다. 그러나 **바라다**는 말뜻을 오해해서는 안 된다. 보편적 가르침은 의지의 놀라운 힘을 탐사하는 대담한 사람들에게 주어지는 성공의 열쇠가 아니다. 이런 시장 벽보보다 해방 사상에 반하는 것은 없을 것이다. 스승 자코토는 그의 제자들이 **바라는 자는 할 수 있다**는 간판을 걸고 학교를 열 때 화를 낸다. 가치 있는 유일한 간판은 **지능의 평등**이라는 간판이다. 보편적 가르침은 경기병의 방법〔엘리트의 방법 또는 성공의 방법〕이 아니다. 물론 야망을 가졌거나 자신만만한 자들이 그것의 거친 실례를 내놓는 것도 사실이다. 그들의 열정은 마르지 않는 아이디어의 샘이다. 그들은 장군, 학자, 재정가의 지식을 모르면서도 그들을 실수 없이 능숙

---

18 *Langue maternelle*, p. 330.

하세 빨리 지도한다. 그러나 우리가 관심을 갖는 것은 이러한 극적인 효과가 아니다. 야심가들이 스스로를 누구보다도 열등하지 않다고 판단하면서 지적인 힘에서 얻어내는 것, 그들은 그것을 자신이 다른 모든 사람보다 월등하다고 판단하면서 다시 잃어버린다. 우리의 관심을 끄는 것은, 모든 인간이 스스로를 다른 인간과 평등하다고 판단하고, 다른 인간을 자신과 평등하다고 판단할 때, 그 모든 인간이 갖게 되는 힘을 탐사하는 것이다. 우리가 말하는 의지란, 자신을 행동하는 것으로 의식하는 이성적 존재가 자기로 되돌아가는(반성하는) 것이다. 이 합리성의 온상, 즉 자기를 현동적인 이성적 존재로 의식하고 평가하는 것이야말로 지능의 운동을 키운다. 이성적 존재는 먼저 자신의 역량을 아는 존재이자, 그 역량과 관련하여 스스로에게 거짓말하지 않는 존재이다.

진실함의 원리

두 근본적인 속임수가 있다. **나는 진리를 말한다**고 주장하는 속임수와 **나는 말할 수 없다**고 단언하는 속임수.[19] 자기로 되돌아가는

----

19 [옮긴이] 랑시에르는 이 두 속임수를 '해방에 대한 두 가지 커다란 죄악'—첫째는 '나는 못 하오je ne peux pas'이며, 둘째는 '나는 아오je sais'—이라고 말하기도 한다. 전자는 '무능력의 속임수'요, 후자는 '앎의 속임수'다. Jacques Rancière, "La méthode de l'égalité," *La philosophie déplacée: Autour de Jacques Rancière*, Textes réunis par Laurence Cornu et Patrice Vermeren, Lyon, Éditions Horlieu, 2006, p. 523 그리고 이 책, 70쪽 참조.

이성적 존재는 이 두 명제가 아무것도 아님을 안다. 첫 번째 사실. 자기 자신을 모르는 것은 불가능하다. 개인은 스스로에게 거짓말할 수 없다. 그는 그저 자신을 잊을 수 있을 뿐이다. "나는 못하오"는 자기 망각을 표현하는 문장이다. 이성적 개인은 그곳에서 물러난다. 어떤 심술궂은 악마도 의식과 그것의 행위 사이에 개입할 수 없다. 그러나 또한 소크라테스의 격언을 뒤집어야 한다. 소크라테스는 **아무도 의도적으로 악을 행하지 않는다**고 주장하곤 했다. 우리는 거꾸로 말할 것이다. "모든 어리석은 짓은 악덕에서 유래한다."**[20]** 누구도 악의, 다시 말해 게으름에 의하지 않고서는, 또 이성적 존재가 자신에게 지운 의무에 대한 말을 더는 들으려 하지 않는 욕망에 의하지 않고서는 오류에 빠지지 않는다. 악의 원리는 행위의 목적인 선에 대한 잘못된 인식에 있지 않다. 그것은 자기에 대한 불성실에 있다. **너 자신을 알라**는 더 이상 플라톤의 방식으로 너의 선이 어디에 있는지 알라를 뜻하지 않는다. 그것은 너 자신에게 돌아가라. 네 안에서 너를 속일 수 없는 것으로 돌아가라는 말이다. 너의 무능은 걷기를 게을리 하는 것일 뿐이다. 너의 겸허함은 다른 사람들의 시선 앞에서 머뭇거리는 오만한 겁에 지나지 않는다. 머뭇거리는 것은 아무것도 아니다. 악은 배회하는 것, 자신의 길에서 벗어나는 것, 자기가 말하는 것에 더 이상 주의를 기울이지 않고, 자기가 무엇인지를 잊는 것이다. 그

20 *Langue maternelle*, p. 33.

러니 **너의** 길을 가라.

　이 **진실함**의 원리는 해방 실험의 중심에 있다. 그것은 어떤 학식의 열쇠도 아니다. 그것은 각자가 진리와 맺는 특권적 관계이며, 각자를 그의 길, 연구자의 궤도에 올려놓는 관계다. 그것은 인식하는 힘의 도덕적 토대다. 그것은 인식하는 힘을 윤리적으로 정초하는 것보다 훨씬 더 시대에 대한 하나의 사유다. 혁명기 및 제정기에 실험한 것을 성찰하여 얻은 열매인 것이다. 그러나 당대 사상가들 대부분은 자코토와는 반대로 그것을 이해한다. 그들이 보기에 지적 동의를 명령하는 진리는 인간들을 하나로 묶어주는 끈과 같다. 진리는 결집시키는 것이다. 오류는 내분이자 고독이다. 사회, 사회 제도, 사회가 추구하는 목표, 이것이 바람 le vouloir〔의지〕을 규정한다. 올바른 지각에 도달하기 위해서 개인은 그 바람과 스스로를 동일시해야 한다. 신정론자인 보날드는 위와 같이 추론했고, 그를 따라 사회주의자 필립 뷔셰, 실증주의자 오귀스트 콩트도 그렇게 추론했다. 절충주의자들은 각자〔철학자 또는 구두수선공〕의 가슴에 새겨진 자신들의 상식과 위대한 진리에 대해 덜 엄격하다. 하지만 모두가 응집의 인간들이다. 그리고 자코토는 뚜렷이 구별된다. 원한다면 진리는 결집시킨다고 말할 수도 있다. 그러나 **인간들**을 결집시키는 것, 그들을 묶어주는 것은 비-응집이다. 혁명 이후 시대의 생각하는 머리들을 굳게 만드는 이 사회적 시멘트〔응집〕의 표상을 쫓아내자. 인간은 그들이 인간이기 때문에, 다시 말해 **떨어져 있는** 존재들이기 때문에 묶여 있는 것이다. 언어활동은 인간을 하나로 묶어주지 않는다. 반대로 언어활동의 자의성이야말로 인간에게 번역을 강제하면서 수고스러운 소통 속에, 그리고 또한 지능의 공동체에 인간을 집어넣는다. 인간은 말하는 상대가 말하는 것을 알지 못할 때 그것을 잘 알아보는 존재다.

진리는 인간을 응집시키지 않는다. 진리는 인간에게 주어지지 않는다. 진리는 우리와 무관하게 존재한다. 진리는 우리의 조각난 문장들에 따르지 않는다. "진리는 그 자체로 존재한다. 진리는 있는 것이지 말해진 것이 아니다. 말하는 것은 인간에게 달려 있다. 그러나 진리는 인간에게 달려 있지 않다."[21] 그렇다고 해서 진리가 우리에게 낯선 것은 아니며, 우리는 진리의 나라에서 추방되지 않는다. **진실함**의 경험은 우리를 진리의 부재하는 중심에 묶어둔다. 그것은 우리가 진리의 거처 주위를 맴돌게 한다. 무엇보다 우리는 진리를 보고 보여줄 수 있다. 예를 들어 "나는 내가 모르는 것을 가르쳤다"는 하나의 진리다. 그것은 존재했고, 되풀이될 수 있는 사실을 가리키는 이름이다. 이 사실의 이유로 말할 것 같으면, 그것은 지금 당장은 하나의 의견이며, 어쩌면 항상 의견일 것이다. 그러나 이 의견을 가지고 우리는 진리 주위를, 사실에서 사실로, 관계에서 관계로, 문장에서 문장으로 돈다. 중요한 것은 거짓말하지 않기, 눈을 감고 있었으면서도 보았다고 말하지

----

21   *Journal de l'émancipation intellectuelle*, t. IV, 1836-1837, p. 187.

않기, 본 것과 다른 깃을 이야기하지 않기, 그저 이름만 붙여놓고는 그것을 설명했다고 믿지 않기이다.

그렇게 우리 각자는 진리 주위에서 자신의 포물선을 그린다. 비슷한 두 궤도는 없다. 그렇기 때문에 설명자들은 우리의 공전(公轉)을 위태롭게 한다. "인도주의적 개념의 궤도들은 거의 교차하지 않으며, 겨우 몇몇 공통점이 있을 뿐이다. 그 개념이 그리는 잡다한 선들이 겹쳐지는 날에는 섭동[22]이 일어날 수밖에 없다. 섭동은 자유를 정지시키고, 결국 그에 따라 지능의 사용도 정지시킨다. 학생은 그가 방금 끌려갔던 길을 혼자서는 따라갈 수 없었을 것이라고 느낀다. 그러면서 그는 지적인 공간에서 자신의 의지에 열린 무수한 오솔길이 있음을 잊는다."[23] 이 궤도 일치는 우리가 바보 만들기라고 불렀던 그것이다. 그리고 우리는 왜 이 일치가 더 미묘해지고 덜 지각될수록 바보 만들기가 더 깊어지는지 이해한다. 그렇기 때문에 보편적 가르침과 그리도 가까워 보이는 소크라테스의 방법이 바보 만들기의 가장 무시무시한 형태를 대표한다. 학생을 그의 고유한 앎으로 이끌 수 있다고 자처하는 소크라테스의 질문법은 사실 승마 교사의 방법이다. "승마 교사는 선회, 전진, 후진을 명령한다. 그는 자기가 지도하는 정신이

....

22 [옮긴이] 섭동(perturbation)이란 어떤 천체의 평형 상태가 다른 천체의 인력에 의해 교란되는 현상을 가리킨다.

23 *Droit et philosophie panécastique*, p. 42.

말을 타는 동안 느긋하게 쉬면서 품위 있게 명령한다. 우회하고 또 우회하여 〔학생의〕 정신은 자기가 출발할 때 예상하지도 못했던 목적지에 도착한다. 정신은 그 목적지에 닿은 것에 놀라 뒤를 돌아보고는 그의 길잡이를 알아차린다. 놀라움은 감탄으로 바뀌고, 이 감탄은 그 정신을 바보로 만든다. 학생은 느낀다. 혼자 방치됐다면 자신은 이 길을 따라가지 못했을 것이라고."[24]

자신의 고유한 궤도 위에 있지 않는 한 아무도 진리와 관계 맺을 수 없다. 그렇다고 해서 누구도 이 독특성을 자랑해서는 안 된다. 누구도 자기 차례가 왔을 때 Amicus Plato, sed magis amica veritas![25]라고 주장해서는 안 된다. 그것은 극적인 문장이다. 그것을 외친 아리스토텔레스도 플라톤과 다르지 않았다. 플라톤처럼 아리스토텔레스는 자기 의견을 이야기한다. 그는 자신이 했던 지적 모험의 이야기를 만든다. 그는 그 길 위에서 몇 가지 진리를 얻는 것이다. 진리는 스스로 진리의 친구라고 말하는 철학자들을

....

24 *Ibid.*, p. 41.
25 [옮긴이] "나는 플라톤의 친구다, 그러나 더욱더 진리의 친구다!" 이것은 아리스토텔레스가 한 말을 본따 만든 라틴어 격언이다. 아리스토텔레스는 『니코마코스 윤리학』, I, 1096a11-17에서 이렇게 말했다. "아마도 보편적 좋음을 검토하고 그것이 어떤 방식으로 이야기되는지를 따져보는 것이 더 좋을 것이다. 물론 이러한 탐구는 이데아들을 도입한 사람들이 우리의 벗들이기에 달갑지는 않은 것이다. 그래도 진리를 구제하기 위해서는, 더구나 철학자로서는, 우리와 아주 가까운 것들까지도 희생시키는 것이 더 나을 것 같아 보인다. 친구와 진리 둘 다 소중하지만, 진리를 더 존중하는 것이 경건하기 때문이다." 번역은 아리스토텔레스 지음, 이창우·김재홍·강상진 옮김, 『니코마코스 윤리학』, 이제이북스, 2006 참조.

믿지 않는다. 진리는 자기 자신의 친구일 뿐이다.

이성과 언어

진리는 말해지지 않는다. 진리는 하나이지만, 언어활동은 조각낸다. 진리는 필연적이지만 언어는 자의적이다. 자코토의 가르침은 보편적 가르침을 공포하기도 전에 언어의 자의성이라는 이 테제 때문에 추문의 대상으로 이름을 떨쳤다. 루뱅에서 한 첫 수업에서 자코토는 디드로와 바퇴 신부가 활동하던 18세기로부터 그 유산을 이어받은 다음 질문을 주제로 잡았다. '직접' 구문은 동사와 속사 앞에 명사가 오는데, 이것은 자연 구문인가? 그리고 프랑스 작가들은 이 자연 구문을 그들이 쓰는 언어가 지적으로 우월하다는 표시로 볼 권리가 있는가? 자코토는 아니라고 딱 잘라 말했다. 디드로처럼 그는 '역'순(逆順)을 이른바 자연스런 순서(順序)만큼, 어쩌면 그보다 더 자연스럽다고 판단했다. 그는 느낌을 표현하는 언어활동이 분석의 언어활동보다 앞선다고 믿었다. 특히 그는 자연스런 순서에 대한 관념 그리고 그 관념이 끌어낼 수 있었던 위계들을 인정하지 않았다. 모든 언어는 똑같이 자의적이다. 지능의 언어, 다른 언어보다 더 보편적인 언어는 존재하지 않는다.

곧바로 반박이 들어왔다. 브뤼셀의 문학잡지, 《벨기에 옵세르바퇴르L'Observateur belge》 다음호에서, 젊은 철학자 판 메이넌은

위 테제에 대해 과두정을 이론적으로 보증하는 것이라며 비난했다. 5년 뒤에〔자코토의〕『모국어Langue maternelle』(1823)가 출간되자, 판 메이넌과 친한 젊은 법률가—그는 자코토의 강의를 들었을 뿐 아니라, 심지어 강의노트를 출간하기도 했다²⁶—도 흥분했다. 장 실뱅 판 데 베이에르는『자코토 씨의 책에 대한 시론Essai sur le livre de Monsieur Jacotot』에서 베이컨, 홉스, 로크, 해리스, 콩디야크, 뒤마르세, 루소, 데스튀트 드 트라시와 보날드를 좇으면서 여전히 생각이 언어활동보다 앞선다고 감히 주장하는 이 프랑스어 교수를 꾸짖었다.

이 젊고 혈기왕성한 반대자들의 입장도 쉽게 이해가 된다. 그들은 네덜란드의 지배에 맞서 지적으로 봉기하고 있는, 애국적이고 자유주의적이며 프랑스어를 쓰는 벨기에 청년층을 대표한다. 언어의 위계를 무너뜨리고, 프랑스어의 보편성을 파괴하는 것은 그들이 보기에 네덜란드 과두정의 언어를 부추기는 짓이다. 네덜란드 과두정의 언어는 가장 덜 문명화된 분파의 뒤떨어진 언어인 동시에 비밀스러운 권력의 언어인 것이다. 그들에 뒤이어,《뫼즈 통신Courrier de la Meuse》도 '자코토의 방법'이 때마침 크게 애쓰지 않고 이른바 네덜란드의 언어와 문명을〔벨기에에〕강요하러

----

26 〔옮긴이〕이 책 33쪽에서 인용된 Sommaire des leçons publiques de M. Jacotot sur les principes de l'enseignement universel, publié par J. S. Van de Weyer, Bruxelles, 1822를 말한다.

왔다고 비난했다. 그러니 이보다 더 깊은 것이 있다. 벨기에 징체성 그리고 프랑스적인 지적 조국을 옹호하는 이 젊은이들도 보날드 자작이 쓴『철학적 탐구Recherches philosophiques』를 읽었다. 그들은 그 책의 기본 관념—언어활동의 법, 사회의 법, 사유의 법 사이에 유비가 존재하며, 신법(神法) 안에서 그 법들이 원리적으로 통일된다는 관념—을 받아들였다. 물론 그들은 보날드 자작의 철학적·정치적 메시지와는 거리를 둔다. 그들은 국민-입헌 군주정을 바란다. 그들은 신이 각자의 가슴 속에 새겨놓은 형이상학적·도덕적·사회적인 위대한 진리들을 정신이 자신 안에서 자유롭게 재발견하길 바란다. 그들의 철학적 길잡이별은 빅토르 쿠쟁이라는 파리의 젊은 교수다. 언어의 자의성이라는 테제에서 그들은 소통의 한가운데에, 참을 발견하는 도정—그 길에서 철학자의 성찰은 보통 사람의 상식과 일치해야 하건만—위에 비합리성이 끼어든 것을 본다. 루뱅 대학 외국인 강사가 던지는 역설 속에서, 그들은 철학자들의 악덕이 영속하는 것을 본다. 철학자들은 "공격할 때, 편견이라는 이름으로 치명적인 오류—철학자들은 그들로부터 멀지 않은 곳에서 그 오류의 요람을 발견했다—와 근본 진리—철학자들은 진리의 기원도 자기들로부터 멀지 않은 곳에서 발견했다—를 자주 혼동했다. 왜냐하면 진정한 기원은 논증의 메스와 수다스런 형이상학의 현미경으로 접근할 수 없을 만치 저 깊숙한 곳에 철학자들이 볼 수 없게 감춰져 있기 때문이다. 사람들은 그 깊숙한 곳으로 내려가 곧은 감각과 소박한 마음의 명확성에만 기대어 길을 찾는 법을 잊은 지 오래다."[27]

사실은 다음과 같다. 자코토는 이런 종류의 하강을 **다시 배우길** 바라지 않는다. 그는 곧은 감각과 소박한 마음의 끝도 없는 문장들을 **듣지** 않는다. 그는 사유의 법, 언어활동의 법, 사회의 법 사이 일치 속에서 보장되는 소심한 자유를 조금도 바라지 않는다. 자유는 어떤 예정조화로도 보장되지 않는다. 자유는 각자의 노력으로만 획득할 수 있고, 따낼 수 있고, 잃을 수 있다. 언어의 구문과 나라의 법에 이미 씌어져 있다고 확인되는 이성은 존재하지 않는다. 언어의 법은 이성raison과 아무 상관이 없고, 나라의 법은 온통 무분별déraison과 상관있다. 만일 신법이 있다면, 그것을 증언하는 것은 자신 안에 머무르며 자신의 진실함을 유지한 사유뿐이다. 인간은 말하기 **때문에** 생각하는 것이 아니다. 〔만일 그랬다면〕 그것은 생각을 존재하는 물질 질서에 복종시키는 것일 테다. 〔오히려〕 인간은 존재하기 때문에 생각한다.

그렇다고 해도 생각은 말해져야 하고, 작품 속에 표명되어야 하며, 다른 생각하는 존재에게 전달되어야 한다. 생각은 자의적 의미작용을 하는 언어를 통해 그렇게 해야 한다. 거기에서 소통의 장애물을 볼 필요는 없다. 게으른 사람만이 이러한 자의성에 대한 관념을 두려워하고 거기에서 이성의 무덤을 본다. 정반대로, 신이 준 법령이란 존재하지 않으며, 언어의 언어란 존재하

---

27   *L'Observateur belge*, 1818, t. XVI, n° 426, p. 142-143.

지 않기 때문에 인간의 지능은 그의 모든 기술을 이용하여 자신을 이해시키고, 이웃의 지능이 그에게 의미하고자 한 바를 이해한다. 생각은 **진리로** 말해지는 것이 아니라, **진실함으로** 표현된다. 생각은 갈라지고, 이야기되고, 다른 이에게 번역되며, 그것을 들은 다른 이는 그것으로 또 다른 이야기를 만든다. 이 다른 번역은 다음의 유일한 조건 속에서 이루어진다. 소통하려는 의지. 다른 이가 생각한 것, 그가 해주는 이야기 말고는 어떤 보증도 없는 것, 어떤 보편적인 사전도 그 이야기에서 무엇을 이해해야 하는지 말해주지 않는 그런 생각을 **짐작하려는** 의지. 의지는 의지를 짐작한다. 이 공통의 노력 속에서 **지능의 시중을 받는 의지**로서의 인간이라는 정의는 그 의미를 획득하게 된다. "나는 생각하고 나는 나의 생각을 소통하길 바란다, 나의 지능이 기술을 가지고 임의의 기호들을 이용하자마자, 지능은 기호들을 조합하고 구성하고 분석한다. 그리하여 하나의 표현, 이미지, 물질적 사실이 이제부터 나에게 한 가지 생각의 초상(肖像), 다시 말해 비물질적인 사실의 초상이 될 것이다. 초상은 비물질적 사실을 나에게 떠오르게 만들 것이며, 이 초상을 볼 때마다 나는 나의 생각을 생각할 것이다. 그러므로 나는 하고 싶을 때 혼잣말을 할 수 있다. 하지만 언젠가 나는 다른 사람과 대면하며, 그 사람 앞에서 나의 몸짓과 말을 되풀이한다. 그가 바란다면 그는 나를 짐작할 것이다 (…) 그런데 사람들은 말로 말들의 의미작용에 합의할 수는 없다. 한 사람은 말하고 싶어하고, 다른 사람은 짐작하고 싶어한다. 그것이 전부다. 이 의지와 의지의 협력의 결과 하나의 생각이 두 사람에게 동시에 보인다. 먼저 그 생각은 한 사람에게 비물질적으로 존재한다. 그 다음 그는 스스로에게 그 생각을 말한다. 그는 그 생각에 자신의 귀나 눈을 위한 형태를 부여한다. 마침내 그는 이 형태, 이 물질적 존재가 자신이 애초에 생각했던 바를 다른 인간에게 재생하길 바란다. 이 창조 또는 괜찮다면 이 변신은 서로 돕는 두 의지의 효과다. 이렇게 생각은 말이 되고, 이어서 이 말이나 단어는 다시 생각이 된다. 하나의 관념은 물질이 되고, 이 물질은 관념이 된다. 이 모두가 의지의 효과다. 생각은 말의 날개를 달고 하나의 정신에서 다른 정신으로 날아간다. 각각의 단어는 단 하나의 생각만 전할 의도로 발송된다. 그러나 말하는 자도 모르게 그리고 그의 의지에 반하여 이 말, 이 단어, 이 애벌레는 청자의 의지에 의해 풍부해진다. 그리고 한 모나드를 표상하는 것은 사방으로 빛을 발하는 관념들의 구(球)의 중심이 된다. 그러므로 화자는 그가 말하고자 했던 것 말고도 정말로 무한히 다른 것들을 말한 셈이다. 그는 잉크를 가지고 한 관념의 몸을 만들었다. 그리고 유일한 비물질적 존재를 신비롭게 감쌀 용도로 마련된 이 물질은 이 존재들의 세계, 이 생각들의 세계를 실제로 포함한다."[28]

어쩌면 우리는 이제 보편적 가르침이 경이로운 이유를 더 잘 이해할 수 있다. 보편적 가르침은 그저 두 이성적 존재 사이의 모

----

28 *Droit et philosophie panécastique*, p. 11-13.

든 소통 상황을 움직이는 동력을 작동시키는 것이다. 두 무지한 자가 그들이 읽는 법을 **알지** 못하는 책과 맺는 관계는 그저 생각을 단어로, 단어를 생각으로 번역하고 역번역하기 위해 끊임없이 철저하게 노력하는 것일 뿐이다. 이 작업을 주재하는 의지는 마술사의 비결이 아니다. 그것은 이해하고, 자신을 이해시키려는 욕망이다. 그것이 없다면 어떤 인간도 결코 언어활동의 물질성에 의미를 부여하지 못할 것이다. 이해한다는 말을 그것의 참뜻으로 이해해야 한다. 사물들의 베일을 걷어내는 터무니없는 힘이 아니라, 한 화자를 다른 화자와 직면하게 하는 번역의 역량으로 말이다. 바로 이 역량이 '무지한' 자로 하여금 '무언의' 책에서 그것의 비밀을 뽑아낼 수 있게 해준다. 『파이드로스』의 가르침과는 반대로, 두 종류의 담화가 있고 그 중 하나는 '자신을 도울' 힘이 없이, 항상 같은 것을 어리석게 말할 수밖에 없는 것이 아니다.[29] 말해졌든 쓰어졌든 모든 말은 하나의 번역이다. 그 번역은 역번역 속에서만, 들린 소리나 쓰인 흔적의 가능한 원인들을 생각해내는 가운데에서만 의미를 획득한다. 그것은 어떤 이성적 동물이 나에게 말하려는 것이 무엇인지 알기 위해 모든 지표에 매달려 짐작하려는

....

29 [옮긴이] 플라톤, 『파이드로스』, 275e. "글로 쓰이고 나면, 모든 말은 장소를 가리지 않고 그것을 이해하는 사람들 주변과 그 말이 전혀 먹히지 않는 사람들 주변을 똑같이 맴돌면서, 말을 걸어야 할 사람들과 그렇지 않은 사람들을 가려 알지 못하네. 잘못된 대우를 받고 부당하게 비판을 당하면 언제나 아비의 도움을 필요로 하지. 혼자서는 자신을 지킬 수도 없고 도울 힘도 없기 때문이라네." 번역은 플라톤, 조대호 역해, 『파이드로스』, 문예출판사, 2008 참조.

의지다. 〔나에게 무언가를 말한〕 그 이성적 동물은 나의 그 짐작하려는 의지를 하나의 이성적 동물이 가진 영혼으로 간주한다.

어쩌면 우리는 또한 **이야기하기**와 **짐작하기**를 지능의 두 주요 작업으로 만드는 이 추문을 더 잘 이해하게 될 것이다. 진리를 말하는 자들과 우월한 정신들은 정신을 물질로, 물질을 정신으로 변형하는 다른 방식을 분명히 알고 있다. 그들이 그 방식을 문외한들에게 숨긴다는 사실도 이해가 된다. 모든 이성적 존재에게 그렇듯이 문외한들에게는 말의 운동만 남는다. 그 운동은 진리와의 거리를 인식하고 유지하는 동시에 인간성을 의식하는 것이다. 이 의식은 타인과 소통하고 그들과 자신의 비슷함을 입증하기를 욕망하는 것이다. "인간은 느끼고 입을 다물거나 또는 말하고 싶다면 무한정 말해야 한다. 왜냐하면 그는 항상 자신이 방금 말한 것에 더하거나 뺌으로써 바로잡아야 할 것이 있기 때문이다 (…) 왜냐하면 우리가 무엇을 말하건 그것에 서둘러 이 말을 덧붙여야 하기 때문이다. 그것〔내가 말하려던 것〕은 그것이 아니라고. 그리고 정정(訂定)은 더 이상 처음 말한 것보다 더 완전하지 않기 때문에 우리는 이 밀물과 썰물 속에서 즉흥을 영속시키는 수단을 갖는다."[30]

알다시피 즉흥작은 보편적 가르침의 규준이 되는 훈련 중 하나다. 먼저 우리 지능의 첫 번째 덕인 **시적인** 덕을 훈련하는 것이다.

....

[30] *Ibid.*, p. 231.

우리는 진리를 **느끼면서도** 그것을 **말할** 수 없다. 이 불가능성 때문에 우리는 시인으로서 말하기도 하고, 우리 정신의 모험을 이야기하고, 또 그 모험을 다른 모험가들이 이해한다는 것을 검증하고, 우리의 느낌을 소통하고 느낌을 갖는 다른 존재들이 그 느낌을 공유하는 것을 본다. 즉흥작은 인간 존재가 제 자신을 알게 해주고, 자신의 본성 속에서 이성적 존재, 다시 말해 "자신이 생각하는 바를 그와 비슷한 자들에게 이야기하기 위해 단어를 만들고, 형상을 그리고, 비교를 하는"[31] 동물임을 확인시켜주는 훈련이다. 우리 지능의 덕은 아는 것이기보다 행하는 것이다. "아는 것은 아무것도 아니며, 행하는 것이 전부다." 그러나 이 행함은 근본적으로 소통 행위다. 그런 까닭에 "말하기는 무엇이건 행하는 능력에 대한 최상의 증거다."[32] 말하는 행위에서 인간은 그의 앎을 전달하지 않고, 시로 짓고 번역하고 타인들도 같은 것을 하도록 권한다. 그는 **장인**으로서, 즉 도구를 다루듯 단어를 다루는 자로서 소통한다. 인간과 인간은 손으로 만든 제작물로 소통하듯이 그의 담화에 쓰인 단어로 소통한다. "인간이 물질에 작용할 때 이 물체의 모험은 그의 정신의 모험담이 된다."[33] 그리고 장인의 해방은 먼저 이 이야기를 다시 붙잡는 것, 물질에 작용을 가하는

----

31   *Musique*, p. 163.
32   *Ibid.*, p. 314.
33   *Droit et philosophie panécastique*, p. 91.

그의 활동이 담화의 본성에 속함을 의식하는 것이다. 그는 **시인**으로서, 즉 자신의 생각이 소통가능하며, 자신의 감정을 공유할 수 있다고 믿는 존재로서 소통한다. 그러므로 보편적 가르침의 논리에서는 말하기 훈련과 모든 작품을 담화로 보는 개념이 모든 학습에 선행한다. 스스로 해방되기 위해서 장인은 자신의 제작물에 대해 말해야 한다. 학생은 배우고 싶은 기술에 대해 **말해야** 한다. "인간의 제작물에 대해 말하는 것은 인간의 기술을 아는 수단이다."[34]

그래, 나도 화가다!

그리하여 창시자는 이상한 방법을 써서 여러 다른 미친 짓 중에 또 그림과 회화를 가르친다. 그는 먼저 학생에게 그 학생이 재현할 것에 대해 말하라고 주문한다. 즉 베낄 그림 말이다. 아이가 그림 작업을 시작하기 전에 그가 취해야 할 조치들을 설명해주는 것은 위험할 것이다. 우리는 그 이유를 안다. 아이는 그러면 스스로 무능력하다고 느낄 위험이 있다. 따라서 우리는 아이의 모방하고자 하는 의지를 신뢰할 것이다. 그러나 우리는 이 의지를 **검증할** 것이다. 아이의 손에 크레파스를 쥐어주기 며칠 전부터 먼저 아이에게 그림을 보라고 주고 그 그림에 대해 평하라고 주

----

34 *Musique*, p. 347.

문할 것이다. 어쩌면 아이는 처음에 별 얘기를 하지 않을 수도 있다. 이를테면 "이 머리는 예뻐요"라는 식으로 말이다. 그러나 우리는 훈련을 되풀이할 것이다. 우리는 똑같은 머리를 아이에게 보여줄 것이다. 그리고 이미 했던 말을 해도 좋으니 또 보고 말해보라고 주문할 것이다. 그러면 아이는 더 주의 깊어지고, 그의 능력에 대해 더 의식하게 되며, 모방할 수 있게 될 것이다. 우리는 이 효과의 이유를 안다. 그것은 시각을 통한 암기나 몸짓 길들이기와는 완전히 다르다. 아이가 이 훈련을 통해 **입증한** 것은 회화가 하나의 언어라는 것, 아이에게 모방하라고 준 그림이 아이에게 **말한다**는 사실이다. 나중에 우리는 아이를 어떤 그림 앞에 데리고 갈 것이다. 우리는 아이에게 포키온의 매장을 재현하는 푸생의 그림 속에 담긴 **감정의 통일성**에 대해 즉흥작을 해보라고 주문할 것이다. 그러면 전문가가 당연히 노발대발할까? 푸생이 그의 그림 속에 집어넣길 바랐던 것이 과연 감정의 통일성인지 당신이 어떻게 안다고 나서느냐? 이 가설적 담론이 푸생의 회화술과, 또 학생이 획득해야 하는 기술과 무슨 관계가 있느냐?(며 말이다.)

우리는 이렇게 답할 것이다. 우리는 푸생이 하기를 바랐던 것이 무엇인지 안다고 나서지 않는다. 우리는 그저 그가 하기를 바랐을 수 있는 것을 상상하는 훈련을 한다. 우리는 모든 **하기를 바람**은 **말하길 바람**이며, 이 **말하길 바람**은 모든 이성적 존재에 말을 건네는 것임을 입증한다. 요컨대 우리는 회화는 시처럼ut poesis pictura—르네상스 예술가들은 호라티우스의 격언을 뒤집어서 그렇게 주장했다[35]—이 예술가들만 아는 지식이 아님을 입증한다. 회화는 조각, 판화 또는 다른 모든 예술과 마찬가지로 하나의 언어이다. 언어에 대한 지능을 가진 사람이라면 누구나 그 언어를 이해하고 말할 수 있다. 알다시피 예술 분야에서 "나는 못 하오"는 곧잘 "그것은 나에게 아무것도 말하지 않소"[36]로 번역된다. 그래서 '감정의 통일성'을 입증하는 것, 다시 말해 작품이 말하길 바라는 것을 입증하는 것은 그리는 법을 '알지 못하는' 자에게 해방의 수단이 될 것이다. 그것은 책에 바탕을 두고 지능의 평등을 입증하는 것과 정확히 등가적이다.

물론 그것은 걸작을 만드는 것과 거리가 멀다. 자코토의 학생들이 쓴 문학 작문을 높이 평가하던 방문객들도 학생들이 그린 그림과 회화 앞에서는 자주 난색을 표한다. 하지만 위대한 화가 만들기가 중요한 것이 아니라 해방된 자 만들기, **그래, 나도 화가다**라고 말할 수 있는 인간 만들기가 중요하다. 그 정식에는 어떤 오만도 들어가지 않는다. 반대로 거기에는 모든 이성적 존재가 지

---

35 [옮긴이] 호라티우스는 『시학Ars poetica』, 361행에서 "시는 회화처럼ut pictura poesis"이라고 말했다. 시를 회화와 비교하는 이 말은, 회화를 평가할 때와 마찬가지로 시를 해석할 때도 주의를 기울일 필요가 있음을 역설한 것이었다. 그러다가 이 격언은 16-17세기에 때때로 "회화는 시처럼"으로 뒤집혀서 사용된다. 회화는 시와 같다고 말하는 것은 시를 평가할 때와 마찬가지로 회화 역시 다른 공예 혹은 기술과 구분해주어야 한다는 것이었다.

36 [옮긴이] "cela ne me dit rien"을 옮긴 것이다. 보통 '그것은 내 마음에 들지 않는다'를 뜻한다. 하지만 dire를 '말하다'로 일관되게 옮기기 위해서 직역했다.

닌 힘에 대한 정당한 느낌이 들어간다. "그래, 나도 화가다!라고 소리 높여 말하는 것에는 오만이 없다. 오만은 우리나 당신들이나 화가가 아니라고 다른 사람들에게 나지막이 말하는 데 있다."[37] **그래, 나도 화가다**는, 나에게도 영혼이 있다, 나에게도 나와 비슷한 자들과 소통할 느낌이 있다는 뜻이다. 보편적 가르침의 방법은 그것의 도덕과 같다. "보편적 가르침에서는 영혼을 가진 모든 인간이 감수성을 가지고 태어난다고 말한다. 보편적 가르침에서는 인간이 쾌락과 고통을 느낀다고 간주되며, 언제, 어떻게, 어떤 상황의 일치 때문에 그가 이 고통이나 쾌락을 느꼈는지를 아는 것은 당사자에게 달려 있다고 본다(…) 게다가 인간은 자기와 닮은 다른 존재들이 있기에 자신에게 고통과 쾌락을 초래한 상황 속에 비슷한 자들을 놓아두기만 하면, 그들에게 자기가 겪는 느낌들을 소통할 수 있음을 알고 있다. 인간은 자신이 무엇에 감동했는지 알면, 소통수단을 선택하고 이용하는 법을 검토하여 타인을 감동시키는 훈련을 할 수 있다. 그가 배워야 하는 것은 언어다."[38]

시인들의 교훈

배워야 한다. 모든 인간은 쾌락과 고통을 느끼는 능력을 공통으

---

37   *Langue maternelle*, p. 149.
38   *Musique*, p. 322.

로 가지고 있다. 이 비슷함은 저마다가 입증해야 할 잠재성일 뿐이다. 그리고 비슷함은 비슷하지 않음의 긴 경로를 거침으로써만 입증해야 할 잠재성이 될 수 있다. 나는 내 생각의 이유를 입증하고, 내 느낌의 인간성을 입증해야 한다. 그러나 나는 그것들〔생각과 느낌〕을 기호의 숲속에서 과감히 나아가게 함으로써만 그렇게 할 수 있다. 기호들 자체는 아무것도 말하길 **바라지** 않으며, 이 생각이나 느낌과 일치하는 점이 전혀 없다. 부알로를 따라 사람들은 이렇게 말한다. 잘 이해된 것은 명료하게 표현된다. 부알로의 문장은 아무것도 말하길 바라지 않는다〔아무 뜻도 없다〕. 생각에서 물질로 슬쩍 미끄러지는 모든 문장들처럼, 이 문장은 어떤 지적 모험도 표현하지 않는다. 잘 이해하는 것은 이성적 인간의 특성이다. 잘 표현하는 것은 언어라는 도구를 쓰는 훈련을 전제하는 장인의 일이다. 사실 이성적 인간은 무엇이든 할 수 있다. 그는 또한 만들어보고픈 각각의 것(담화, 기계, 시)에 고유한 언어를 배워야 한다. 예를 들어 기나긴 전쟁에서 돌아온 아들을 바라보는 다정한 어머니를 떠올려보라. 그녀는 감동한 나머지 말을 잇지 못한다. 그러나 "이 한참 동안의 포옹, 행복한 순간 조마조마해하는 사랑의 포옹, 또 헤어질까 두려워하는 듯한 사랑이 담긴 포옹. 눈물에 젖은 가운데 기쁨으로 반짝이는 눈. 복잡미묘한 울음의 언어활동(이 입맞춤, 이 응시, 이 자세, 이 한숨, 이 침묵까지)의 통역을 맡은 미소를 머금은 입."**39** 요컨대 이 모든 **즉흥**이 가장 설득력 있는 시가 아니겠는가? 당신은 그 시에서 감동을 받을 것이다. 하지만 그 감동을 소통하려고 해보라. 서로 모순되고 한없이 섬세하게 표현된 이 생각들과 느낌들의 순간성을 전달해야 하고, 그것을 단어와 문장의 잡목숲 속으로 여행을 떠나보내야 한다. 그리고 이는 발명되는 것이 아니다. 왜냐하면 이 생각의 개인성과 공통 언어 사이에 제3항을 가정해야 하기 때문이다. 그것은 또다시 다른 언어일 것이다. 그러면 그것을 발명한 자의 말은 어떻게 알아들을 수 있겠는가? 여전히 배워야 한다. 책 속에서 이 표현의 도구들을 찾아내야 한다. 문법학자들의 책에서 찾아낼 것이 아니다. 그들은 이 모험을 하나도 모른다. 웅변가들의 책에서 찾아낼 것도 아니다. 그들은 **짐작하게** 만드는 법을 찾는 것이 아니라, 자기 말을 **듣게** 만들기를 바란다. 그들은 아무것도 말하길 바라지 않는다. 그들은 명령하길 바란다. 즉 지능들을 묶고, 의지들을 복종시키고, 행위를 강제하길 바란다. 느낌과 표현 사이의 이 틈, 감동의 말없는 언어활동과 언어의 자의성 사이의 이 틈에 대해 작업한 사람들에게 배워야 한다. 영혼과 영혼 자체의 말없는 대화를 듣게 만들려고 시도했던 자들, 정신들의 비슷함에 대한 내기에 자신이 하는 말의 모든 판돈을 걸었던 자들에게 배워야 한다.

그러므로 우리가 천재라는 칭호로 꾸미는 시인들에게 배워보자. 그들은 이 위압적인 단어의 비밀을 우리에게 누설한다. 천재

---

39 *Langue maternelle*, p. 281.

의 비밀은 곧 보편적 가르침의 비밀이다. 배우라, 되풀이하라, 모방하라, 번역하라, 문장을 뜯어보라, 다시 붙여보라. 사실, 19세기에 몇몇 천재들은 초인적 영감을 내세우기 시작한다. 그러나 고전주의자들은 이 천재의 빵을 먹지 않는다. 라신은 자신이 변변치 않은 사람이라는 것에 대해 수치스러워하지 않는다. 그는 에우리피데스와 베르길리우스를 **앵무새처럼** 외운다. 그는 그들을 번역하려고 하고, 그들의 표현들을 뜯어서 다른 식으로 붙여본다. 그는 시인이 되는 것은 두 번 번역하는 것임을 안다. 어머니의 고통, 여왕의 분노 또는 애인의 격분을 프랑스어로 번역하는 것, 이는 또한 에우리피데스나 베르길리우스가 했던 번역을 번역하는 것이다. 에우리피데스의 『화관을 쓴 히폴리토스』로부터 파이드라[40]는 말할 것도 없고, 아달리야와 여호세바[41]도 **번역해야** 한다. 실제로 라신은 자신이 하는 것에 우쭐해하지 않는다. 그는 자

---

40 [옮긴이] 라신이 에우리피데스의 비극, 『화관을 쓴 히폴리토스』—줄여서, 『히폴리토스』라고도 한다—를 각색하여 만든 비극인 『페드르Phèdre』(1677)를 말한다. 아테네 왕 테세우스(테제)의 후처였던 파이드라(페드르)가 그의 의붓아들인 히폴리토스(이폴리트)를 사랑하여 결국 자신도 사랑하는 사람도 파멸에 이르게 만드는 이야기다.

41 [옮긴이] 라신이 『성경』의 〈열왕기하〉 제11장에 바탕을 두고 만든 비극인 『아탈리 Athalie』(1691)를 가리킨다. 아탈리는 아달리야의 프랑스식 발음이다. 아달리야는 아합과 이세벨의 딸이자 유다 왕 여호람의 아내였다. 그는 그의 아들 아하지야가 죽은 뒤 왕의 혈육을 거의 죽이고 왕위를 가로채 6년간 유다를 다스렸다. 다른 왕족들이 모조리 살해될 때 아하지야의 아들 요아스만이 그의 고모 여호세바의 도움으로 목숨을 건졌고, 나중에 사제 여호야다의 도움으로 혁명을 성공시키고 아달리야를 처형한 뒤 유다를 통치하게 된다.

신이 관객보다 인간의 감정을 더 잘 안다고 생각하지 않는다. "만일 라신이 나보다 더 어미의 마음을 안다면, 그가 어미의 마음에서 읽어낸 것을 나에게 말하는 것은 시간낭비일 테다. 나는 그가 관찰한 것을 내 추억 속에서 되짚어보려 하지 않을 것이다. 나는 감동받지도 않을 것이다. 이 위대한 시인은 정반대로 가정한다. 그가 작업하고, 그렇게 애쓰며, 단어를 지우고, 표현을 바꾸는 까닭은 모든 것이 자신이 이해한 대로 독자에게도 이해되기를 희망하기 때문이다."[42] 모든 창작자가 그렇듯 라신은 본능적으로 보편적 가르침의 방법, 다시 말해 보편적 가르침의 도덕을 적용한다. 그는 안다. **위대한 생각**을 가진 사람이 있는 것이 아니라, 단지 **위대한 표현**을 가진 사람들이 있는 것임을. 그는 안다. 시가 가진 모든 힘은 두 가지 행위(번역과 역번역)에 집중된다는 것을. 그는 번역의 한계와 역번역의 힘을 안다. 그는 안다. 시는 어떤 의미에서 항상 다른 시의 부재임을. 어머니의 자상함과 애인의 격분을 즉흥으로 표현하는 무언의 시의 부재임을. 몇몇 드문 효과 속에서 어떤 시는 코르네유에서처럼 무언의 시를 한 음절 또는 세 음절(**나** 또는 **그가 죽었어야 했는데!**)로 흉내 낼 정도로 그것에 가까워진다. 그것을 뺀 나머지는 청자가 하게 될 역번역에 달려 있다. 이 역번역이 시의 감동을 만들어낼 것이다. 이 '빛을 발하는 관념들의 구(球)'는 단어들을 소생시킬 것이다. 시인의 온갖 노

---

42   *Langue maternelle*, p. 284.

력과 수고는 각 단어 주위에, 각 표현 주위에 아우라를 일으킬 것이다. 그렇기 때문에 시인은 다른 사람들의 표현을 분석하고, 해부하고, 번역하며, 또 끊임없이 자신의 표현을 지우고 고친다. 그는 그럴 수 없음을 알면서도 모든 것을 말하려고 애쓴다. **번역자**의 이 무조건적인 집중은 다른 집중, 다른 의지의 가능성을 연다. 언어는 모든 것을 말하게 해주지 않는다. "나는 라신이 말하고자 했던 것을, 그가 인간으로서 말할 수 있는 것을, 그가 말하지 않을 때 말하는 것을, 그가 시인에 지나지 않는 한 말할 수 없는 것을 짐작하기 위해 나의 고유한 천재성을, 모든 인간이 가지고 있는 천재성을 사용해야 한다."[43]

'천재', 다시 말해 해방된 예술가의 진짜 겸손이란 이것이다. 그는 우리가 그와 똑같이 알 거라고 믿는 다른 시〔무언의 시〕의 부재로서 그의 시를 우리에게 내놓기 위해 그가 가진 모든 역량과 모든 기술을 쓴다. "우리는 스스로 라신이라고 생각하며, 우리는 옳다." 이 믿음은 어떤 곡예사의 자만과도 아무 관계가 없다. 그것은 어떤 식으로도 우리의 시구가 라신의 시구만큼 가치가 있다거나 곧 그렇게 될 것임을 함축하지 않는다. 그것은 먼저 우리가 라신이 우리에게 말하려는 바를 알아듣는다는 것, 그의 생각은 우리의 생각과 다른 종류의 것이 아니라는 것, 그의 표현은 우리의 역번역에 의해서만 완수된다는 것을 뜻한다. 우리는 먼저 **그를**

....

43   *Ibid.*, p. 282.

통해서 우리가 그처럼 인간임을 안다. 그리고 우리는 또한 그 덕분에 기호들의 자의성을 통해 우리에게 이것을 알려주는 언어의 역량을 안다. 우리는 라신과 우리의 '평등'이 라신이 들인 수고의 열매임을 안다. 라신의 천재성은 그가 지능의 평등이라는 원리에 따라 작업을 했고, 그가 말을 건네는 자들보다 자신이 우월하다고 생각하지 않았으며, 그가 커피의 유행처럼 사라질 거라고 예언하던 자들[44]을 향해 작품을 만들었다는 데 있다. 우리에게 남은 일은 이 평등을 입증하는 것, 우리 자신의 작업을 통해 이 역량을 쟁취하는 것이다. 이는 라신이 쓴 비극과 동등한 비극을 만들어내는 것을 뜻하지 않는다. 그것은 우리가 느끼는 바를 이야기하기 위해 그만큼 주의를 기울이고, 그만큼 기술을 탐구해야 하며, 언어의 자의성을 가로지르거나 우리 손으로 만드는 작품에 대한 모든 물질의 저항을 가로지름으로써 다른 사람들이 그것을 겪게 만들어야 한다는 것이다. 선생이 하는 바보 만드는 교훈과 일일이 대립하는 예술가의 해방하는 교훈은 이것이다. 우리는 저마다 스스로 이중의 발걸음을 내딛는 한에서 예술가다. 직업인이 되는 데 만족하지 않고 모든 일을 표현 수단으로 만들고 싶어하는 한에서 느끼는 데 만족하지 않고 나눌 방도를 찾는 한에서. 설명자가 불평등을 필요로 하듯, 예술가는 평등을 필요로 한다. 그리고

....

44 [옮긴이] 세비녜 부인의 평가. 그녀는 라신(Racine)과 커피 모두 가치가 높지 않으며 곧 유행이 지날 것이라고 봤다.

예술가는 이성적 사회의 모델을 그린다. 그 사회에서는 이성에 외적인 것—물질, 언어 기호들—에도 이성적 의지가 관통한다. 어떤 점에서 우리가 그들과 비슷한지를 다른 사람들에게 이야기하고 느끼게끔 하는 의지 말이다.

평등한 자들의 공동체

우리는 그렇게 예술가들의 사회인 듯한 해방된 자들의 사회를 꿈꿀 수 있다. 그런 사회는 아는 자와 알지 못하는 자, 지능의 특성을 소유한 자와 소유하지 못한 자 사이의 나눔을 거부할 것이다. 그런 사회에는 행동하는 정신들만 있을 것이다. 행하고, 자신이 한 것에 대해 말하고, 그리하여 자신의 모든 작품을 모두에게 있는 것과 같은 자신의 인간성을 알리기 위한 수단으로 변형하는 사람들만 있을 것이다. 그런 사람들은 누구도 그의 이웃보다 더 많은 지능을 갖고 태어나지 않으며, 어떤 사람이 발현하는 우월함이란 다만 다른 이가 도구를 다루는 열의만큼 고집스럽게 똑같은 열의를 가지고 단어를 다루어 얻은 열매임을 알 것이다. 그들은 또 어떤 사람의 열등함이란 그로 하여금 좀 더 찾아보도록 강제하지 않았던 상황에서 초래된 결과임을 알 것이다. 간단히 말해 그들은 이런저런 사람이 그의 고유한 **기술**에 부여한 개선이란 모든 이성적 존재에 공통된 힘을 저마다 특수하게 적용한 것일 뿐임을 알 것이다. 각자는 속임수가 더는 의미를 갖지 않는 의식의 비공개실에 틀어박힐 때 이 공통된 힘을 체험한다. 그들은 인간의 위엄이란 그의 위치와는 무관함을 알 것이고, "인간은 어떤 특수한 위치에 있기 위해 존재하는 것이 아니라, 처지와 무관하게 즉자적으로 행복하기 위해 존재한다"[45]는 사실을 알 것이며, 사랑하는 아내, 자식 또는 친구의 눈에서 반짝이는 느낌의 반영이 예민한 영혼 앞에 그의 눈길을 만족시키기에 알맞은 충분한 것들을 보여준다는 사실을 알 것이다.

그런 사람들은 사명이 열정에 부합하는 공동생활체, 평등한 자들의 공동체, 직무와 부를 조화롭게 분배하는 경제 조직을 만들기 위해 분주히 움직이지 않을 것이다. 인류를 연결하는 데 있어서 모두가 똑같이 가지고 있는 이 지능보다 더 나은 끈은 없다. 지능은 비슷한 자를 가늠하는 올바른 척도이며, 서로 돕고 사랑하도록 이끄는 고운 마음을 일깨운다. 어떤 자로 하여금 비슷한 자에게 어느 정도까지 도움을 바랄 수 있는지를 가늠하고 그에게 감사의 표시를 할 수단을 주는 것은 바로 지능이다. 그것에 대해 공리주의자들처럼 말하진 말자. 인간이 인간에게 기대할 수 있는 주된 도움은 쾌락과 고통, 희망과 공포를 소통함으로써 서로의 마음을 움직이는 능력에 있다. "만일 사람들에게 감동을 받고 서로 측은히 여기는 평등한 능력이 없다면, 사람들은 곧 서로에게 낯선 존재가 될 것이다. 그들은 무작위로 지구상에 뿔뿔이

....

45 *Ibid.*, p. 243.

흩어질 것이며, 사회는 와해될 것이다 (…) 이 역량을 발휘하는 것은 우리가 누리는 모든 쾌락 중 가장 달콤하며, 우리의 모든 욕구 중 가장 절박한 것이다."[46]

현자들의 법, 행정관, 의회, 재판소가 무엇일지 묻지 말자. 이성에 따르는 인간에게는 법도 행정관도 필요 없다. 스토아주의자들은 이미 알고 있었다. 그 자체로 식별되는 덕, 자기 자신을 아는 덕은 다른 모든 덕에 잠재하는 힘이라는 것을. 우리가 알다시피 이 이성은 현자들만 가진 특권이 아니다. 불평등과 지배에 집착하는 자들, 이성을 〔혼자서〕 **가지기**를 바라는 자들만이 몰상식한 자들에 속한다. 이성은 이성을 가지려는 목적을 향해 정렬된 담론이 멈추는 곳에서 시작하며, 평등이 인정된 곳에서 시작한다. 이성은 법령이나 무력으로 포고된 평등이 아니고, 수동적으로 받은 평등도 아니며, 걸어가는 자들의 한 걸음 한 걸음 속에서 **입증된**, 현동적인 평등이다. 걷는 자들은 자기 자신에게 일관되게 주의를 기울이고, 진리 주위를 끝없이 공전하면서 다른 사람들에게 자신을 이해시키는 데 알맞은 문장들을 찾는다.

그러므로 빈정대는 자들의 질문을 뒤집어야 한다. 그들은 묻는다. 지능의 평등 같은 것을 어떻게 생각할 수 있는가? 그리고 그런 의견이 정착된다면 사회의 무질서를 초래하지 않을 도리가 있겠는가? 우리는 거꾸로 지능이 평등 없이 어떻게 가능한지 물

....

46   *Musique*, p. 338.

어야 한다. 지능은 그것이 아는 것과 그 앎의 대상을 비교히는 일을 맡는 이해 능력이 아니다. 지능은 타인의 검증을 거쳐 자신을 이해시키는 능력이다. 그리고 오로지 평등한 자만이 평등한 자를 이해한다. **이성**과 **의지**가 동의어이듯, **평등**과 **지능**은 동의어다. 낱낱의 인간이 지닌 지적 능력을 정립하는 이 동의관계는 사회 일반을 가능케 하는 동의관계이기도 하다. 지능의 평등은 인류를 이어주는 공통의 끈이자 인간 사회가 존재하기 위한 필요충분조건이다. "만일 인간들이 서로를 평등하게 본다면 정치 체제는 곧 만들어질 것이다."[47] 사실 우리는 인간이 평등하다는 것을 모른다. 우리는 인간이 **어쩌면** 평등하다고 말한다. 그것은 우리의 의견이다. 그리고 우리처럼 그 의견을 믿는 자들과 함께 우리는 그것을 입증하려고 노력한다. 그러나 우리는 이 **어쩌면** 덕분에 인간 사회가 가능하다는 것을 안다.

....

47   *Journal de philosophie panécastique*, t. V, 1838, p. 265.

제4장

무시의 사회

그러나 **가능한** 사회라는 것은 없다. 오로지 지금 있는 사회만 있다. 우리는 몽상에 잠겨 있었다. 여기에 누군가 대문을 두드린다. 공교육 장관이 보낸 자다. 자코토 씨에게 왕국 영토 안에서 학교를 유지하는 데 필요한 조건들에 관한 왕령을 고지하러 온 것이다. 이 해괴한 루뱅 군사학교의 질서를 바로잡기 위해 델프트 군사학교에서 파견한 장교가 왔다. 우체부는 《루뱅 아카데미 연보*Annales Academiae Lovaniensis*》최신호를 가져왔다. 거기에는 최근 젊은이들을 타락시키는 **보편**(적 가르침)에 맞서 돌격 나팔을 부는 우리 동료 프란치스쿠스 요세푸스 뒴벡의 **연설**이 수록되어 있었다. "Cum porro educatio universum populum amplectatur, cujus virtus primaria posita est in unitatis concentu, perversa methodus hanc unitatem solvit, civitatemque scindit in partes sibi adversas (···) Absit tamen hic a nostra patria furor! Enitendum est studiosis juvenibus, ut literarum et pulchri studio ducti non solum turpem desidiam fugiant ut gravissimum malum; sed ut studeant Pudori illi et Modestiae, jam antiquitus divinis honoribus cultae. Sic tantum optimi erunt cives, legum vindices, bonarum artium doctores, divinorum praeceptorum interpretes, patriae defensores, gentis totius decora (···) Tu quoque haec audi, Regia Majestas! Tibi enim civium tuorum, eorumque adeo juvenum, cura demandata est. Officium est sacrum dissipandi ejusmodi magistros, tollendi has scholas umbraticas."[1]

네덜란드 왕국은 소국이지만, 대국처럼 문명화됐다. 공권력은 젊은 영혼들에 대한 교육과 시민들의 마음의 조화를 최우선으로 돌보았다. 자격증도 없는 자가, 더욱이 젊은이와 학문에 대한 의무에 관해 좀 더 고귀한 관념을 갖고 있는 스승, 조교, 학장, 교육

....

1 "교육은 전 인민을 아우르며 그것의 첫 번째 덕은 통일된 조화 속에 있거늘, 웬 도착적인 방법 하나가 이 통일을 파괴하고 나라를 반대되는 편들로 쪼개고 있다 (···) 이 광기를 우리나라에서 쫓아내야 한다. 부지런한 젊은이들은 아름다움과 문학에 대한 사랑에 이끌려 가장 중대한 악인 게으름에서 도망치기 위해 애써야 할 뿐 아니라, 고대 내내 신적인 영예로 칭송된 정숙과 겸손에 매진해야 한다. 그래야만 그 젊은이들은 엘리트 시민, 법의 수호자, 미덕을 갖춘 스승, 신의 명령을 해석하는 자, 조국을 지키는 자, 모든 족속의 영예인 자가 될 수 있다 (···) 그리고 당신도 들으시오, 전하! 당신의 신민들, 더구나 유년기에 있는 신민들을 돌보는 것은 당신의 책임이니까 말이오. 이런 종류의 스승들을 없애버리고, 이런 어둠의 학교를 폐지하는 것은 신성한 의무요." *Annales Academiae Lovaniensis*, vol. IX, 1825-1826, p. 216, 220, 222.

감, 교육 위원 또는 장관을 조롱하는 자들을 부추기고, 자기가 모르는 것을 가르치겠노라고 호언하는 아무나 따위가 그 나라에서 판을 벌일 수는 없다. Absit tamen hic a nostra patria furor![2] 그것을 우리 식대로 말해보자. "흉측한 고개를 쳐들고 바보 만들기가 나에게 외치노니. 물러가라, 몰상식한 혁신자여! 네가 나에게서 뽑아내고 싶어하는 종(種)은 나와 풀 수 없는 끈으로 묶여 있노라. 영혼들이 흙으로 빚어진 신체들 안에 있는 한, 나는 이 땅에 있었고, 있고, 있을 것이다. 그 어느 때보다도 오늘 너는 네 성공을 바랄 수 없으리라. 그 신체들은 진보를 믿으며, 그들의 의견은 다음의 축─나는 네 노력들을 비웃는다─위에 굳건하게 세워져 있다. 그들은 거기에서 꿈쩍도 하지 않을 것이다."[3]

무게의 법칙[4]

우리는 진리 주위를 도는 사유하는 정신들의 곡선을 관조하며 몽상에 빠져 있었다. 그러나 물질의 운동은 인력 법칙과 중력 법칙이라는 다른 법칙을 따른다. 모든 물체는 어리석게도 중심을 향해 떨어진다. 우리는 결코 잎사귀에서 정신을 끌어내거나, 물

---

2 [옮긴이] "이 광기를 우리나라에서 쫓아내야 한다!"

3 *Journal de l'émancipation intellectuelle*, t. III, 1835-1836, p. 223.

4 [옮긴이] pesanteur(무게)와 gravitation(중력)을 따로 옮겨주기 위해, les lois de la pesanteur를 '무게의 법칙'이라고 했으나, 보통 '중력법칙'을 뜻한다.

질에서 비물질을 끌어내서는 안 된다고 말했다. 따라서 지능은 물질의 법칙을 따르지 않는다. 그러나 이는 따로 취해진 각 개인의 지능에 대해서만 참이다. 지능은 분할 불가능하며, 공동체도 없고, 나눔도 없다. 그래서 지능은 그 어떤 집합의 특성일 수 없다. 집합의 특성이 아니니 부분들의 특성일 리도 없다. 그로부터 지능은 다만 개인들 속에 있는 것이지 그들의 **모임** 속에 있는 것이 아니라고 결론지어야 한다. "지능은 각각의 지적 단위에 있다. 이 단위의 모임은 필연적으로 관성적이고inerte 지능이 없다 (…) 우리가 인간들이라고 부르는 두 지적 분자의 협동 속에는 두 개의 지능들이 있다. 그 지능들은 같은 본성에 속한다. 그러나 이 협동을 주재하는 것은 하나의 유일한 지능이 아니다. 물질에서는 무게라는 유일한 힘이 덩어리와 분자들을 움직인다. 지적인 존재의 부류에서는 지능만이 개인들을 이끈다. 개인들의 모임은 물질 법칙을 어쩔 수 없이 받아들인다."[5]

우리는 이성적 개인들이 각자의 생각을 서로 의미화하기 위해 언어적 물질성의 층들을 가로지르는 것을 보았다. 이 교류는 지능의 모임을 모든 결집의 법칙인 물질 법칙에 종속시키는 역(逆) 관계의 기초 위에서만 가능하다. 거기에 바보 만들기의 물질적 중심축이 있다. 비물질적 지능들은 물질 법칙에 따를 때에만 **묶일** 수 있다. 진리라는 부재하는 별 주위를 도는 각 지능의 자유로

---

5   *Mélanges posthumes*, p. 118.

운 공전, 단어의 날개를 단 자유로운 소통의 장거리 비행은 물질계의 중심으로 향하는 만유인력 때문에 저지되고 빗나간다. 모든 것은 마치 지능이 이원(二元)의 세계에서 살던 것처럼 진행된다. 어쩌면 마니교도의 가설을 약간 믿어야 할 수도 있다. 마니교도는 창조에서 무질서를 보았고, 그것을 두 지능의 경합으로 설명하곤 했으니 말이다. 이것은 단순히 선의 원리와 악의 원리가 있다는 말이 아니다. 그것은 더 심오하게 두 지적인 원리가 **하나의** 지적인 창조를 하지 않는다는 말이다. 보날드 자작이 언어활동과 인간 사회의 주관자인 신의 지능의 부활을 주장하는 순간, 몇몇 진보적 인간들은 그에 맞서 이교창설자와 마니교도의 가설을 되찾으려 했다. 그들은 식자들과 발명가들이 실행한 지능의 힘과 심의회의 궤변 및 무질서를 비교하고, 거기에서 곧잘 적대하는 두 원리의 행위를 보곤 한다. 영국 보수 의회의 광기에 대한 증인들인 제러미 벤덤과 그의 제자 제임스 밀, 그리고 프랑스 혁명 의회의 광기에 대한 증인인 조제프 자코토도 그런 경우다.

그러나 신성은 없다고 너무 빨리 고발하지는 말자. 그리고 위에 언급한 〔의회의〕 광기를 행하는 자들의 책임을 너무 가볍게 면해주지도 말자. 어쩌면 가설을 단순화하여, 신성은 하나인데, 피조물은 이중적이라고 해야 할지 모르겠다. 신성은 피조물에게 의지와 지능을 주어 피조물의 실존적 필요에 답하였다. 신성은 개인들에게 의지와 지능을 준 것이지, 인간 종에게 준 것이 아니다. 종은 의지도 지능도 필요로 하지 않는다. 종은 종의 보존에 신경 쓸 필요가 없다. 종을 보존하는 것은 개인들이다. 개인들만이 지능을 자기에게 도움이 되도록 마음대로 이끌기 위해서 이성적 의지를 필요로 한다. 반대로 사회 집단에서는 어떤 이성도 기대할 수 없다. 사회 집단은 지금 그러하기 때문에 그러하다. 그것이 전부다. 사회 집단은 자의적일 수밖에 없다. 사회 집단이 자연에 기초했을 수도 있을 한 가지 경우를 우리는 아는데, 그것은 바로 지능이 불평등한 경우다. 우리가 보았듯이 이 경우에 사회 질서는 자연적일 수 있다. "(지능이 불평등하다면) 인간의 법, 협약의 법은 사회 질서를 보존하는 데 쓸모가 없을 것이다. 이 법들에 대한 복종은 더는 의무도 덕도 아닐 수 있다. 그러한 복종은 회교도 재판관과 근위 보병이 보유한 지능의 우월성에서 파생될 것이며, 그런 종족은 인간이 동물 위에 군림한다는 사실과 같은 이유로 명령할 것이다."[6]

우리는 상황이 그렇지 않다는 것을 잘 안다. 오로지 협약만이 사회 질서를 지배한다. 그런데 협약은 반드시 무분별할까? 우리는 언어의 자의성이 소통의 합리성에 어떠한 반증도 되지 않음을 보았다. 그러므로 다른 가설을 상상해볼 수 있겠다. 인류를 구성하는 개인의 의지 각각은 이성적일 수 있다는 가설 말이다. 이때에 모든 것은 마치 인류 자체가 이성적이라는 것처럼 진행될 수 있다. 의지들은 서로 조화를 이루고, 인간들의 결집은 빛나가

---

6   *Langue étrangère*, p. 75.

거나 벗어나지 않고 순조롭게 직선을 따를 수 있다. 하지만 그런 획일성과 개인의 의지들의 자유를 어떻게 화해시킬 것인가? 개인의 의지들은 편할 때 이성을 쓸 수도 안 쓸 수도 있는데 말이다. "한 입자에게 이성의 순간이 이웃 원자들에게도 마찬가지인 것은 아니다. 어떤 주어진 순간에 항상 이성, 경솔, 정념, 고요, 주의, 각성, 수면, 휴식, 사방으로 걸어감이 있다. **그러므로** 어떤 주어진 순간에, 조합, 국가, 종(種), 유(類)는 동시에 이성적이기도 하고 무분별하기도 하다. 그 결과는 이 대중의 의지와는 아주 무관하다. 그러므로 바로 그렇기 때문에 개별 인간은 자유롭지만 인간들의 모임은 그렇지 않다."[7]

창시자는 자신의 **그러므로**를 강조했다. 그가 우리에게 펼쳐 보인 것은 이론의 여지 없는 진리가 아니라, 그가 관찰했던 사실로부터 출발해서 그가 이야기하는 가정, 그의 정신의 모험이다. 우리는 이미 의지와 지능의 연합인 정신에는 주의와 부주의라는 두 가지 기본 양상이 있음을 보았다. 부주의가 있거나 지능이 되는 대로 방치되기만 해도 지능은 물질의 중력에 의해 끌려간다. 그래서 몇몇 철학자들과 신학자들은 원죄를 단순 부주의로 설명하기도 한다. 이런 뜻에서 우리는 그들처럼 악이 방심에 지나지 않는다고 말할 수 있다. 우리는 또한 이 방심이 하나의 거부임을 안다. 부주의한 자는 그가 왜 주의를 기울여야 하는지 **보지 않는**

---

7 *Mélanges posthumes*, p. 116.

다. 부주의는 먼저 게으름, 즉 노력에서 빠져나오려는 욕망이다. 게으름 자체는 신체의 마비 상태가 아니라 자기 자신의 역량을 얕보는 정신의 행위다. 이성적 소통은 자기에 대한 존중과 타인에 대한 존중 사이의 평등에 바탕을 둔다. 소통은 이 평등을 계속 입증하려고 애쓴다. 지능을 물질의 무게로 떨어뜨리는 게으름의 원리는 무시다. 이 무시는 겸손을 자처하려 한다. 배워야 한다는 과제를 모면하고 싶어하는 무지한 자는 **나는 할 수 없어요**라고 말한다. 우리는 이 겸손이 무엇을 뜻하는지 경험으로 안다. 자기 무시는 항상 타인에 대한 무시이기도 하다. **나는 할 수 없어요**라고 말하는 학생은 자신이 한 즉흥작을 짝꿍의 평가에 맡기고 싶지 않은 것이다. 상대가 말한다. 나는 당신의 방법이 이해가 안 돼요. 나는 실력이 없어요. 나는 그것에 대해 전혀 모르겠어요. 당신은 재빨리 그가 무슨 말을 하고 싶어하는지 알아듣는다. "그것은 상식이 아니에요. 왜냐하면 **나는 그것이 이해가 안 되니까요**. 나 같은 인간이 말이지요!"[8] 그것은 모든 연령대와 모든 사회층에 마찬가지다. "태어날 때부터 지적 결함이 있다고 주장하는 이 존재들은 그들이 싫어하는 공부, 그들이 흥미 없어하는 훈련에서 면제받기 위한 구실을 바랄 뿐이다. 못 믿겠는가? 잠시만 기다려보라. 그들이 말하게 내버려두라. 끝까지 들어보라. 본인에게 시적인 정신이 없다고 말하는 이 겸손한 인물이 정중히 거절한 다음

....

8   *Musique*, p. 52.

자신이 얼마나 견고한 판단력을 보유하고 있다고 말하는지 당신은 들리는가? 그는 너무도 뛰어난 통찰력을 갖지 않았는가! 그는 무엇 하나 놓치지 않는다. 그대로 놔두면, 마침내 변신이 이루어진다. 그리고 자, 겸손은 오만으로 바뀐다. 그런 예들은 시골에나 도시에나 어디든 있다. 사람은 어떤 분야에서는 타인의 우월성을 인정함으로써 다른 분야에서는 자신의 우월성을 인정하게 만든다. 이 담화에서는 결국 자신의 우월성이 늘 자기 눈에 뛰어난 우월성으로 끝난다는 것을 어렵지 않게 볼 수 있다."[9]

불평등에 대한 정념

우리는 지능으로 하여금 물질의 운명을 수락하게 만드는 부주의의 원인을 하나의 독특한 정념의 탓으로 돌릴 수 있다. 무시, 즉 불평등에 대한 정념 말이다. 의지를 왜곡하는 것은 부에 대한 사랑도 어떤 재화에 대한 사랑도 아니고 바로 불평등의 징표하에 생각하고자 하는 욕구다. 홉스는 그와 관련하여 루소의 것보다 더 **주의 깊은** 시를 지었다. 사회의 악은 "이것은 내 거야"라고 말할 생각을 했던 최초의 사람에게서 비롯되는 것이 아니다. 그것은 "너는 나와 평등하지 않아"라고 말할 생각을 했던 최초의 사람에게서 비롯된 것이다. 불평등은 아무것도 아닌 것의 귀결이 아니

----

9 *Langue maternelle*, p. 278.

다. 그것은 근원적인 정념이다. 더 정확히 말하면 불평등은 평등 말고 다른 원인을 갖지 않는다. 불평등주의적 정념은 평등에 대해 느끼는 현기증, 평등이 요청하는 무한한 과제 앞에서 피우는 게으름, 이성적 존재가 자기 자신의 의무 앞에서 느끼는 두려움이다. 각자 자신이 고백하는 열등성의 반대급부로 우월성을 받는 명예와 무시의 물물교환으로 사회적 교류를 쌓는 것이, 서로 **비교하는** 것이 더 편한 것이다. 그리하여 이성적 존재들의 평등은 사회적 불평등 속에서 동요한다. 우리(가 사용한) 우주론의 은유에 머물러 보자. 우리는 자유 의지를 무게의 물질적 체계에 종속시켰던 것, 정신을 중력의 맹목적 세계 속으로 떨어뜨렸던 것이 **무게가 더 많이 나가는 것**(패권)에 대한 정념이라고 말할 것이다. 불평등주의적 무분별 때문에 개인은 스스로를 포기하고, 자신의 본질이 지닌 공통의 척도로 잴 수 없는 비물질성을 포기한다. 불평등주의적 무분별은 응집을 사실로 만들고, 집단적 허구의 지배를 만든다. 지배에 대한 사랑 때문에 인간들은 이성적일 수 없는 협약의 질서 속에서 서로 제 몸을 지킬 수밖에 없다. 협약의 질서가 이성적일 수 없는 까닭은, 그 질서가 각자의 무분별로만 만들어지기 때문에, 즉 남보다 위에 있고자 하는 욕망을 반드시 부르기 마련인 타인의 법칙에 대한 종속으로 만들어지기 때문이다. "우리가 인류라고 부르는 우리 상상의 존재는 우리의 지적 지혜에 참가하기는커녕 우리 각자의 광기로 되어 있다."[10]

흙으로 빚어진 신체에 갇혀 있고, 물질의 사악한 신성에 복종하는 영혼의 맹목적 필연이나 불행한 운명을 탓하지 말자. 사악한 신도, 치명적인 집합체〔질량〕도, 근본적인 악도 없다. 오로지 그것의 결론을 펼치는 불평등에 대한 정념 또는 허구가 있는 것이다. 그렇기 때문에 명백히 모순되어 보이는 두 가지 방식으로 사회적 종속을 묘사할 수 있을 것이다. 사회 질서는 철회할 수 없는 물질의 필연에 종속되어 있으며, 어떤 개인도 바꿀 수 없는 영원 법칙에 따라 행성들처럼 돈다고 말할 수 있다. 또한 사회 질서는 허구에 지나지 않는다고 말할 수 있다. 유, 종, 조합 같은 모든 것은 어떤 실재성도 갖고 있지 않다. 오로지 개인만이 실재하고, 오로지 개인만이 의지와 지능을 가지고 있다. 개인들을 인류에, 사회의 법에, 다양한 권위에 종속시키는 질서 전체는 상상의 산물일 뿐이다. 이 두 이야기 방식은 결국 같은 것으로 귀결된다. 각자의 무분별이 이 압도하는 집합체 또는 터무니없는 허구를 쉼 없이 만들고 또 만든다. 이 집합체나 허구에 모든 시민은 자신의 의지를 복종시켜야 한다. 그러나 낱낱의 인간은 또한 이 집합체나 허구에서 자신의 지능을 빼내는 수단을 가지고 있다. "우리가 변호인석에서, 의회의 연단에서, 전쟁에서 행하고 말하는 것은 몇 가지 가정에 의해 정해져 있다. 모든 것은 허구다. 변하지 않는 것은 우리 각자의 의식과 이성뿐이다. 게다가 사회 상태는 다음의 원리에 바탕을 둔다. 만일 인간이 이성에 따른다면, 법,

-----

10 *Ibid.*, p. 91.

행정관 같은 모든 것은 쓸모가 없을 것이다. 하지만 정념이 인간을 사로잡는다. 인간은 반란을 일으키고 아주 혹독하게 처벌받는다. 우리 각자는 누군가에 맞서 다른 누군가의 지원을 구하도록 강제된다(…). 분명컨대 인간들이 그곳에서 서로에 맞서 자신들을 보호하기 위해 사회를 이루는 순간부터, 이 상호 필요는 이성의 상실을 예고한다. 이성의 상실을 어떤 이성적 결과도 약속하지 않는다. 우리 스스로 몸을 바치고 있는 불행한 상태에 우리를 묶어두는 것 말고 사회가 무엇을 더 잘할 수 있겠는가!"[11]

따라서 사회 세계는 그저 비-이성의 세계가 아니라, 무분별의 세계, 다시 말해 불평등에 대한 정념에 사로잡힌 왜곡된 의지 활동의 세계다. 계속해서 개인들은 비교를 통해 서로를 **묶으면서** 이 무분별, 이 바보 만들기를 재생산한다. 제도는 이 무분별과 바보 만들기를 체계화하고, 설명자는 두뇌 속에 그것들을 응고시킨다. 이렇게 무분별을 야기하는 것은 개인들이 자기 정신으로 만든 작품들을 이성적으로 전달하기 위해 들이는 것과 같은 정도의 기술과 지능이 소요되는 일이다. 간단히 말해 이 일은 애도 작업이다. 전쟁은 사회 질서의 법칙이다. 이 전쟁이라는 이름으로 어떤 치명적인 물리력도, 짐승 같은 본능에 지배되는 어떤 미쳐 날뛰는 무리들도 상상하지 말자. 전쟁은 인간이 만드는 모든 작품과 마찬가지로 먼저 말하는 행위다. 그러나 [전쟁이 하는] 말은

---

11   *Ibid.*, p. 362-363.

다른 지능과 다른 담화를 불러일으키는 역번역자의 빛을 발하는 관념들의 후광을 거부한다. 전쟁에서 의지는 이제 스스로 짐작하거나, 상대로 하여금 자신의 말을 짐작하게 만들기 위해 노력하지 않는다. 〔전쟁 속에서〕 의지가 목표로 하는 것은 타인의 침묵, 말대꾸의 부재, 동의라는 물질적 응집 속에서 일어나는 정신의 추락이다.

왜곡된 의지는 쉼 없이 지능을 쓴다. 하지만 근본적인 **부주의**의 토대 위에서 그렇게 한다. 왜곡된 의지는 패권에 협력하는 것, 다른 지능을 없애는 데 복무하는 것만을 **보도록** 지능을 길들인다. 사회적 무분별의 세계는 지능의 시중을 받는 의지들로 이루어져 있다. 하지만 이 의지들 각각이 자신의 일로 삼는 것은 다른 지능이 보는 것을 막음으로써 다른 의지를 파괴하는 것이다. 알다시피 이런 결과를 따내기는 어려운 일이 아니다. 언어의 질서가 이성의 질서에 대해 갖는 근본적인 외재성이 작동하게 내버려두기만 하면 된다. 이성적 의지—그것은 진리와 거리를 둔 연결에 따라서 그리고 자기와 비슷한 자에게 말을 걸고자 하는 의지에 따라서 이끌린다—는 이 외재성을 통제하곤 했으며, 주의의 힘으로 그것을 다시 붙잡곤 했다. 반대로 평등의 길에서 이탈한 부주의한 의지는 그 외재성을 수사적인 방식으로 쓸 것이다. 그리하여 부주의한 의지는 정신들의 응집을 서두르고 물질적 인력의 우주 속에서 정신들의 추락을 재촉할 것이다.

수사적 광기

수사의 힘, 이성을 이성의 허울 아래 무화시키려 애쓰는 이 **추론하는** 기술의 힘. 영국 혁명과 프랑스 혁명이 정계(政界)의 중심에 심의회의 권력을 다시 놓은 이후로, 호기심 많은 정신들은 참의 힘을 모방하는 거짓의 힘에 대해 플라톤과 아리스토텔레스가 던졌던 커다란 질문을 되살렸다. 그래서 1816년에 제네바 사람인 에티엔 뒤몽은 그의 친구 제러미 벤덤이 쓴 『의회의 궤변에 대한 논고』를 프랑스어로 번역했다. 자코토는 이 책을 언급하지 않는다. 하지만 자코토가 『모국어Langue maternelle』에서 수사학에 관한 내용을 전개할 때에는 그 영향이 느껴진다. 벤덤처럼 자코토는 심의회의 무분별을 그의 분석의 중심에 놓는다. 위 주제에 대해 말하기 위해 자코토가 쓰는 낱말은 뒤몽의 낱말과 가깝다. 그리고 거짓 겸손에 대한 자코토의 분석은 벤덤이 권위에 호소하는ad verecundiam 논증에 대해 쓴 장을 떠오르게 만든다.[12] 자코토와 벤덤이 같은 코미디의 톱니바퀴를 분해하고 있다고 하더라도,

----

12 "만일 누군가 우리 제도의 결함을 지적하고, 그에 대한 처방을 제안하면, 곧바로 고위 관리 하나가 자리에서 벌떡 일어나 그 제안에 대해서는 일언반구 없이 심각한 분위기로 이렇게 외친다. '그 질문을 검토할 준비가 되어 있지 않습니다, 제 무능력을 인정합니다, 등등.' 그러나 위 발언의 숨은 뜻은 다음과 같다. '나같이 높은 자리에 있고 그 위엄에 비례하는 천분을 가진 인간이 무능력을 인정하는 판에, 본인들이 완전한 의견을 가지고 있다고 우기는 자들은 건방지거나 미친 것이 아닌가!' 이것은 간접적인 위협 방식이다. 겸손이라는 얇은 베일 아래 감춰진 거만이다." *Traité des sophismes parlementaires*, trad. Regnault, Paris, 1840, p. 84.

그들이 그 코미디에 보내는 시선 그리고 그들이 그것에서 끌어내는 도덕은 확연히 다르다. 벤덤은 영국 보수 의회에 맞서 논쟁한다. 그는 기성 질서의 수혜자들이 진보적 개혁에 사사건건 맞서기 위해 다양하게 포장하는 권위 논증의 폐해를 제시한다. 벤덤은 기존 질서를 실체화하는 알레고리, 필요에 따라 사물 위에 유쾌하거나 침울한 베일을 씌우는 단어, 모든 개혁 제안을 무정부주의의 위협과 동일시하는 데 쓰이는 궤변을 고발한다. 그에게 이 궤변은 이익흥정, 의회 패거리의 지적인 취약함에 의한 궤변의 성공 그리고 권위 덕분에 유지되는 복종 상태로 설명된다. 이는 곧 사심없는, 합리적 사고의 자유를 배운 인간들이 궤변에 효과적으로 맞서 싸울 수 있다는 말이다. 그리고 친구 벤덤만큼 혈기 왕성하지 않은 뒤몽은 도덕 제도의 발전과 물리학의 발전을 동일시하는 합당한 기대를 역설한다. "도덕에나 물리학에나 철학이 없앤 오류들이 있지 않은가? (…) 오류 논증들이 감히 더는 모습을 드러내지 못하게 그것들을 비난할 수 있다. 내가 여기에서 증거로 필요로 하는 것은 영국에서조차 오랫동안 유명했던 교리인 왕의 신적 **권리**와 신민들의 **수동적 복종**에 대한 교리다."[13]

정치 무대에서도 사심없는 이성의 원리와 사리사욕에 매몰된 궤변을 맞세울 수 있다. 이는 어떤 이성의 연마를 전제한다. 그것은 정치의 장을 휩쓸었고, 단어들로부터 존재를 만들었으며, 이

....

13   Dumont, préface à Bentham, *Tactique des assemblées parlementaires*, Genève, 1816, p. xv.

단어들의 도움으로 부조리한 추론들을 지어내고, 진리 위에 편견의 베일을 씌운 유비·은유·알레고리를 이성에 따른 정확한 이름 짓기와 대립시키는 것이다. 그래서 **"정치체**(Corps politique)라는 형상화된 표현은 엄청난 수의 거짓되고 괴상한 관념을 양산했다. 은유에만 바탕을 두는 유비가 논증을 자칭하는 것들의 기초 노릇을 했다. 그리고 시가 이성의 영역을 휩쓸었다."[14] 이 형상화된 언어활동에, 이 종교와 시의 언어활동—그것의 형상화는 무분별한 사리사욕이 온갖 변장을 할 수 있게 해준다—에, 참된 언어활동을 맞세울 수 있다. 참된 언어활동에서 단어는 관념을 정확히 포함한다.

자코토는 위와 같은 낙관주의를 거부한다. 이성의 언어활동은 없다. 오로지 말하는 의도에 대한 이성의 통제만 있다. 제 자신을 아는 시적 언어활동은 이성과 모순되지 않는다. 반대로 그것은 각각의 말하는 주체에게 그의 정신의 모험담을 진리의 목소리로 착각하지 말라고 환기시킨다. 모든 말하는 주체는 자기 자신과 사물을 노래하는 시인이다. 이 시가 시 말고 다른 것인 체할 때, 시가 스스로를 진리라고 강요하고, 행위를 강제하고자 할 때 왜곡이 만들어진다. 수사학은 왜곡된 시학이다. 이는 또한 우리가 사회 안에 있는 한 허구에서 빠져나올 수 없다는 말이기도 하다. 은유는 이성을 처음부터 포기하는 것과 맞물려 있다. 정치체

----

14   *Tactique des assemblées parlementaires*, p. 6.

는 하나의 허구다. 그러나 허구는 사회의 결집에 대한 정확한 정의를 그것에 맞세울 수 있을 형상화된 표현이 아니다. 누구도 **정치적 주체로서** 피할 수 없는 물체들의 논리가 있다. 인간은 이성적일 수 있지만, 시민은 그럴 수 없다. 이성적 수사학은 없다. 이성적인 정치 연설도 없다.

사람들이 말했듯이 수사학의 원리는 전쟁이다. 사람들은 수사학에서 이해를 구하는 것이 아니라 상대의 의지를 무화시킬 방법을 구한다. 수사학은 말하는 존재의 시적인 조건에 반기를 드는 말이다. 그것은 입 다물게 하기 위해 말한다. **너는 더 이상 말하지 않을 것이다, 너는 더 이상 생각하지 않을 것이다,** 너는 이것을 할 것이다. 이상이 수사학의 강령이다. 수사학의 효력은 그것 자체의 중단에 좌우된다. 이성은 항상 말하라고 명령한다. 수사적인 무분별은 침묵의 순간이 오게 만들기 위해 말할 뿐이다. 사람들은 곧잘 (침묵의) 순간이 말을 행위로 만드는 자에게 경의를 표하는 행위의 순간이라고 말하곤 한다. 하지만 그 순간은 오히려 행위가 결핍된 순간, 지능이 부재하는 순간, 의지가 굴복하는 순간, 무게의 유일한 법칙에 인간들이 복종하는 순간이다. "웅변가의 성공은 순간의 산물이다. 그는 각면 보루를 탈취하듯 법령을 획득한다…… 총합문[15]의 길이, 문학적 정연함, 우아함, 문체의 뛰

---

15 [옮긴이] 여러 개의 절이 조화를 이루며 구성된 장문(長文). 수사학에서 미문(美文) 혹은 명문(名文)을 뜻하기도 한다.

어남은 그러한 연설의 장점을 구성하는 것이 아니다.문장, 단어, 때로는 강세, 몸짓이 이 잠든 인민을 깨웠고, 제 자신의 무게 때문에 항상 쓰러지려는 이 대중을 다시 일으켜 세웠던 것이다. 만리우스가 카피톨리누스 언덕(위에서 잠든 인민들에게 위험)을 알릴 수 있었던 한, 그 몸짓이 그 언덕(위에 있던 자들)을 살렸다.[16] 포키온이 한 문장을 말할 순간을 포착하자마자, 데모스테네스는 졌다.[17] 미라보는 그순간을 이해했다. 그는 문장과 단어로 움직임을 지도하고, 휴식을 명하곤 했다. 사람들이 그에게 세 가지 항목으로 대답하면, 그는 반박하곤 했다. 그는 (청중들의) 정신 상태를 조금씩 변화시키기 위해 심지어 장시간 토론하기도 했다. 그러던 그가 나중에는 갑자기 의회의 관례를 벗어났다. 그는 한 마디

16 [옮긴이]마르쿠스 만리우스 카피톨리누스. 갈리아 인들이 로마에 쳐들어왔을 때 (기원전 390년), 로마인들은 카피톨리누스 언덕—로마의 칠 구릉 중 하나로서 여러 신전이 세워져 성역을 이루었고, 특히 주피터 신전이 있었다—에 피신해 있었다. 어느 날 밤 갈리아 인들이 이 언덕 끝까지 몰래 공격해 왔으나, 거위가 우는 바람에 마르쿠스 만리우스가 잠에서 깼다. 다른 병사들이 우왕좌왕하는 동안, 만리우스는 언덕 계단 끝까지 올라온 갈리아 적장을 방패로 내리쳐서 떨어뜨렸고, 그가 떨어지면서 뒤에 오던 모든 갈리아 병사들이 함께 부딪혀 죽었다. 그래서 마르쿠스 만리우스는 로마 공화정에 헌신한 영웅으로 간주되고, 카피톨리누스라는 칭호를 얻었다. 티투스 리비우스, 『로마사』, V권, 47 참조.

17 [옮긴이]데모스테네스와 포키온은 기원전 4세기 초반에 활동했던 아테네의 뛰어난 웅변가들이다. 데모스테네스가 몸짓과 맺고 끊는 호흡을 통해 대중을 감화하는 기술을 가진 반면, 포키온은 말을 아껴 핵심을 찌르는 수사법을 구사했다. 데모스테네스가 다른 웅변가들을 깔보는 습관이 있던 반면, 포키온은 일어서서 "자, 이것이 내 연설의 도끼입니다"라고 말하곤 했다. 듣는 이에게 확신을 주는 데 있어서 포키온이 내뱉는 말 한 마디는 천 개의 삼단논법과 천 개의 총합문에 값한다. 플루타르코스, 『영웅전』, VIII의 「포키온의 생애」 참조.

로 토론을 끝마치는 것이었다. 웅변가의 연설이 얼마나 길든 간에, 승리를 가져다주는 것은 연설의 길이도, 그것의 전개도 아니다. 가장 별 볼일 없는 경쟁자나 총합문과 총합문을, 전개와 전개를 맞세우는 법이다. 웅변가는 승리하는 자다. 그는 저울을 기울게 만드는 단어와 문장을 말한 사람이다."[18]

알다시피 이 우월성은 스스로 무게에서 우위에 있다고 판단한다. 저울을 기울게 만드는 우월한 인간은 항상 저울이 언제 어떻게 기울지 더 잘 예감하는 사람일 것이다. 다른 사람들을 잘 굽히는 사람은 자기 자신을 잘 굽히는 사람이다. 자기 자신의 무분별에 복종하면서, 그는 대중의 무분별에 승리를 가져온다. 소크라테스는 이미 그것을 알키비아데스나 칼리클레스에게 가르치곤 했다. 인민의 주인이 되고자 하는 자는 인민의 노예가 되어야 하는 법이라고. 알키비아데스는 자신의 노점에서 얼핏 본 갖바치의 미련한 모습을 조소할 수도 있고, **이 사람들**의 어리석음을 힐난할 수도 있다. 철학자는 그에게 단지 이렇게 대꾸할 것이다. "왜 자네는 이 사람들 앞에서 말해야 할 때 더 이상 편안해하지 않는가?"[19]

18　*Langue maternelle*, p. 328-329.

19　*Journal de l'émancipation intellectuelle*, t. IV, 1836-1837, p. 357. [옮긴이] 알키비아데스가 그 어리석은 사람들의 주인이 되려면 스스로 그들의 노예가 되어야 하기 때문에 불편해한다는 말이다.

우월한 열등자들

납세 유권자 의회에서 오고가는 근엄한 말에 익숙한 우월한 정신은 이렇게 말할 것이다. 옛날이 좋았노라고. 최하층민이 뽑은 데마고그적인 민회, 즉 데모스테네스에서 아이스키네스로, 다시 아이스키네스에서 데모스테네스로 풍향계처럼 빙글빙글 도는 자들의 민회에서도 마찬가지였을 것이다.[20] 하지만 사태를 좀 더 가까이에서 보자. 아테네 인민을 때로는 아이스키네스 쪽으로, 때로는 데모스테네스 쪽으로 몰아가는 이 **어리석음**의 내용은 아주 뚜렷하다. 인민을 이쪽저쪽으로 번갈아가며 옮기는 것은 인민의 무지나 변덕스러움이 아니다. 그 순간에 어느 한쪽이 아테네 인민의 특정한 어리석음—테베인들처럼 저능한 인민보다는 자신들이 분명히 우월하다는 느낌—을 잘 구현할 줄 알기 때문이다. 간단히 말해 대중을 굴리는 동체(動體)는 우월한 정신을 움직이는 것과 같은 동체이며, 사회를 시대를 가로질러 돌아가게 만드는 것과 같은 동체이다. 그 동체란 지능의 불평등에 대한 느낌이다. 그것은 우월한 정신들을 (지능의 불평등이라는) 일반적인 믿음 속에 뒤섞는 대가로 그 정신들을 (열등한 정신들로부터) 구별시켜주는 느낌이다. 오늘날에도 여전히 사상가가 노동자의 지능을

---

20   [옮긴이] 아이스키네스는 마케도니아와의 화해를 주장하고, 데모스테네스는 주전론(主戰論)을 폈다.

무시할 수 있는 까닭은 바로 노동자가 농민을 무시하고, 농민이 여성을 무시하고, 여성이 이웃 여성을 무시하고 이렇게 무한히 이어지기 때문이 아닌가. 사회의 무분별을 집약하는 정식은 우리가 **우월한 열등자들**의 역설이라고 부를 수 있는 것에 있다. 그 역설 속에서 각자는 자기보다 열등하다고 생각하는 자에게 복종한다. 각자는 대중과 구별된다고 자처함으로써 대중의 법칙에 복종한다.

이 데마고그적인 민회를 근엄하고 위엄 있는 명사회의 공평무사와 맞세우지 말자. 인간들이 자신들의 우월성에 기초하여 서로 응집되는 곳이라면 어디에서나 그들은 물질적 집합체(질량)의 법칙에 투항한다. 과두적 의회, '신사' 또는 '특별 유권자'의 회의는 확실히 민주주의 의회보다 더 물질의 아무 생각 없는 법에 잘 복종할 것이다. "상원 의원은 제 손으로 바꿀 수 없는 한정된 걸음걸이를 가지고 있다. 상원 의원을 그가 따르는 길, 그가 걸어가는 방향으로 밀어붙이는 웅변가는 다른 모든 사람들에 대해서도 항상 성공한다."[21] 아피우스 클라우디우스는 평민의 어떤 요구에도 절대 반대하는 사람으로서 원로원의 뛰어난 웅변가였다. 왜냐하면 그는 로마 엘리트의 우두머리들을 '그들의' 방향대로 밀어붙이는 굽힐 줄 모르는 운동을 누구보다 잘 이해했기 때문이다. 우리가 알다시피, 그의 수사 장치, 우월한 인간의 장치가 작동이 안 되는 날이 딱 하루 있었다. 그날은 [빚에 시달리던] 평민들이

---

21   *Langue maternelle*, p. 339.

아벤티누스 언덕에 집결한 날이다. 그날 궁지에서 벗어나려면 광인이 필요했다. 다시 말해 아피우스 클라우디우스 같은 사람에게는 불가능하고 이해할 수도 없는 엉뚱한 일을 할 수 있는 이성적 인간이 필요했다. 평민들의 입술이 그냥 소음이 아니라 언어를 내뱉는다고 가정하면서 그들이 하는 말을 들으러 가기. 평민들이 우월한 정신이 하는 말을 이해할 지능을 가졌다고 가정하면서 그들에게 말을 건네기. 요컨대 평민들을 〔우월한 정신과〕 똑같이 이성적 존재로 보기.

아벤티누스의 우화는 불평등주의적 허구의 역설을 환기시킨다. 사회적 불평등은 지능의 근본적인 평등에 기초해서만 생각될 수 있고, 또 가능하다. 불평등은 그 자체로 생각될 수 없다. 소크라테스는 헛되게도 칼리클레스에게 주인-노예의 고리에서 빠져 나오려면 참된 비율의 평등을 배우라고, 그리하면 기하학에서 출발해서 정의를 생각하는 사람들의 고리로 들어가리라고 조언한다.[22] 카스트 제도가 있는 곳이라면 어디에서나 '우월한' 자는 자신의 이성을 열등한 자의 법에 넘긴다. 철학자들의 의회는 그 의회 고유의 무분별, 만인의 무분별이라는 축으로 굴러가는 관성적인 물체다. 불평등주의적 사회는 헛되이 그 자체로 이해되기를 바라고, 스스로에게 자연적 토대를 부여하려고 애쓴다. 정확히

---

22   [옮긴이] 플라톤, 『고르기아스』를 보라. 주인-노예의 고리로 생각하는 칼리클레스(484a 참조)에게 소크라테스는 기하학적 평등(508a 참조)을 따르라고 조언한다.

말하면 지배에는 어떤 자연적 근거도 없다. 그래서 협약이 명령하고, 또 절대적으로 명령하는 것이다. 우월성으로 지배를 설명하는 자들은 우월한 자가 지배하기를 멈출 때 우월하기를 멈춘다는 오래된 아포리아에 빠진다. 아카데미 회원이자 프랑스 귀족원 의원인 레비 공작은 자코토의 체계가 낳을 사회적 결과를 우려한다. 만일 지능의 평등을 주장하면, 어떻게 아내가 그대로 그의 남편에게 복종할 것이며, 어떻게 피통치자가 그대로 통치자에게 복종하겠는가? 만일 레비 공작이 모든 우월한 정신들처럼 **부주의하지** 않다면 자신의 체계, 바로 지능의 불평등의 체계가 사회 질서를 전복하는 것임을 알아차릴 법도 했는데. 만일 권위가 지적 우월성에 달려 있다면, 역시 지능의 불평등을 확신하는 피통치자가 도지사의 멍청함을 봤다고 생각하게 될 때 무슨 일이 벌어지겠는가? 장관과 도지사, 시장과 국장들이 과연 우월한지 검증하기 위해 그들을 시험해보아야 하지 않겠는가? 그리고 그들 사이에 몇몇 멍청한 사람—그가 모자라다는 것이 알려지면 시민들의 불복종을 야기할 수도 있을터—이 슬그머니 끼어들어가 있지 않다고 어찌 장담하겠는가?

오직 지능의 평등을 지지하는 자들만이 다음을 이해할 수 있다. 만일 회교도 재판관이 그의 노예들을 복종시키고, 백인이 흑인들을 복종시킨다면, 이는 그가 그들보다 지능에서 더 우월하지도 열등하지도 않기 때문이다. 만일 상황과 협약에 따라 사람들이 나뉘고 위계가 세워지며, 명령을 만들고 복종을 강제하는 것이라면, 이는 그 상황이나 협약만이 그렇게 할 수 있기 때문이다. "우리 모두가 자연적으로 평등하기 때문에 우리 모두는 상황에 따라 불평등함에 틀림없다."[23] 평등은 불평등의 유일한 근거다. "사회는 차별에 따라서만 존재하고, 자연은 평등만을 표현한다. 평등이 오랫동안 사실로 존속하는 것은 불가능하다. 그러나 평등은 파괴되더라도 여전히 협약에 따른 차별들에 대한 유일한 이성적 설명으로 남는다."[24]

지능의 평등은 불평등을 위해 더 많은 것을 한다. 지능의 평등은 기성 질서를 뒤엎는 것이 현 질서 자체만큼이나 무분별한 것일 수 있음을 입증한다. "만일 사람들이 나에게 '당신은 인간 사회 조직에 대해 어떻게 생각하시나요?'라고 묻는다면, 나는 '이 광경은 자연에 반하는 듯 보입니다'라고 답할 것이다. 인간 사회에서는 어느 것도 제자리에 있지 않다. 왜냐하면 다르지 않은 존재들에게 다른 자리가 주어져 있기 때문이다. 만일 사람들이 인간 이성에게 질서를 바꾸라고 제안한다면, 이성은 자신의 부족함을 인정해야만 한다. 질서를 질서로 자리를 자리로 차이를 차이로 바꿀 이성적인 동기가 하나도 없다."[25]

---

23 *Langue maternelle*, p. 109.
24 *Musique*, p. 194-195.
25 *Musique*, p. 195.

철인왕과 인민 주권자

따라서 평등만이 불평등을 설명할 수 있다. 불평등주의자들은 그 것을 영원히 깨닫지 못할 것이다. 이성적 인간은 시민이 무분별한 까닭을 안다. 그는 동시에 그 무분별이 극복할 수 없는 것임을 안다. 이성적 인간만이 불평등의 고리를 알 수 있다. 하지만 그도 역시 시민으로서 그 고리 속에 갇혀 있다. "이성은 하나밖에 없다. 그렇지만 그 이성은 사회 질서를 조직하지는 않았다. 그러므로 행복은 거기에 있을 수 없다."[26] 물론 철학자들이 기존 질서를 합리화하려고 하는 '직원들gens à emploi'을 비난하는 것은 옳다. 기성 질서에는 이성/근거가 없다. 철학자들은 사회 질서가 마침내 합리적일 수 있다는 생각을 추구하는 순간 착각에 빠지게 된다. 우리는 이 주장에 두 극단적이면서도 대칭적인 형상이 있음을 안다. 철인왕에 대한 플라톤의 오래된 꿈 그리고 인민 주권에 대한 근대의 꿈. 물론 왕은 다른 모든 사람처럼 철학자일 수 있다. 정확히 말해 그는 (왕이 아니라) 인간으로서 철학자인 것이다. 수장으로서 왕은 그의 장관들의 근거를 가지고 있고, 장관들은 국장들의 근거를 가지고 있으며, 국장들은 모두의 근거를 가지고 있다. 왕은 그보다 우월한 자들에게 의존하지 않는다. 사실 그는 오로지 그보다 열등한 자들에게만 의존한다. 철인왕 또는 왕 철

---

26 *Langue maternelle*, p. 365.

학자는 자신이 다스리는 사회의 일부이다. 그리고 이 사회는 다른 사람들에게 하듯이 철인왕에게도 사회의 법, 사회의 우월성 그리고 설명자들의 조합을 부과한다.

또한 그렇기 때문에 철학적인 꿈의 다른 형상인 인민 주권도 더는 견고하지 않다. 왜냐하면 사람들이 실현해야 할 이상 또는 부과해야 할 원리로 소개하는 이 주권은 늘 존재했기 때문이다. 그리고 역사 속에는 이를 이해하지 못해 권좌를 잃은 왕들의 이름이 수두룩하다. 그 왕들 중 누구도 대중이 그에게 빌려주는 무게 없이 군림한 적이 없다. 철학자들은 그것에 분개하여 말한다. 인민은 자신의 주권을 양도할 수 없다고. 우리는 이렇게 대꾸할 것이다. 인민은 어쩌면 **그럴 수** 없다고, 하지만 인민은 세상이 시작되고부터 항상 그래왔다고. "왕들은 인민을 만들지 않는다. 그들이 아무리 그렇게 하길 바래도 말이다. 그러나 인민들은 우두머리를 만들 수 있다. 그리고 그들은 항상 그러길 원했다."[27] 우두머리가 자신을 양도하여 그의 인민에게 종속되는 것과 똑같이 인민은 자신을 양도하여 그의 우두머리에게 종속된다. 이 상호 예속은 정치적 허구(이성은 본래부터 불평등에 대한 정념에 종속된다)의 원리다. 철학자들의 오류추리는 **인간들**로 이루어진 인민을 가장한다. 그러나 그것은 모순적인 표현이며, 불가능한 존재다. 시민들(자신의 이성을 불평등주의적 허구에 양도한 인간들)로 이

---

27 "Le Contrat social," *Journal de philosophie panécastique*, t. V, 1838, p. 62.

루어진 인민들만 존재한다.

이 양도를 다른 것과 혼동하지 말자. 시민이 현실적 인간의 껍데기로부터 보존된 이상적 인간이라거나, 구체적 인간들 사이의 불평등한 현실을 뒤덮는 평등주의적 정치의 하늘에 사는 주민이라고 말하지 말자. 우리는 거꾸로 인간들 사이에서만 평등이 있다고, 다시 말해 서로를 이성적 존재로 바라보는 인간들 사이에만 평등이 있다고 말한다. 반대로 시민(정치적 허구의 주민)은 불평등의 나라에 사는 타락한 인간이다.

이성적 인간은 정치학도, 진리의 정치도 없음을 안다. 진리는 공적 장소에서 벌어지는 어떤 갈등도 딱 잘라 해결하지 않는다. 진리는 고독하게 자기를 의식하는 인간에게만 말을 건넨다. 진리는 두 의식 사이에 갈등이 터지자마자 자리를 뜬다. 진리와 만나기를 희망하는 자는 어쨌든 진리가 수행원도 없이 혼자 간다는 것을 알아야 한다. 반대로 정치적 의견들은 틀림없이 가장 위압적인 수행원을 대동한다. **형제애가 아니면 죽음을**이라고 정치적 의견들은 말한다. 아니면 차례가 돌아오면 **정당성이 아니면 죽음을, 과두정이 아니면 죽음을** 따위를 말한다. "첫 번째 항은 바뀌지만 두 번째 항은 항상 모든 의견들의 깃발, 기 위에 표현되거나 암시된다. 오른쪽에는 **A의 주권이 아니면 죽음을**이라는 구절이 있고, 왼쪽에는 **B의 주권이 아니면 죽음을**이라는 구절이 있다. 죽음은 빠지는 법이 없다. 나는 심지어 이렇게 말하는 박애주의자들도 봤다. **사형제 폐지가 아니면 죽음을.**"[28] 진리는 제재를 수반하지 않는다. 그것은 죽음을 달고 있지도 않다. 그것을 파스칼처럼 말하면 이렇다. 사람들은 힘에 정의를 부여할 수단을 항상 이미 찾았다. 그러나 정의에 힘을 부여할 수단을 찾는데 가까이 가지는 못하고 있다.[29] 그 기획 자체는 의미가 없다. 힘은 힘이다. 힘을 쓰는 것은 이성적일 수 있다. 그러나 힘을 이성적으로 만들기를 바라는 것은 무분별한 짓이다.

어떻게 이성적으로 헛소리할까?

그러므로 이성적 인간에게는 자신의 이성을 시민의 광기로부터 지키려고 애쓰면서 그 광기에 복종할 일이 남는다. 철학자들은 그 방법을 찾았다고 믿는다. 그들은 말한다. **수동적** 복종 반대! 권리 없는 의무 반대! 하지만 그것은 **부주의하게** 말하는 것이다. 권리 관념을 함축하는 의무 관념 안에는 아무것도 없으며, 더 이상 아무것도 없을 것이다. 스스로를 양도하는 자는 절대적으로 양도하는 것이다. 거기에서 반대급부를 상정하는 것은 양도를 합리화하고, 양도하고도 제 몫을 남겨뒀다고 자처하는 자를 더 잘 사로잡는 것 말고는 다른 효과를 갖지 않는 불쌍한 헛된 계략이다.

....

28   *Journal de philosophie panécastique*, t. V, 1838, p. 211.
29   [옮긴이] 파스칼, 『팡세*Pensées*』, §135(셀리에 판) 참조. 이 단편은 브륀슈비크 판으로는 §298, 라푸마 판으로는 §103에 해당한다.

이성적 인간은 이 속임수에 빠지지 않을 것이다. 그는 사회 질서가 무질서에 대한 질서의 우월성 말고 그에게 더 좋은 어떤 것도 제공하지 않음을 알 것이다. "아무 질서든 혼란에 빠지지 않을 수만 있다면 좋다. 바로 그것이 세상이 시작된 이후의 사회 조직의 모습이다."[30] 합법적인 폭력의 독점은 여전히 폭력을 제한하고, 이성이 자유롭게 실행될 수 있는 은신처를 이성에게 마련해 주기 위해 찾아낸 최선이다. 따라서 이성적 인간은 스스로를 법 위에 있는 존재로 보지 않을 것이다. 이성적 인간이 스스로에게 우월성을 부여하는 순간 그는 인류를 구성하며 인류의 무분별을 유지하는 열등한 우월자들과 운명을 같이 하는 지경이 될 것이다. 그는 사회 질서를 이성의 힘보다 위에 위치한 신비로 볼 것이다. 즉 자기 이성의 부분적 희생을 명령하는 우월한 이성의 작품으로 말이다. 그는 시민으로서 통치자들의 무분별이 내리는 명령에 따를 것이다. 무분별이 그 명령에 부과하는 근거들을 신봉하지 않도록 조심하면서 말이다. 그렇다고 해도 그는 자신의 이성을 단념하지 않을 것이다. 그는 자신의 이성을 자신의 근본 원리가 되게 할 것이다. 우리가 보았듯이 이성적 의지는 먼저 자기 자신을 극복하는 기술이다. 이성은 자기 자신의 희생을 억제하면서 스스로를 충실하게 보존할 것이다. 이성적 인간은 **고결할** 것이다. 그는 자신의 이성을 무분별의 명령에 일정 부분 양도함으로써

30　*Langue étrangère*, p. 123.

합리성(자신을 극복하는 능력)의 거처를 유지할 것이다. 그리하여 이성은 항상 무분별 내에서도 난공불락의 성채를 지킬 것이다.

사회적 무분별은 전쟁이다. 그것은 전쟁터와 연단이라는 두 모습을 한 전쟁이다. 전쟁터는 사회를 제대로 보여주는 초상(肖像)이다. 그것은 사회를 정립하는 [지능의 불평등이라는] 의견에서 정확히 그리고 완전히 흘러나온 결론이다. "두 사람이 만날 때 그들은 서로 지능이 평등하다고 생각하는 양 예를 갖춘다. 만일 둘 중 하나가 다른 사람의 나라 한가운데에 깊숙이 들어간다면, 더 이상의 체면치레는 없다. 사람들은 힘을 이치에 부합하는 양 남용한다. 침입자의 모든 것은 [그의] 야만적 태생을 나타낸다. 사람들은 침입자를 격식을 차리지 않고 한 명의 백치로 대한다. 침입자의 발음은 배꼽을 잡을 만큼 우습고, 그의 몸짓은 서툴며, 그의 모든 것이 그가 서출적 종에 속함을 알려준다. 저쪽 인민은 둔하고, 이쪽은 가볍고 경박하다. 저쪽은 상스럽고, 이쪽은 거만하고 교만하다. 일반적으로 인민은 자신들이 다른 인민보다 우월하다고 진심으로 여긴다. 그리고 [불평등에 대한] 정념이 그 믿음에 조금이라도 섞이면 곧 전쟁이 터진다. 쌍방 모두 벌레를 짓이겨 죽이듯 닥치는 대로 서로 죽여댄다. 더 많이 죽이면 죽일수록 더 영예롭다. 두당 얼마씩 값을 받는다. 마을을 불태우면 훈장을 요구한다. 대도시라면 시세에 따라 커다란 휘장을 요구하기도 한다. 이 피의 거래는 조국애라고 불린다 (…) 조국의 이름으로 당신은 이웃 인민에게 맹수처럼 달려든다. 만일 당신들의 조국이 무엇이냐는 질문을 받는다면, 당신들은 그 점에 합의하기 전까지 서로 목을 벨 것이다."[31]

하지만 철학자들과 공통의 의식은 입 맞추어 말한다. 구별해야 한다고. 지배의 광기가 초래한 부정의한 전쟁인 정복 전쟁이 있는 것이고, 공격받은 조국의 영토를 지키는 정의로운 전쟁이 있는 것이라고. 포병 출신인 조제프 자코토라면 그것을 알고 있음에 틀림없다. 그는 1792년에 위험에 빠진 조국을 지켰고, 1815년에는 침략군이 데려온 왕이 복귀하지 못하도록 하원 의원으로서 전력을 다해 반대했다. 그러나 바로 이러한 경험 덕분에 자코토는 그 상황이 주는 교훈이 지레 보이는 것과는 아주 다르다는 사실에 주목할 수 있었다. 공격받은 조국을 지키는 자는 그가 인간으로서 할 수 있는 것을 시민으로서 한다. 그는 자신의 이성을 덕에 희생할 일이 없다. 왜냐하면 이성은 이성적 동물에게 생명체의 성질을 보존하기 위해 할 수 있는 것을 하라고 명령하기 때문이다. 이때에 이성은 전쟁과 화해하고, 이기주의는 덕과 화해한다. 그러므로 거기에는 별다른 공(功)이 없다. 반대로 정복전쟁에 나서는 조국의 명령에 복종하는 자는 이성적이면서도 그의 이성을 칭송받을 만큼 사회의 신비에 바친다. 그가 자신의 내적인 요새를 지키려면, 그리고 의무를 다하고 나서 자연으로 돌아갈 줄 알려면, 시민 복종에 쏟아부었던 극기를 사상의 자유라는 덕으로

....

[31]   *Langue maternelle*, p. 289-290.

재전환할 줄 알려면 그에게는 더 많은 더이 필요하다.

그 점에 관하여 군대의 전쟁은 아직 이성이 겪는 최소한의 시험일 뿐이다. 이성은 전쟁 중에 자신이 멈추지 않도록 제어하는 데 만족한다. 오해의 여지없이 모두에게 자기를 이해시킬 정도로 늘 상당한 힘을 가진 권위의 목소리에 복종하기 위해 이성은 자제하기만 하면 되는 것이다. 모순된 정념 가운데에 앞으로 권위를 확립해야 하는 장소들에서—이를테면, 법을 심의하는 의회에서, 법의 적용을 판결하는 재판정에서—행동하는 것이 훨씬 위험천만한 일이다. 이 장소들은 이성에게 똑같은 신비를 제시한다. 그 신비 앞에서는 굴복할 일밖에 없다. 정념이 가득한 박수갈채와 무분별한 궤변 속에서 저울은 기울고, 법은 자신의 **목소리**를 들려준다. 장군의 목소리에 복종하듯 법의 목소리에 복종해야 할 것이다. 하지만 이 신비는 이성적 인간에게 참여하라고 요구한다. 신비는 이성을 더 이상 유일한 희생의 땅으로 초대하는 것이 아니라, 이성에게 **그의 땅**이라고, **추론**의 땅이라고 보장하는 땅으로 초대한다. 〔그 땅에서도〕 전투만이 중요하다. 이성적 인간은 그것을 안다. 전투에서는 전쟁의 법칙만 우세하다. 성공은 싸우는 자의 솜씨와 힘에 달려 있는 것이지, 그의 이성에 달려 있지 않다. 그렇기 때문에 전투에서 정념은 수사학이라는 무기를 가지고 군림하는 것이다. 알다시피 수사학은 이성과 아무 상관없다. 그러나 그 역도 참인가? 이성은 수사학과 아무 상관없는가? 이성은 보통 말하는 존재의 자기 제어이며, 이 덕분에 그 존재는 모든 영역에서 **예술가답게** 행동할 수 있는 것이 아닌가? 이성은 만일 그것이 말하는 힘을 다른 모든 장소에 부여하듯 의회에 부여하지 않았다면 이성이 아닐 것이다. 이성은 모든 언어를 배우는 힘이다. 그러므로 이성은 의회의 언어와 재판정의 언어도 배울 것이다. 이성은 헛소리하는 법을 배울 것이다.

먼저 아리스토텔레스에 찬성하고 플라톤에 반대하며 결단을 내려야 한다. 이성적 인간이 재판정에서 지는 것은 수치스러운 일이다. 소크라테스가 멜레토스와 아니토스에게 승리와 자신의 목숨을 내맡긴 것은 수치스러운 일이다. 아니토스와 멜레토스의 언어, 웅변가들의 언어를 배워야 한다. 그리고 그 언어는 다른 것들처럼, 심지어 다른 모든 것보다 더 쉽게 배울 수 있다. 왜냐하면 웅변에 쓰이는 낱말과 구문 구성은 좁은 고리에 갇혀 있기 때문이다. **전체는 전체 안에 있다**는 말은 다른 모든 공부보다 웅변에 더 잘 들어맞는다. 그러므로 **무언가**를 배워야 한다. 예를 들어 미라보의 연설 같은 것 말이다. 그리고 그것을 나머지 모든 것과 연관시켜야 한다. 구식을 따르는 초심자들에게는 상당한 노고를 요하는 수사학이 우리에게는 장난이다. "우리는 모든 것을 미리 안다. 모든 것은 우리 책 속에 있다. 이름만 바꾸면 된다."[32]

우리는 또한 총합문의 과장과 문체의 허식이 웅변술의 정수가 아니라는 것도 알고 있다. 그것들의 기능은 정신을 설득하는 것

32　*Langue maternelle*, p. 359.

이 아니라 **부주의하게** 만드는 것이다. 각면 보루를 탈취하듯 법령을 관철시키는 것은 공격, 결정적 단어, 몸짓이다. 의회의 운명은 토론을 억누르기 위해서 가장 먼저 '**표결에 부칩시다!**'라고 외친 과감한 사람 때문에 자주 뒤집힌다. 따라서 우리도 절호의 순간에 '**표결에 부칩시다!**'라고 외치는 기술을 배우도록 하자. 이것이 우리에게 그리고 이성에 마땅하지 않다고 말하지 말자. 이성은 우리를 필요로 하지 않는다. 우리가 이성을 필요로 하는 것이다. 우리 스스로 내세우는 자존심이란 게으름과 비겁일 뿐이다. 그것은 짝꿍 앞에서 즉흥작하기 싫어하는 오만한 아이의 자존심과 비슷하다. 조금 뒤에 어쩌면 우리도 '**표결에 부칩시다!**'라고 외칠 것이다. 우리는 승리하는 웅변가에게 찬동하는 소심한 무리와 함께 그렇게 외칠 것이다. 그 웅변가는 우리가 하기를 게을리 했던 것을 감히 하는 것일 테다.

그렇다면 보편적 가르침을 벤덤이 비난했던 궤변을 되살리는 정치적 냉소주의의 학교로 만들어야 한다는 말인가? **헛소리하는 이성적인 사람**의 교훈을 이해하고 싶은 자는 오히려 그것을 **무지한 스승**의 교훈과 연결해야 한다. 어떤 경우든 이성의 힘을 입증하는 것, 이성을 가지고 항상 무엇을 할 수 있는지, 즉 극단적 무분별 속에서도 이성을 능동적으로 유지하기 위해 이성이 무엇을 할 수 있는지를 보는 것이 중요하다. **헛소리하는 이성적인 사람**은 사회적 광기의 고리에 갇히더라도, 개인의 이성이 그것의 힘을 끊임없이 발휘한다는 것을 보여준다. 정념―부주의한 의지의 행사―

의 폐쇄된 장(場) 안에서 주의 깊은 의지는 정념이 할 수 있는 것을 언제든지 할 수 있을 뿐 아니라, 그 이상을 할 수 있음을 보여주어야 한다. 정념을 다스리는 여왕은 그녀의 노예들이 하는 것을 그들보다 더 잘 할 수 있다. "가장 솔깃한, 가장 그럴싸한 궤변은 늘 궤변이 무엇인지를 가장 잘 아는 자가 만든 작품일 것이다. 직선을 아는 자는 필요할 때, 필요한 만큼만, 결코 지나침 없이 직선에서 벗어날 수 있다. 정념이 우리에게 주는 우월성이 무엇이든 간에, 그것은 하나의 정념이기 때문에 그 자체로 눈이 부실 수 있다. 이성은 모든 것을 그것 그대로 본다. 이성은 그것을 보인다. 이성은 더도 말고 덜도 말고 스스로 알맞다고 판단하는 만큼 그것을 눈 앞에 보이고 감춘다."[33] 거기에는 계략의 교훈이 있는 것이 아니라 의연함의 교훈이 있다. 무분별 속에서도 자신에게 충실하게 남을 줄 아는 자는 그가 자신의 정념에 대해 행사하는 모든 지배력을 타인의 정념에 대해서도 행사할 것이다. "모든 것은 정념으로 만들어진다. 나는 그것을 안다. 하지만 모든 것, 심지어 이 멍청한 짓들조차 훨씬 더 이성으로 만들어진다. 바로 이것이 보편적 가르침의 독자적인 원리다."[34]

사람들은 말할 것이다. 우리는 과연 소크라테스에서 아주 멀리 떨어져 있는가? 소크라테스도 『파이드로스』와 『국가』에서 다

---

33 *Langue maternelle*, p. 356.
34 *Ibid.*, p. 342.

음과 같이 가르치곤 했다. 철학자는 훌륭한 거짓말을 할 것이다. 그것은 정말 필요하고 충분하다. 왜냐하면 철학자만이 거짓말이 무엇인지 알기 때문이다.[35] 모든 차이가 바로 거기에 있다. (소크라테스와 달리) 우리는 모두가 거짓말이 무엇인지 안다고 가정한다. 그래서 우리는 이성적 존재를 **스스로에게** 거짓말하지 못함이라고 정의했다. 우리는 현자의 특권에 대해서는 한 마디도 하지 않고 이성적 인간의 힘에 대해서 말할 것이다. 그리고 이 힘은 지능의 평등이라는 하나의 **의견**으로 요약된다. 소크라테스에게는 이 의견이 없다. 아리스토텔레스도 이 의견을 고칠 수 없었다. 똑같은 우월성—그것 덕분에 철학자는 매번 속이는 사소한 차이를 만들어 낼 수 있다—이 철학자를 설득하여 '동료 노예들'[36]에게 말을 건네는 것을 단념하게 한다. 소크라테스는 인민의 마음에 들려고, '큰 짐승'[37]을 꾀려고 이야기를 하고 싶어하지는 않았다. 그는 밀고자인 아니토스와 멜레토스의 기술을 공부하고 싶어하지도 않았다. 소크라테스는 그런 짓이 자신 안에서 철학의 가치를 떨어뜨리는 일이라고 생각했다. 그리고 거의 모두가 이러한 소크

---

35 [옮긴이] 플라톤, 『파이드로스』, 273b-c에 '거짓말'이라는 표현이 나오긴 한다. 그러나 그것은 소크라테스의 주장이 아니라, 소크라테스가 인용한 테이시아스의 말에 나오는 표현이다. 소크라테스는 오히려 수사학적 거짓말—대중에게 옳게 보이는 그럴듯한 말—과 참된 말—신들에게 기쁨이 되는 말—을 맞세운다. 랑시에르가 말하는 통치자의 훌륭한 거짓말에 대해서는 『국가』, III, 414b-415d를 참조.

36 플라톤, 『파이드로스』, 273e.

37 [옮긴이] 플라톤, 『국가』, VI, 493a이하 참조. '큰 짐승'은 대중을 가리킨다.

라테스의 생각을 치하한다. 하지만 그의 의견의 바탕은 이렇다. 아니토스와 멜레토스는 멍청한 밀고자들이다. 그러므로 그들의 연설에는 **기술**이 없다. 그저 술책만 있을 뿐이다. 그것에서 배울 것은 하나도 없다. 그런데 아니토스와 멜레토스의 연설은 소크라테스의 것**처럼** 인간 지능의 발현이다. 우리는 전자가 후자**만큼 좋다**고 말하지는 않겠다. 우리는 그저 그들의 연설도 **같은 지능**에 속한다고 말할 것이다. 소크라테스, 그 '무지한' 자는 스스로가 재판정의 웅변가들보다 우월하다고 생각했다. 그는 그들의 기술을 배우는 데 게을렀다. 그는 세상의 무분별에 동의했다. 그는 왜 그렇게 행동했을까? 라이오스, 오이디푸스 그리고 모든 비극의 주인공들이 파멸한 것과 같은 이유에서다. 소크라테스는 델포이 신탁을 믿었다. 그는 신이 자기를 뽑았으며, 신이 그에게 개인적인 메시지를 전달했다고 여겼다. 그는 우월한 존재들의 광기, 즉 자기가 천재라는 믿음을 공유했다. 신이 준 영감을 받은 존재는 아니토스의 연설을 배우지 않으며, 그것을 되풀이하지도 않고, 그것이 필요할 때에도 그들의 기술을 제 것으로 만들려고 애쓰지 않는다. 그렇게 해서 아니토스 같은 자들이 사회 질서에서는 주인들이다.

사람들은 여전히 말할 것이다. 어쨌든 아니토스같은 자들이 주인이 될 것이 아닌가? 게다가 무엇도 사회 질서를 바꿀 수 없다는 것을 안다면 광장에서 이긴들 무슨 소용이 있을까? 자신의 목숨을 구하고, 자신의 이성을 지키는 이성적 개인들 또는 당신이 그렇게 부르고 싶다면 해방된 자들이 사회를 바꾸기 위해 아무 것도 할 수 없다면, 그리고 그들이 미치광이보다 더 헛소리를 잘 한다는 더 큰 슬픔으로 귀착된다면 도대체 뭐가 좋을까?

아벤티누스 위에서 한 말

먼저, 최악을 피할 길이 언제나 없는 것은 아니라고 대답하자. 왜 냐하면 모든 사회 질서에서 모든 개인은 이성적일 수 있기 때문 이다. 사회는 결코 이성적이지 않겠지만 이성적 순간들의 기적이 사회에 일어날 수 있다. 그것은 지능들이 일치하는 순간―그것 은 바보 만들기가 될 것이다―이 아니라 이성적 의지들이 서로 를 인정하는 순간이다. 원로원이 헛소리할 때, 우리는 아피우스 클라우디우스와 합창했다.[38] 이는 더 빨리 끝내고 아벤티누스의 무대/장면으로 더 일찍 오기 위한 수단이었다. 이제는 메네니우 스 아그리파가 말한다. 그가 평민들에게 한 이야기의 세세한 내 용은 그다지 중요하지 않다.[39] 중요한 것은 그가 그들에게 말하

....

38　[옮긴이] 아피우스 클라우디우스는 아피아 가도를 건설하고 로마에 수로를 설치하 는 대토목 공사를 담당한 정치가였다. 그는 특히 하층계급의 지지를 얻고자 해방노 예의 자식에게도 원로원 의원이 될 수 있는 자격을 부여하고, 토지 없는 시민들도 트리부스에서 투표를 할 수 있게 해주었다. 아피우스 클라우디우스와 합창했다는 것은 평민들이 그의 연설법을 배웠다는 뜻이다.

39　[옮긴이] 티투스 리비우스, 『로마사』, 제2권, XXXII 참조. 랑시에르는 『정치적인 것 의 가장자리에서』에 수록된 「평등한 자들의 공동체」와 『불화』 제2장에서 발랑슈가 해석한 아벤티누스 우화를 검토한다.

고, 그들이 그의 말을 들으며, 또 그들이 그에게 말하고, 그가 그들의 말을 듣는다는 사실이다. 그는 그들에게 사지(四肢)[평민들]와 위(胃)[귀족들]에 대해 말하는데, 이는 어쩌면 그다지 아부성 발언은 아닌 것 같다. 하지만 아그리파가 평민들에게 알려준 것은 다음과 같다. 평민들이 지능을 가지고 있음을 보여주는 징표를 똑같이 가진 자로 스스로를 인정한 이상, 평민들은 말하는 존재로서 평등하며, 그들에게는 이해하는 능력이 있다는 것이다. 아그리파는 평민들더러 [귀족들과 똑같이] 위라고 말한 셈이다. 이는 다른 사람들의 연설을 공부하고, 되풀이하면서, 뜯어보고 다시 붙여보면서 익힌 기술에 속한다. 시대착오적으로 굳이 말하자면 그것은 보편적 가르침에 속한다. 아그리파는 인간에게 말하듯 평민들에게 말한다. 그렇게 하면서 그는 평민들을 인간으로 만든다. 이는 지적 해방에 속한다. 사회가 그 자신의 광기 탓에 절단 날지도 모르는 순간에, 이성은 자신의 고유한 힘(지적 존재들로 인정받은 평등의 힘)을 모조리 발휘함으로써 사회를 구원하는 역할을 한다.

내전이 해결되는 이 순간을 위해서라면, 이성이 의기양양하게 힘을 되찾는 순간을 위해서라면 [평민들이] 아피우스 클라우디우스에게서 그보다 더 헛소리를 잘하는 기술을 배우면서 아주 오랫동안 그리고 겉보기에 아주 쓸모없게 그 이성을 간직할 만한 가치가 있었다. 사회의 무분별 속에서도 자기 자신에게 충실하게 남으면서 사회의 무분별에 효과를 낼 수 있는 이성의 삶이 있다.

바로 이것을 하려고 애써야 한다. 대의를 위해서 아피우스 클라우디우스의 독설이나 메네니우스 아그리파의 우화를 똑같이 주의를 기울여 구성할 줄 아는 자야말로 보편적 가르침을 받는 학생이다. 메네니우스 아그리파와 마찬가지로 모든 인간은 다른 인간이 그에게 하는 말이 무엇인지 이해하도록 태어난다는 사실을 인정하는 자야말로 지적 해방을 아는 것이다.

참을성 없는 자들이나 만족한 자들은 말한다. 이렇게 운 좋은 만남은 좀처럼 없다고. 그리고 아벤티누스의 이야기는 옛날 이야기라고. 하지만 동시에 정확히 다른 목소리들, 전혀 다른 목소리들이 들린다. 그 목소리들은 아벤티누스가 우리 이야기(어제의 평민과 오늘의 프롤레타리아를 인간이 할 수 있는 것이라면 무엇이든 할 수 있는 인간으로 만드는 자기 인식의 이야기)의 시작이라고 주장한다. 파리에서 또 한 명의 기발한 몽상가인 피에르-시몽 발랑슈는 그의 방식대로 바로 이 아벤티누스 이야기를 한다. 그리고 거기에서 공포된 동일한 법, 즉 말하는 존재들의 평등이라는 법, 지능을 표시하는 징표를 가진 자로 자신을 인정하고 그리하여 하늘에 어떤 이름을 새길 수 있게 되는 자들이 획득한 역량의 법을 읽는다.[40] 그리고 발랑슈는 다음과 같은 이상한 예언을 한다. "지금

---

40 [옮긴이] "토지 소유에 대한 침입은 그 경계가 하늘에 표시되어 있는 소유에 대한 침입을 실현하는 것이다." Pierre-Simon Ballanche, "Essais de palingénésie sociale. Formule générale de l'histoire de tous les peuples appliquée à l'histoire du peuple romain," *Revue de Paris*, juin 1829, p. 146. 랑시에르는 위 구절을 인용하고 나서 다

까지 우리에게 나타난 로마의 역사는 우리 운명의 일부를 정한 뒤에, 하나의 형태로 우리의 사회 생활·습속·의견·법을 구성하는 데 들어오고 나서, 이번에는 또 다른 형태로 우리의 새로운 사유를 정하러 온다. 이 새로운 사유는 우리 미래의 사회 생활을 구성하는 데 틀림없이 들어간다."[41] 파리나 리옹의 작업실에서 몇몇 몽상가들은 이 이야기를 듣고서 이번에는 그들이, 그들의 방식대로 그 이야기를 한다.

이는 물론 새로운 시대에 대한 예언이라기보다 하나의 몽상일 수 있다. 하지만 이는 몽상이 아니다. 우리는 늘 불평등주의적 광기의 바로 그 바탕에서 지능의 평등을 입증할 수 있고, 이 입증의 효과를 만들어낼 수 있다. 아벤티누스의 승리는 분명한 현실이다. 물론 그 승리는 우리가 생각하는 곳에 있지는 않을 것이다. 평민이 쟁취한 호민관들도 다른 사람들처럼 헛소리할 것이다. 하

음과 같이 덧붙인다. "그리고 역으로 —빛에 시달리던 평민들의 주장에 굴복하여 귀족들이 마련한—농지 균분법은 먼저 상징적 혁명, 즉 하늘에 이름을 새기는 것이다." 우리는 '이름을 새기다'라는 표현에 주목할 필요가 있다. 고대 로마 시대에 평민 혹은 프롤레타리아는 아이를 낳음으로써만 나라에 기여하는 자들이었고, 그들끼리 낳은 자식에게는 가족이 쓰는 이름을 전달할 수 없었다. 상징적으로 말해 프롤레타리아에게는 조상도 후손도 없는 것이다. 그렇기 때문에 "사회적인 명예 회복은 지적인 명예 회복을 거치는 바, 이는 무엇보다 이름을 [찾기] 위한 싸움이다." Jacques Rancière, "Savoirs hérétiques et émancipation du pauvre," Les sauvages dans la cité, Seyssel, Champ Vallon, 1984, p. 37 (=Les scènes du peuple, Lyon, Horlieu, 2003, p. 38) 참조.

41 "Essais de palingénésie sociale, Formule générale de l'histoire de tous les peuples appliquée à l'histoire du peuple romain," Revue de Paris, avril 1829, p. 155.

지만 아무 평민이나 스스로를 인간이라 느끼고, 자기가 할 수 있다고 믿으며, 자기 자식과 다른 모든 사람이 지능의 특권을 행사할 수 있다고 믿는다는 것, 이것은 **아무것도 아닌 것**이 아니다. 해방된 자들의 당, 의회 또는 해방된 사회는 있을 수 없다. 그러나 모든 인간은 늘 매순간 스스로 해방될 수 있고, 타인을 해방할 수 있으며, 다른 사람들에게 **혜택**을 알리고, 제 자신을 알고 더 이상 열등한 우월자의 코미디를 연기하지 않는 사람들의 수를 늘릴 수 있다. 사회, 인민, 국가는 늘 무분별할 것이다. 그러나 우리는 거기에서 개인으로서 이성을 쓰는 사람들, 그리고 시민으로서 가능한 가장 이성적으로 헛소리하는 기술을 찾을 줄 아는 사람들의 수를 늘릴 수 있다.

우리는 이렇게 말할 수 있고, 또 말해야 한다. "만일 각각의 가정이 내 말대로 한다면, 국민은 곧 해방될 것이다. 식자들이 인민의 지능이 **이해할 수 있는 범위 내에서** 설명을 통해 **부여하는** 해방이 아니라, 우리가 심지어 식자들에 맞서 우리 스스로를 지도할 때 얻는 해방 말이다."[42]

....

[42]   *Manuel de l'émancipation intellectuelle*, Paris, 1841, p. 15.

제5장

해방하는 자와
그의 원숭이

따라서 조제프 자코토의 제자들이 해야 할 일은 간단하다. 모든 사람에게 언제 어디에서나 새로운 것 또는 혜택—우리는 우리가 모르는 것을 가르칠 수 있다—을 알려야 한다. 그러면 가난하고 무지한 가장은 그의 아이들을 지도할 수 있게 된다. 이 지도의 원리를 주어야 한다. **무언가를 배워야 한다. 그리고 그것을 모든 지능은 평등하다는 원리에 따라 나머지 모든 것과 연관시켜야 한다.**

그 원리를 알리고 그것을 입증하는 데 농잠해야 한다. 빈자에게 말하기, 그로 하여금 그가 누구인지, 무엇을 아는지 말하게 만들기. 어떻게 그가 그의 자식을 지도할 수 있는지를 보이기. 아이가 외우는 기도문을 필사하기. 아이에게 『텔레마코스의 모험』을 주고, 그 책의 제1장을 외우게 만들기. 보편적 가르침의 스승에게서 **스승이 모르는 것**을 배우고자 하는 자들의 요구에 응하기. 마지막으로 무지한 자에게 그에게도 힘이 있다는 사실을 납득시키기 위해 모든 수단을 강구하기. 그르노블 출신 제자 한 명은 어느 가난하고 나이든 여성에게 읽고 쓰기를 배우라고 설득하지 못하고 있었다. 그는 그 여성의 승낙을 얻기 위해 돈을 지불했다. 다섯 달 만에 그녀는 읽고 쓰는 법을 배웠다. 그리고 이제 그녀는 자기 손자들을 해방한다.[1]

『텔레마코스의 모험』이든 다른 어떤 것이든, 그것을 아는 것 자체는 그다지 중요하지 않다는 것을 명심하면서 위의 것을 해야 한다. 문제는 식자를 만드는 것이 아니다. 문제는 스스로 지능에서 열등하다고 믿는 자들을 일으켜 세우고, 그들을 그들이 **빠**져 있던 늪에서 **빼**내는 것이다. 무지의 늪이 아니라, 자기 무시의 늪, 이성적 피조물〔로서의 자기〕에 대한 **즉자적** 무시의 늪에서 말이다. 문제는 해방된 인간들과 해방하는 인간들을 만들어내는 것이다.

해방하는 방법과 사회적 방법

보편적 가르침을 개혁 정당의 강령에 넣어서도 안 되고, 지적 해

---

1   *Manuel populaire de la méthode Jacotot*, par le Dr Reter de Brigton, Paris, 1830, p. 3.

방을 반란의 깃발 위에 매달아도 안 된다. 오로지 한 인간만이 한 인간을 해방시킬 수 있다. 오로지 개인만이 이성적일 수 있다. 단지 그의 고유한 이성으로 말이다. 지도하는 방식은 수두룩하다. 바보 만드는 자들의 학교에도 배움은 있다. 선생은 하나의 사물이다. 물론 책보다는 다루기 쉽지 않은 **사물**이다. 우리는 그것[선생이라는 것/사물]을 **배울** 수 있다. 즉 선생을 관찰하고, 모방하고, 해부하고, 재조립하고, 제공된 그의 인격을 실험할 수 있다. 우리는 항상 어떤 사람이 말하는 것을 들으면서 배운다. 선생은 더도 아니고 **덜도** 아니고 다른 사람만큼 지적이다. 그는 연구자가 관찰할 수 있도록 다량의 **사실들**을 대개 내놓는다. 해방하는 방식은 하나뿐이다. 어떤 당도, 어떤 정부도, 어떤 군대도, 어떤 학교도, 어떤 제도도 결코 단 한 사람도 해방하지 못할 것이다.

이는 조금도 형이상학적인 명제가 아니다. 그에 대한 실험이 네덜란드 국왕의 후원으로 루뱅에서 이루어졌다. 알다시피 군주는 깨어 있었다. 그의 아들 프레데릭 왕자는 철학에 푹 빠져 있었다. 군의 책임자로서 왕자는 프로이센 식으로 군대를 근대화하고, 지도하고 싶어했다. 그는 자코토에 관심을 가졌으며, 루뱅 아카데미 당국이 그를 탐탁지 않게 여기는 것에 대해 마음 아파했다. 자코토를 위해서, 동시에 네덜란드 군대를 위해서 무언가를 하고 싶었다. 당시 군대는 개혁적 관념들과 새로운 교수법을 시험해보는 특권을 누리는 영역이었다. 그래서 왕자는 생각했다. 그리고 부왕을 설득해서 루뱅에 사관학교를 설립했다. 그리고 그

학교의 교육 책임을 자코토에게 맡겼다.

　의도는 좋았으나 그것은 독이 든 선물이었다. 자코토는 **스승**이지, 교육기관장이 아니다. 그의 방법은 해방된 개인을 양성하는 데 알맞은 것이지 군사 교관을 양성하는 것이 아니며, 여하한 사회 전문직에 종사하는 일꾼을 양성하는 것은 더더욱 아니다. 이 말을 잘 이해해보자. 해방된 사람은 교관이 될 수도 있고 열쇠공이나 변호사가 될 수도 있다. 보편적 가르침이 특정 범주에 속하는 사회 행위자들을 전문적으로 생산하는 것은 스스로를 **망치는** 길이다. 특히 그 사회 행위자들이 부대의 교관인 경우엔 말이다. 보편적 가르침은 가정에 속한다. 깨인 군주가 보편적 가르침을 퍼뜨리기 위해 할 수 있는 최선이란 그의 권한을 이용하여 (그 교육의) 혜택이 자유롭게 유통되도록 보호하는 것일 테다. 깨인 왕은 확실히 자기 마음에 드는 곳이나 때에 보편적 가르침을 **수립할** 수 있다. 하지만 그렇게 수립된 것은 오래 가지 못할 것이다. 왜냐하면 인류는 옛날 방법에 종속되어 있기 때문이다. 사람들은 틀림없이 군주의 영광을 위해서 보편적 가르침을 실험하려 할 수 있다. 그 실험은 분명 실패할 테지만, 실패를 통해 배우는 법이다. (보편적 가르침을 위해서는) 그저 하나만 보장해주면 될 일이었다. 권력의 절대 집중, 왕과 철학자라는 유일한 짝만 남겨두고 모든 매개자들을 사회 무대에서 쓸어버리기. 그러므로 다음의 것이 필요했을 것이다. 첫째, 옛날 방법을 조언하는 자들을 모조리 멀리하기. 문명국에서 통용되는 방식으로, 다시 말해 그들 모두를 진급시킴으로써 멀리하기. 둘째, 철학자가 선택한 자들 말고 다른 매개자들을 모두 제거하기. 셋째, 철학자에게 전권을 부여하기. "사람들은 내가 말하는 대로 할 것이다. 내가 말하는 것은 무엇이든, 오직 내가 말하는 것만을 말이다. 그리고 책임은 전부 나에게 돌아올 것이다. 나는 아무것도 요청하지 않을 것이다. 반대로 매개자들이 나에게 무엇을 해야 하냐고, 어떻게 그것을 해야 하냐고 물을 것이다. 군주에게 무엇이든 제안하려고 말이다. 나는 고용된 한 명의 공무원으로 간주되는 것이 아니라, 자문을 구해야 하는 철학자로 간주될 것이다. 마지막으로 보편적 가르침의 수립은 한순간이나마 왕국의 모든 공무들 중 가장 중요한 으뜸으로 간주될 것이다."[2]

이것은 어떤 문명화된 군주정도 흔쾌히 받아들일 수 없는 조건이다. 더구나 실패가 뻔한 상황에서 말이다. 하지만 왕은 그 실험에 집착했다. 지위를 인정받은 객원으로서 자코토는 루뱅 사령부 사령관의 권위 아래 군사 지도 위원회와 동거하는 절충적인 시험을 받아들였다. 이 토대 위에서 1827년 3월 사관학교가 창설되었다. 처음에 학생들은 통역을 통해 자신들의 선생이 그들에게 가르쳐줄 것이 하나도 없다고 말하는 것을 듣고 황당해했으나 거기서 뭔가 이익을 찾아냈음에 틀림없다. 정규 교육 기간이 끝날 때, 학생들은 학교에서 보편적 방법을 통해 언어, 역사, 지리,

....

2   *Mathématiques*, p. 97.

수학, 물리, 화학, 지도 그리기, 축성을 배울 수 있도록 학교에 더 머물게 해달라고 청원서까지 작성해가며 요구했으니 말이다. 스승은 이 **망가진** 보편적 가르침에 만족할 수 없었고, 민간 아카데미 당국 및 군 계급제도와 날마다 갈등을 빚자 불만이 쌓였다. 결국 〔참다못해〕 폭발한 그는 조속히 학교를 해산했다. 그는 왕의 뜻을 받들어 속성으로 군사 교관들을 양성해냈다. 하지만 그는 소위(어느 사회에나 결코 모자라지 않을 종류의 사람들)를 만들어내는 것보다 더 잘할 수 있는 것이 있었다. 게다가 그는 공식적으로 학생들에게 예고했다. 그들이 군대 안에서 보편적 가르침의 수립을 위해 싸우려 해서는 안 된다고. 하지만 그들 자신이 하급 장교를 만들어내는 것 이상의 정신적 **모험**을 목격했음을 잊어서는 안 된다고. "여러분은 몇 달 만에 소위를 양성했다. 사실이다.

그러나 유럽의 민간 학교나 군인 학교의 결과만큼이나 보잘것 없는 결과들을 얻자고 고집부리는 것은 보편적 가르침을 망치는 일이다.

사회가 여러분의 경험에서 이익을 얻고 그것에 만족한다면 본인은 기쁘겠다. 여러분은 국가에 유용한 사람이 될 것이다.

하지만 여러분은 여러분이 얻었던 결과 그리고 여러분이 그것에 국한될 결과보다 훨씬 높은 차원의 결과들을 목격했음을 결코 잊지 마라.

그러므로 여러분과 여러분의 아이들을 위해 지적 해방을 활용하라. 가난한 자들을 도우라.

그러나 여러분은 나라를 위해서는 소위와 교양 있는 시민들만을 만드는 데 만족하라.

여러분이 이 선례를 따라 걸어가는 데 이제 더는 내가 필요 없다."[3]

창시자가 그의 군인 제자들—그 중에는 충실한 지지자들이 있었다—에게 했던 이 연설은 『보편적 가르침. 수학*Enseignement universel. Mathématiques*』의 표제에 실린다. 이 책에는 모든 교과를 가르칠 때 스승이 보여주는 좌절감을 주는 습관대로 수학 용어는 하나도 나오지 않는다. 만일 이 책에 나온 루뱅 사관학교 이야기를 읽고 이해하지 못했다면, 또 만일 보편적 가르침이 **사회적** 방법이 아니며, 그럴 수도 없다는 의견을 확신하지 못한다면, 누구도 보편적 가르침의 제자가 아니다. 보편적 가르침은 사회의 제도 속에서, 그 제도에 의해 퍼져나갈 수 없다. 물론 **해방된** 자들은 사회 질서를 존중할 것이다. 그들은 사회 질서가 어찌되었건 무질서보다는 덜 나쁘다는 것을 안다. 그들이 사회 질서에 동의하는 것은 이것이 전부다. 어떤 제도도 이 최소치에 만족할 수 없다. 불평등은 존중받기만 하면 그만인 것이 아니라, 믿음의 대상이 되고 또 사랑받기를 원한다. 불평등은 **설명되기를** 바란다. 모든 제도는 사회에 대한 현동적인 **설명**이자, 불평등의 연출이다. 제도의 원리는 평등의 의견과 설명의 거부에 바탕을 둔 방법의 원리

....

3 *Mathématiques*, p. 1-2.

와 늘 상반되며, 상반될 것이다. 보편적 가르침은 개인들에게만 전달되지, 결코 사회에 전달될 수 없다. "라프족에서 파타곤족⁴에 이르기까지 국가 안에 모인 인간들의 사회는 안정을 유지하기 위해 어떤 형식, 임의의 질서를 필요로 한다. 이 필수적인 질서를 유지하는 책임을 맡는 자들은 이 질서가 모든 질서 중 최고라고 설명하고 또 설명하게끔 만들어야 하며, 그에 반대되는 모든 설명을 막아야 한다. 그것이 헌법과 법의 목표다. 설명에 기초한 모든 사회 질서는 다른 모든 설명을 배제한다. 〔사회 질서는〕지적 해방의 방법은 특히 배격한다. 그 방법은 교육에서 모든 설명이 쓸모도 없고 심지어 위험하다는 생각에 바탕을 두기 때문이다. 창시자는 심지어 한 국가의 시민은 그가 속한 사회 질서와 이 질서의 설명을 존중해야 한다고 인정하기도 했다. 하지만 또한 법이 시민에게 질서에 부합하는 언행을 요구하는 데 그쳐야지, 생각, 의견, 믿음을 강요해서는 안 된다고 했다. 한 나라의 주민은 시민이기 이전에 인간이라고 했다. 가정이 하나의 성소이며, 가장은 그 성소의 최고 결정권자라고 했다. 결국 가정에서만 지적

....

4 〔옮긴이〕라프족은 스웨덴, 노르웨이, 핀란드의 북극권과 러시아의 콜라 반도 등지에 퍼져 사는 원주민들로서, 순록을 키우며 수렵 생활을 한다. 그들 스스로는 사메라는 언어를 쓰기 때문에 사미족이라고 한다. 파타곤족은 아메리카 인디언들의 전설 속에 등장하는 거인족이다. 마젤란의 세계 일주에 동행한 여행기록자 안토니오 피가페타의 증언에 처음 나왔다. 마젤란이 그 거인들을 '발이 크다' 하여 파타곤이라고 불렀다고 한다.

해방의 씨앗이 열매를 잘 맺을 수 있게 뿌려질 수 있다고 했다."[5] 그러므로 다음의 사실을 인정하자. 보편적 가르침은 **뿌리내리지 못할 것이다**. 그것은 사회에 수립(樹立)되지 않을 것이다. 하지만 그것은 **사라지지 않을 것이다**. 왜냐하면 그것은 인간 정신의 자연적 방법이며, 스스로 자신의 길을 찾는 모든 인간의 방법이기 때문이다. 제자들이 보편적 가르침을 위해 할 수 있는 것은 모든 개인에게, 가정의 모든 아버지와 어머니에게, 지능의 평등 원리에 따라 그들이 모르는 것을 가르치는 수단을 알리는 것이다.

인간 해방 그리고 인민 지도

그것을 모두에게 알려야 한다. 당연히 먼저 빈자들에게 알려야 한다. 빈자들은 수업료를 받는 설명자들에게 돈을 지불하거나 여러 해 동안 학창시절을 보내지 않는 이상 달리 교육받을 수단이 없다. 더구나 지능의 불평등에 대한 편견이 바로 그들을 육중하게 짓누른다. 바로 빈자들을 그들의 굴욕적인 처지에서 일으켜 세워야 한다. 보편적 가르침은 빈자들의 방법이다.

그러나 그것은 빈자용 방법은 아니다. 그것은 인간용 방법이다. 다시 말해 발명가용 방법이다. 그 방법을 쓰는 자는 그의 학위와 지위를 막론하고 그의 지적인 힘을 배가시키게 될 것이다.[6]

....

5　*Journal de philosophie panécastique*, t. V, 1838, p. 1-12.

그러므로 그것을 왕자, 장관, 유력자들에게 알려야 한다. 그들은 보편적 가르침을 **설립/제도**화할 수는 없다. 하지만 그들의 아이들을 지도하는 데 보편적 가르침을 적용할 수는 있다. 그리고 그들의 사회적 위신을 이용하여 그 혜택을 널리 알릴 수 있다. 그러니 네덜란드의 깨인 왕은 자기 아이들에게 그가 모르던 것을 가르치고, 그의 목소리로 왕국의 가정 내에 해방하는 관념들이 빨리 전파되도록 하는 편이 나았을 것이다. 마찬가지로 조제프 자코토의 옛 동료인 라파예트 장군[7]은 미국 대통령에게 그것을 알릴 수 있을 것이다. 수 세기에 걸친 대학의 바보 만들기가 (아직까지는) 그 신생국을 짓누르지 않기 때문이다. 1830년 7월 혁명 다음날 창시자는 루뱅을 떠나 파리로 가서 승리를 거둔 자유주의자들과 진보론자들에게 그들이 인민에 대해 가지는 선한 생각을 실현할

....

6 [옮긴이] 빈자들의 방법은 la méthode des pauvres를, 빈자**용** 방법은 une méthode *de* pauvres를 옮긴 것이다. '빈자들의 방법'이란 '무언가를 알 수 있는 수단이 없는 빈자들, 특히 무언가를 알 수 있는 능력이 없다고 생각되는 빈자들의 방법'을 말한다. '빈자용 방법'이란 '무지한 빈자들의 지적 수준에 맞춰 쉽게 설명하는 방법'을 말한다. 랑시에르는 본문에서 '보편적 가르침은 빈자들의 방법이기는 하되, 빈자용 방법은 아니고 인간용 방법'이라고 적고 있다. 이는 곧 보편적 가르침이 빈자들—설명자 없이 혼자 터득해야 하는 처지에 있던 사람들—에게서 비롯된 방법이지만, 인간에게 맞춰진 방법, 즉 인간이라면 아무나 쓰고 그로부터 혜택을 받을 수 있는 방법이라는 말이다.

7 [옮긴이] 라파예트 장군(1757~1834). 미국 독립전쟁 당시 식민지 아메리카 군대의 소장으로 임명되어 영국에 맞서는 여러 전투에서 활약했다. 조지 워싱턴과 친교를 맺은 바 있고, 후에는 버지니아 군대의 사령관이 되기도 했다. 그 뒤 프랑스 혁명에 적극 가담하였고, 바스티유 습격 직후에 파리의 국민방위군 사령관으로 선출되었다. 왕정복고기를 지나고 1830년 7월 혁명 기간에 또다시 국민방위군을 이끌어 샤를 10세를 몰아내고 루이 필리프를 왕으로 세우는 데 큰 역할을 했다.

수 있는 수단을 일러주었다. 라파예트 장군은 국민방위군 내에서 보편적 가르침을 퍼뜨리기만 하면 되는 것이었다. 그리고 전에 그 학설에 열광했고, 나중에 총리가 될 카시미르 페리에는 지금 보편적 가르침의 혜택을 널리 알릴 수 있는 위치에 있다. 자크 라 피트[8] 정부의 공교육 장관인 바르트 씨는 몸소 조제프 자코토에 게 자문을 구하러 왔다. 정부가 인민에게 마땅히 해주어야 하는, 그리고 인민에게 최고의 방법으로 주고 싶어하는 지도를 마련하 기 위해서 무엇을 해야만 하겠소? 창시자는 대답했다. 아무것도 없소. 정부는 인민을 지도해서는 안 되오. 사람들이 혼자 힘으로 얻을 수 있는 것을 그들에게 주어서는 안 된다는 단순한 이유 때 문이지. 지도는 자유와 같은 것이라오. 그것은 주어지는 것이 아 니라 쓰이는 것이지. 장관이 물었다. 그러면 무엇을 해야 하겠소? 자코토가 장관에게 대답했다. 내가 파리의 코르네유 호텔[9]에 있 고, 거기에서 날마다 가난한 가장들을 맞이하여 그들에게 그들의 아이들을 해방하는 수단을 일러준다는 사실을 알리기만 하면 된 다오.

....

8 [옮긴이] 자크 라피트(1767~1844). 파리 은행 이사 및 총재를 지낸 바 있으며, 루 이 18세 통치 기간 동안에 하원 의원으로서 재정문제에 관여했다. 오를레앙파로서 입헌군주제를 열렬히 옹호했으며, 1830년 7월 혁명으로 루이 필리프가 왕위에 올 랐을 때 국무장관 및 총리직을 역임했다. 1831년 3월에 총리직에서 물러났고, 그 뒤를 이어 카시미르 페리에가 총리가 되었다.
9 [옮긴이] 파리 6구의 코르네유 거리에 위치한 코르네유 호텔 안에 '지적 해방 사무 국Bureau de l'émancipation intellectuelle'이 있었다. 자코토는 그곳에서 빈자에게 자 식을 가르치는 방법을 일러주었다.

그것을 학문이나 인민이나 아니면 그 둘 모두를 걱정하는 모든 이에게 말해야 한다. 식자들도 그것을 배워야 한다. 그들은 자신들의 지적 역량을 증가시킬 수단을 가지고 있다. 그들은 자신들이 아는 것만 가르칠 수 있다고 믿는다. 우리는 거짓 겸손의 이러한 사회적 논리를 알고 있다. 거짓 겸손 속에서 사람들이 못한다고 손사래 치는 것은 그들이 떠들어대는 것을 견고하게 만든다. 하지만 식자들—물론 구하는 자들을 말하는 것이지, 다른 사람들의 앎을 설명하는 자들을 말하는 것이 아니다—은 어쩌면 조금 더 새로우면서도 조금 덜 진부한 무언가를 원한다. 그들이 자신들이 모르는 것을 가르치기 시작한다는 사실, 그리고 어쩌면 생각지도 않은 지적인 힘들을 발견함으로써 새로운 발견의 길 위에 서게 되리라는 사실 말이다.

인민이 자유롭고 평등해지길 바라고, 이것이 법과 헌법에서 다룰 사안이라고 생각하는 공화주의자들에게 이 사실을 이야기해주어야 한다. 모든 진보적 인간들에게, 너그러운 마음과 열정으로 들끓는 두뇌—발명가, 자선가 그리고 '호학(好學) 협회' 출신, 폴리테크니크 출신과 필로테크니크 출신,[10] 푸리에주의자와 생

---

10 [옮긴이] 필로테크니크 협회L'association philotechnique 출신을 말한다. 1848년 수학자 외젠 리오네가 그 협회를 창설했다. 실력 있는 강사들의 자원봉사로 각종 언어, 철학, 과학, 예술, 스포츠 등 다양한 강의를 아주 저렴한 값에 제공한다. 이 협회 회장 출신 중 유명한 사람으로는 프랑스 공교육의 아버지라 불리는 쥘 페리, 작가 빅토르 위고, 대통령이 된 레이몽 푸앵카레 등이 있다.

시몽주의자—에게 그 사실을 이야기해주어야 한다. 진보적 인간들은 가장 빈곤하고 가장 수가 많은 계급의 신체적 · 지적 · 도덕적 향상을 위해 마련된 기술 발명, 농작물 개량, 경제수단, 교수법, 도덕 교육, 건축 혁신, 인쇄기법, 백과사전 출판 등을 찾아 유럽 여러 나라들과 지식의 장을 누빈다. 그들은 빈자들을 위해 그들이 생각하는 것보다 훨씬 많은 것을 훨씬 저렴한 비용으로 할 수 있다. 그들은 곡식 창고와 거름 구덩이, 비료와 저장법을 실험하고 장려하기 위해, 그리고 경작법을 개량하고 농민들을 부유하게 만들며 축사의 부패를 청소하고 촌스러운 머리에 들어 있는 편견들을 쓸어버리기 위해 시간과 돈을 쓴다. 이보다 더 간단한 방법이 있다. 색이 바랜『텔레마코스의 모험』을 가지고, 아니면 기도문을 쓸 수 있는 깃털 펜 하나와 종이만 가지고도 시골 주민을 해방하고, 주민의 의식에 그들이 가진 지적인 힘을 환기시킬 수 있다. 그러면 농부들은 혼자 알아서 경작법 개량과 곡물 저장법 개량에 힘쓸 것이다. **바보 만들기**는 뿌리 깊이 박힌 미신이 아니다. 그것은 자유 앞에서 겁을 집어먹는 것이다. 관례는 무지가 아니다. 관례는 옆 사람의 무능을 확인하는 유일한 쾌락을 위해 자신의 역량을 포기하는 자들의 비겁과 오만이다. **해방하는 것**으로 충분하다. 작은 도시의 변호사, 공증인, 약사에게 보여준답시고 백과사전 모음집—시골 주민에게 달걀을 저장하고, 양을 표시하며, 멜론의 숙성을 앞당기고, 버터에 소금을 치며, 물을 소독하고, 사탕무로 설탕을 만들며, 완두콩 깍지로 맥주를 만드는 가장 적절한 방법을 가르치기 위한 모음집—을 잔뜩 출간하느라고 헛돈 쓰지 마라. 오히려 시골 주민에게 어떻게 그들의 아이로 하여금 **칼립소는, 칼립소는 못했다, 칼립소는 하지 못했다**……를 되풀이하게 할 수 있는지를 보여주어라. 그러면 당신은 그들이 무엇을 해내는지 보게 될 것이다.

그것은 지적 해방의 유일한 기회, 다시없는 기회다. 각각의 시민은 또한 깃털 펜, 끌 또는 다른 온갖 도구를 가지고 **작품**을 만드는 인간이다. 각각의 우월한 열등자는 또한 자신이 본 것을 남에게 이야기하고 이야기하게 만드는 대등한 자다. 이 자기가 자기와 맺는 관계를 이용하고, 그 관계를 자신의 근본적인 진실함이 되게 하여, 사회적 인간 속에서 이성적 인간을 일깨우는 것이 언제고 가능하다. 사회 기계의 톱니바퀴 안에 보편적 가르침의 방법을 도입하려고 애쓰지 않는 자는 자유를 사랑하는 자들을 매료시키는 이 완전히 새로운 에너지, 두 극의 접촉을 통해 번개처럼 확산되는 무게도 없고 응집도 없는 이 역량을 야기할 수 있다. 사회 기계의 톱니바퀴를 내버려두는 자는 해방의 전기 에너지를 순환시키는 기회를 갖는다.

우리는 구식의 바보들과 옛 방식의 유력자들을 그저 옆으로 제쳐놓을 것이다. 이미 그들은 인민의 자식들을 인민의 조건에서 무모하게 떼어내어 지도하는 것이 가져올 폐해를 걱정하고 있었다. 만일 사람들이 해방과 지능의 평등에 대해 말한다면, 만일 사람들이 그저 남편과 부인이 지능이 같다고 말한다면 그것은 도

대체 뭐란 말인가! 어느 방문자는 이미 조제프 자코토에게 그런 비슷한 상황에 있는 여자들이 여전히 예뻐 보이겠냐고 물었다! 이 바보들에게서 답변을 빼앗자. 그들이 아카데믹하고도 귀족적인 고리에서 쳇바퀴 돌게 내버려두자. 우리가 알다시피, 바보 만들기의 세계관은 다음의 것들로 정의된다. 불평등의 **현실**을 믿는 것, 사회의 우월한 자들이 실제로 뛰어나다고 상상하는 것, 만일 이 우월성이 합의된 허구에 지나지 않는다는 관념이 퍼지기라도 하는 날에는, 더구나 그 관념이 하층 계급 사이에 퍼진다면 그 사회는 위험에 빠질 것이라고 상상하는 것. 사실 해방된 자만이 사회 질서가 온통 협약으로 이루어져 있다는 사실을 동요 없이 이해할 수 있고, 또 우월한 자들—해방된 자는 자신이 이 우월한 자들과 평등하다는 것을 안다—에게 충실하게 복종할 수 있다. 해방된 자는 자신이 사회 질서에서 기대할 수 있는 것이 무엇인지 알기에 거기서 커다란 소란을 피우지 않는다. 바보들은 겁낼 것이 하나도 없다. 그런데도 그들은 결코 그것을 깨닫지 못할 것이다.

진보적 인간들

바보들이 자신의 천재성에 대한 기분 좋으면서도 우려스런 의식에 빠져 있도록 내버려두자. 그러나 그들 곁에 진보적 인간들이 꼭 있기 마련이다. 이들은 정녕 낡은 지적 위계의 전복을 두려워하지 않을 것이다. 우리는 **진보적 인간들**을 문자 그대로 **걷는** 인간으로 이해한다. 그들은 이런저런 것을 주장했던 자의 사회적 지위에 관심을 두지 않고 본인이 직접 그것이 참인지 아닌지를 보러 간다. 그들은 모방할 만한 모든 기법, 방법 또는 제도를 찾아서 유럽을 누비는 여행자들이다. 여기저기에서 몇몇 새로운 실험 소식이 들리면 그들은 자리를 옮겨 사실을 확인하러 가고, 그 실험을 재연하려고 애쓴다. 그들은 어떤 것을 2년 만에 배울 수 있음이 벌써 증명되었는데도 왜 사람들이 그것을 배우려고 6년이라는 시간을 허비하는지 이해하지 못한다. 그들은 특히 아는 것은 그 자체로 아무것도 아니며, **행하는** 것이 전부라고 생각한다. 그들은 과학이 설명되기 위해서 만든 것이 아니라 새로운 발견과 쓸모 있는 발명을 산출하기 위해 만든 것이라고 생각한다. 그래서 그들은 어떤 발명이 써먹을 만하다는 이야기를 듣기만 하면, 그것을 칭송하고 논평하는 데 만족하지 않고 할 수만 있다면 그들이 가진 공장이나 토지, 자본을 대거나 몸을 바쳐 그 발명을 **시험**하려고 한다.

자코토의 방법을 적용할 수 있다는 생각에 관심을 가질 뿐 아니라, 나아가 그것에 열광한 이런 종류의 여행가와 혁신자는 끊이지 않는다. 그들은 구식과 단절하는 교사가 될 수 있다. 예를 들어 뒤리에츠 선생은 어린 시절부터 로크와 콩디야크, 엘베시우스와 콩도르세로부터 영향을 받고, 일찍이 "우리의 고딕적인 제도들의 먼지투성이 건물"[11]의 공략에 나섰다. 릴의 국립 고등 공예 학교 선생이었던 그는 같은 도시에 위 스승들의 원리로부터 영감을 받은 시설을 세웠다. 황제(나폴레옹)는 '만인의 예속이라는 자신의 목표와 맞지 않는 모든 교육 기관'을 제물로 삼았는데, 뒤리에츠는 바로 이 '이데올로기를 먹어치우는 증오'의 희생자가 되었다. **뒤로 물러서며** 그 방법을 버리기로 마음먹은 그는 네덜란드에 가서 프로이센 대사인 하츠펠트 공(公)의 자식들을 교육했다. 거기에서 그는 자코토의 방법에 대해 들었고, 폴리테크니크 출신 드 세프레스 씨가 자코토의 원리에 바탕을 두고 세웠던 시설을 견학했으며, 그 원리와 자신의 원리가 맞아떨어진다는 것을 깨달았고, 그 방법을 자신이 할 수 있는 곳이라면 어디에나 퍼트리기로 작정했다. 그래서 그는 프랑스에 돌아가기 전 5년 동안 상트페테르부르크에 머물면서 파스초프 총사령관 집, 셰르브레토프 왕자의 집 그리고 진보를 애호하는 몇몇 고관들의 집에서 그 일을 했다. 물론 그는 오는 길에도 리가, 오데사, 독일, 이탈리아에서 해방을 선전했다. 그는 이제 "추상의 나무를 도끼로 찍고", 가능하다면 그 나무를 "그 마지막 뿌리의 섬유질까지"[12] 뽑아내고 싶어한다.

뒤리에츠는 자신의 계획을 테르노 씨에게 말했다. 테르노 씨는 이름난 스당 나사(羅紗) 제조자이자 급진 자유주의 좌파 성향의 하원 의원이었다. (그런 계획을 논하기에) 깨인 실업가 중에서

----

11 *Journal de philosophie panécastique*, t. V, 1838, p. 277.
12 *Ibid.*, p. 279.

그보다 더 나은 사람은 찾아볼 수 없었다. 페르디낭 테르노는 아버지의 불안정한 공장을 재정비하고, 혁명과 제정의 소란을 틈타 공장을 번영시키는 데 만족하지 않았다. 그는 캐시미어 생산을 장려함으로써 국민 산업 전체에 보탬이 되는 일을 하고 싶었다. 이러한 목적으로 그는 국립 도서관에서 동양학자 한 명을 채용하고, 그를 티베트에 보내 1,500마리의 염소 떼를 구하여 그 염소들을 피레네 지방에 적응시키게 했다. 자유와 계몽의 열렬한 애호가였던 그는 자코토가 쓴 방법의 결과들을 자기 눈으로 확인하고 싶었다. 설득당한 테르노는 지원을 약속했고, 이 도움 덕분에 뒤리에츠는 '목적분사와 제롱디프를 쓰는 골동품 상인들'과 '대학을 독점한 태수들'을 쓸어버릴 수 있다고 장담했다.[13]

페르디낭 테르노가 〔그런 계획에〕 앞장선 유일한 제조업자는 아니다. 뮐루즈에서 산업 협회(돌퓌스 형제의 정력적인 자선 활동에서 유래한 선구적인 기관)는 그 협회의 젊은 간사인 프노 박사에게 노동자용 보편적 가르침 강의를 맡겼다. 파리에서는 더 영세한 제조업자인 염색업자 보비자주가 그 방법에 대해 들었다. 자

----

13 [옮긴이] 골동품 상인들은 '옛날' 물건들을 파는 상인들이다. 목적분사와 제롱디프는 라틴어의 동사 형태들이다. 그러므로 '목적분사와 제롱디프를 쓰는 골동품 상인들'은 세세한 라틴어 문법을 가르쳐 돈을 버는 바보 만드는 '구식'(la Vieille)의 스승을 가리킨다. '대학을 독점한 태수들'은 가르침과 관련하여 대학 내에서 독점 권력을 가진 동시에 공교육에서 권력을 행사하는 위치를 차지한 자들을 말한다. 요컨대 뒤리에츠는 교육 문제에서 권력을 행사하는 복고적인 정신들을 쓸어버릴 수 있다고 말하는 것이다.

수성가한 노동자였던 그는 솜므에 새 공장을 지어 사업을 확장하고 싶었다. 그래도 그는 배경이 같은 동료들과 떨어지고 싶지 않았다. 공화주의자이자 프리메이슨단원이었던 그는 그의 노동자들을 동업자로 만들기를 꿈꾼다. 이 꿈은 불행히도 더 암울한 현실과 마주친다. 다른 곳과 마찬가지로 그의 공장에서 노동자들은 서로 질투하며, 고용주에 맞설 때에만 의견이 모아지는 것이다. 그는 그들에게 지도instruction를 주길 원했다. 지도는 그들 안에 있는 낡은 인간을 파괴할 것이고, 그의 이상을 실현할 수 있게 해줄 것이었다. 이를 위해 그는 라티에 형제들(자코토의 방법을 따르는 열렬한 제자들)에게 연락했다. 그 형제 중 한 명은 일요일마다 나사를 걸치고 시장에 가서 해방을 설교하곤 했다.

실업가들 외에도 진보적 군인들, 주로 공병 및 포병 장교들, 혁명과 폴리테크니크 전통을 지키는 자들이 있다. 쉴셰르 중위(부유한 자기 제조업자의 아들이자 발랑시엔에서 근무하는 공병 장교)는 발랑시엔에 잠시 은거하던 조제프 자코토를 정기적으로 방문했다. 어느 날 그는 자코토에게 형제 빅토르를 데려갔다. 여러 신문에 글을 기고하는 빅토르는 일전에 미국을 방문했다가, 19세기에도 여전히 노예제라 부르는 인간성의 부정이 존재한다는 사실에 분개하여 프랑스로 돌아온 참이었다.

이 모든 **진보론자들**의 원형은 단연코 드 라스테리 백작이다. 그는 70대의 고령인데도 국민 산업 장려 협회, 기초 지도 학회, 상호 교육 학회, 농학 중앙회, 자선 협회, 교수법 학회, 백신 학회,

아시아 학회,《교육 및 지도 저널Journal d'éducation et d'instruction》과 《일상 지식 저널Journal des connaissances usuelles》의 회장, 창시자 또는 주동인물이었다. 이 모든 회장직 팔걸이의자에 앉아 평온하게 잠들어 있는 어떤 배불뚝이 아카데미 회원을 상상하면서 웃지 않길 바란다. 반대로 드 라스테리 씨는 자리에 가만히 앉아 있지 않은 것으로 유명했다. 어렸을 때 이미 그는 영국, 이탈리아, 스위스를 방문해서 경제에 대한 견문을 넓혔고, 자신이 소유한 영지들을 경영하는 법을 개선했다. 그의 매형 라파예트 후작처럼 처음에는 대혁명의 지지자였지만, 혁명력 3년에 그의 작위를 숨기고 스페인에 숨어들어가야 했다. 거기에서 교권 개입을 반대하는 책 여러 권을 번역할 수 있을 만큼 충분히 스페인어를 배웠고, 그 주제에 대해 책 두 권을 출간할 만큼 충분히 메리노 양에 대해 공부했으며, 메리노 양떼를 프랑스에 끌고 올 만큼 충분히 그 양의 장점을 높이 샀다. 또 네덜란드, 덴마크, 스웨덴—거기에서 그는 스웨덴 순무를 가져왔다—, 노르웨이, 독일을 누비고 다녔다. 가축의 비만, 곡물 저장에 알맞은 거름, 목화 재배, 파란색을 만들어내기에 알맞은 대청, 쪽 그리고 여타 식물들의 재배에 관여했다. 1812년에 그는 제네펠더가 석판술을 발명했다는 것을 알게 되었다. 곧 뮌헨으로 달려가 그 기법을 배운 뒤에 프랑스 최초의 석판 인쇄기를 만들었다. 이 새로운 산업의 교육학적 힘에 매료되어 그는 지도의 문제에 관심을 쏟게 되었다. 그래서 랭커스터의 방법에 따른 상호 교육의 도입을 위해 싸웠다. 그러나 그는 조금도 배타적이지 않았다. 여러 다른 학회들 중에서 특히 교수법의 온갖 혁신을 연구하기 위한 교수법 학회를 세웠다. 벨기에에서 일어났다는 기적을 세간의 소문을 들어 잘 알던 그는 직접 현장에 가서 실물을 보기로 작정했다.

70세―그는 그 뒤 20년을 더 살면서 책을 집필하고, 학회와 학회지를 만들어서 반계몽주의를 신랄하게 비판했으며, 과학과 철학을 장려했다―임에도 여전히 정정했던 그는 역마차를 타고 가 창시자를 보았고, 마르셀리스 양의 학원을 방문했으며, 학생들에게 즉흥작과 작문 과제를 내주고, 학생들이 본인만큼 글을 잘 쓴다는 사실을 검증했다. 그는 지능의 평등에 대한 의견을 두려워하지 않았다. 그는 거기에서 〔사람들이〕 학식과 덕의 획득을 크게 독려하는 것을 보았고, 어떤 물질적 권력보다 훨씬 더 해로운 지적 엘리트집단에게 한 방 날리는 것을 보았다. 그는 그 의견의 정확성을 증명할 수 있게 되기를 희망했다. 그는 생각했다. "자연에게서 특권을 받았다고 스스로 믿으면서, 또한 자신들이 자기와 비슷한 자들을 지배할 권리를 가지고 있을 뿐 아니라, 물질적 축복―맹목적 운이 분배해준, 그리고 인간의 무지를 활용함으로써 손에 넣을 수 있는 축복―을 배타적으로 누리기 위해 그 비슷한 자들을 거의 짐승 수준으로 깎아내릴 수 있다고 믿는 이 오만한 천재들의 자만도 사라질 것"이라고.[14] 그는 돌아와서 교수법

---

14   Lasteyrie, *Résumé de la méthode de l'enseignement universel d'après M. Jacotot*, Paris, 1829, p.

학회에 이렇게 알렸다. 보편적 가르침은 문명과 인류의 행복에서 이룩한 위대한 진일보라고. 그것은 학회가 인민 지도의 진보를 앞당기기에 적합한 방법들 가운데 1순위로 검토하고 권장해야만 하는 새로운 방법이라고.

양과 인간

자코토 씨는 드 라스테리 백작의 열의를 높이 샀다. 하지만 곧 백작의 부주의를 비난할 수밖에 없었다. 솔직히 지적 해방이라는 관념에 박수를 보내던 자가 그 관념을 교수법 학회의 승인에 맡기러 가는 것도 이상한 일이었다. 사실 교수법 학회란 무엇인가? 가정을 지도하길 바라고, 이를 위해 최고의 방법을 선별하려고 애쓰는 우월한 정신들이 모인 아레오파고스 회의〔심의회〕다. 이는 명백히 가정(家庭)이 그 방법을 스스로 선별할 수 없음을 가정(假定)한다. 가정이 그 방법을 선별할 수 있으려면 이미 교양이 있어야 한다. 그런 경우라면 가정은 지도받을 필요도 없을 것이다. 그런 경우라면 더는 교수법 학회도 필요없을 것이다. 그 학회는 가설과 모순되니 말이다. "학회의 술책은 낡아 빠진 것이다. 그런데도 세상은 그 술책에 항상 속았고, 필시 앞으로도 속아넘어갈 것이다. 그들은 대중에게 검토하려고 사서 고생하지 말고

XXVII-XXVIII.

경고한다. **학회지**가 보는 일을 맡고, 학회가 판단하기로 약속한다. 게으른 자들을 압도하는 권위 있는 분위기를 풍기기 위해서, 그들은 지나치게 많지도 않고 지나치게 적지도 않게, 칭찬하지도 비난하지도 않는다. 열광적으로 찬미하는 것은 편협한 정신의 표현이다. 절도 있게 칭찬하거나 비난하면서, 그들은 공명정대하다는 평판을 얻을 수 있을 뿐 아니라, 판단 대상이 되는 자들 위에 자리하게 되고, 그 사람들보다 더 능력 있으며, 범인(凡人)과 서툰 자의 장점을 통찰력 있게 분간한다. 보고서는 바보를 만드는 탁월한 설명이다. 그것은 반드시 성공하게 되어 있다. 게다가 그들은 자신들의 이야기에 끼워 넣는 몇 가지 작은 공리들도 내세운다. **완벽한 것은 아무것도 없다······ 과장을 경계해야 한다······ 시간이 말해줄 것이다······** (···) 학회의 핵심 인사 한 명이 발언권을 받더니 이렇게 말한다. 친애하는 벗들이여, 우리는 모든 좋은 방법이 우리의 도가니에 들어갈 것이며, 프랑스 국민이 우리 분석에서 나올 결과를 신뢰하리라는 데 뜻을 같이 한다. 각 도(都)에 사는 인민에게는 인민을 그들의 판단에 맞게 지도할 수 있는 우리의 것과 같은 학회가 없다. 이쪽저쪽으로 도청 소재지에 몇몇 작은 도가니들이 있다. 하지만 최고의 도가니, 도가니 중의 도가니는 파리에만 있다. 모든 좋은 방법은 여러분의 도가니 안에서 정화되고, 검증되는 영예를 다툰다. 하나의 방법만이 그에 반항할 권리가 있다. 그러나 우리는 그것을 휘어잡고 다른 방법들처럼 그 도가니에 통과시킬 것이다. 학회원들의 지능은 광대한 실험실이다.

그곳에서 모든 방법에 대한 정당한 분석이 이루어진다. 보편(적 가르침)이 우리 규정에 맞서도 소용없다. 그 규정은 우리에게 보편(적 가르침)을 판단할 권리를 주며, 우리는 보편(적 가르침)을 판단할 것이다."[15]

그렇다고 교수법 학회가 악의를 가지고 자코토의 방법을 판단했다고 여기지는 말자. 그 학회는 회장(드 라스테리 백작)의 진보적 관념을 공유했으며, 이 방법에 **장점이 있다면 무엇이든** 인정할 줄 알았다. (보편적 가르침이) 제시하는 교직에 대한 놀라운 단순화를 비난하기 위해 이 교수들의 아레오파고스 회의에서 몇몇 조소하는 목소리가 높아질 것이다. 틀림없이 몇몇 정신들은 그들의 '지칠 줄 모르는 회장'이 여행에서 가져온 '이상한 세부사항들' 앞에서 회의적으로 남아 있을 것이다. 사기꾼의 연출—꼼꼼하게 준비된 방문, 외워서 하는 '즉흥작', 스승의 책 위에 필사된 '미발표' 작문, 늘 딱 맞는 쪽으로만 펼쳐지는 책들—을 비난하는 다른 목소리도 들린다. 사람들은 무지한 기타 스승을 두고 비웃을 수 있다. 그 스승의 제자는 자기 눈 밑에 있는 것과는 다른 곡조를 연주했으니 말이다.[16] 하지만 교수법 학회 회원들은 아무 말이나 믿는 사람들이 아니었다. 회의적인 프루사르 씨는 드 라스

---

15 *Langue maternelle*, p. 446과 448.

16 *Remarques sur la méthode de M. Jacotot*, Bruxelles, 1827과 *L'Université protégée par l'ânerie des disciples de Joseph Jacotot*, Paris et Londres, 1830 참조.

테리 씨의 보고서를 검증하러 갔다가 설득당해 돌아왔다. 부트미 씨는 프루사르 씨의 열광을 검증했고, 그 다음 보두앙 씨는 부트미 씨의 열광을 검증했다. 모두가 설득당해 돌아왔다. 정확히 말하면 그들은 똑같이 이 새로운 **교수법**이 보여준 뛰어난 **진보**에 설득당해 돌아왔다. 그들은 그 방법을 빈자들에게 알리고, 그 방법으로 빈자들의 아이들을 지도하는 데 전혀 관심이 없었고, 또 그 방법을 이용하여 자신들이 모르던 것을 가르치는 것에도 전혀 관심이 없었다. 그들은 학회가 **오르토마티크**[17] 학교—학회는 새로운 방법의 탁월함을 사실로 증명하기 위해 이 학교를 준비하고 있었다—를 위해 그것을 채택해야 한다고 요구했다. 학회원 대다수는 물론 드 라스테리 씨 본인도 그것에 반대했다. 학회가 "현재 제출되어 있거나 앞으로 제출될 모든 방법을 배제하고서" **한 가지** 방법만 채택할 수는 없다는 이유였다. 그렇게 할 경우 학회는 "개선 가능성에 한계를 정하고", 학회의 철학적 신념과 실천적 존재이유—과거, 현재, 미래의 **모든** 좋은 방법의 점진적 개선—였던 것을 무너뜨리게 된다는 것이었다.[18] 학회는 이런 식의 **과도함**을 거부했다. 보편(적 가르침)에 대한 조롱에도 동요하지 않고 차분하며 객관적이었던 그 학회는 자코토의 방법을 가르치도

---

17 [옮긴이] orthomatique는 그리스어 orthos(直)와 matos(動)을 합쳐 만든 신조어로 보인다. 풀어서 옮기면, '곧게 움직이는', '똑바로 기능하는' 정도가 되겠다.

18 *Journal d'éducation et d'instruction,* IVe année, p. 81-83과 264-266.

록 오르토마티크 학교의 강의실 하나를 내주었다.

드 라스테리 씨의 비일관성은 다음과 같다. 그는 옛날에 메리노 양이나 석판술의 가치를 의논하기 위해 위원회를 소집하거나 그 둘을 수입해야 할 필요성을 주장하는 보고서를 작성해야겠다고 생각한 적이 없다. 그는 제 손으로 그것들을 수입해서는 제 자신의 용법대로 시험을 했다. 해방을 수입하는 문제와 관련해서 그는 다르게 판단했다. 그가 보기에 해방은 학회에서 다뤄야 할 공적 사안이었던 것이다. 이 유감스러운 차이는 유감스러운 동일시에 바탕을 둔다. 그는 지도해야 할 인민과 양떼를 혼동했다. 양떼는 스스로 걸어가지 않는다. 그는 인간도 그럴 것이라고 생각했다. 물론 인간들을 해방시켜야 했다. 하지만 깨인 정신이 그 일을 해야 했다. 그러려면 깨인 정신들이 최고의 방법, 최고의 해방 도구를 찾기 위해 그들의 빛을 한데 모아야 했다. 깨인 정신에게 해방하기란 어둠 대신에 빛을 가져다 놓는 것을 뜻했다. 그는 자코토의 방법이 다른 것들과 마찬가지로 하나의 지도 방법, 다른 것들과 비교해야 할 정신의 조명 장치라고 생각했다. 〔그에게〕 자코토의 방법은 물론 훌륭한 발명이기는 하지만 매주 인민 지도 개선의 새로운 개선을 제안하던 모든 방법—브리카이유의 전어휘기록판,[19] 뒤퐁의 암송 독

....

19　[옮긴이] 전어휘기록판panlexigraphe 혹은 움직이는 음절 발음 연습장syllabaire mobile. 가로 6칸, 세로 10칸으로 된 슬레이트 판 안에 알파벳을 적은 띠를 집어넣

법,[20] 몽테몽의 음절분할독법,[21] 오탱의 입체 기하학,[22] 팽파레와
뤼팽의 조판술,[23] 쿨롱-테브노의 속기법,[24] 파예의 속기술,[25] 카
스테어즈의 필법,[26] 자즈빈스키의 폴란드 방법,[27] 갈리앙의 방

고 움직이며 칸 안에 글자를 채워 넣어 온갖 단어를 만들면서 음절 발음 연습을 할
수 있게 만든 장치.

20 [옮긴이] 교사였던 이폴리트-오귀스트 뒤퐁이 1814년에 제시한 독법citolégie. 문자
를 써서 b-a, ba가 된다고 일러주고 그것을 읽는 법을 가르치는 것이 아니라, 먼저 입
으로만 철자와 단어를 말하고 외운 다음에 음절과 단어가 나오는 표를 공부하게 한
다.

21 [옮긴이] 장-조제프 몽테몽이 *Stiquiotechnie, ou l'Art d'enseigner à lire en vingt leçons
d'une heure, au moyen de l'anayse des sons de la parole* (1828)에서 제안한 말의 소리를
분석한 독법stiquiotechnie. 그는 "읽는 기술이란 글 속에서 말해진 언어의 일시적 소
리를 재현하는 인위적 기호들의 분해를 음성 기관을 통해 언표하는 것"이라고 보았
다. 그래서 그는 단어를 음절로 분할한 뒤에 절합된 소리 속에서 말을 재현하는 기
호들을 재구성하는 방식으로 글을 읽기를 제안했다.

22 [옮긴이] '직선 및 곡선 다면체 측정법'이라고도 한다. 그래픽, 산업 예술, 건축 분야
에서 쓰였다.

23 [옮긴이] 글이나 책을 요약하는 데 적합한 새로운 글자들로 글을 쓰거나 인쇄하는
기술.

24 [옮긴이] 장 쿨롱 드 테브노가 고안한 속기법. 그는 1776년 과학 아카데미 위원회
에서 그 기법을 시연하여 승인을 받았고, 1787년에는 루이 16세 앞에서 그 기술을
선보여 왕의 속기사가 되었다. 프랑스 혁명 당시 제헌 의회의 의사록을 기록할 때
그리고 혁명가들의 사상을 인민에게 전파할 때도 이 속기술이 사용되었다.

25 [옮긴이] 기존의 속기술은 복잡한 속기 기호들을 사용했고, 기호들이 저마다 왼쪽
오른쪽으로 질서 없이 기울여 쓰이는 바람에 나중에 알아보기 어려운 문제가 있었
다. 이를 해결하기 위해 파예는 속기 기호들을 간소화하였을 뿐 아니라, 기호들을
오른쪽으로 일괄되게 기울여 적음으로써 일상적인 필기법과도 어울리고 가독성도
높이는 방법을 고안했다.

26 [옮긴이] 글씨를 쓸 때 손가락만 사용하는 것이 아니라, 손목을 탁자에 평행하게 살
짝 띄우고서 팔, 손목, 손가락을 모두 사용하여 각진 글씨는 물론 글자를 이어서 쓸
수 있게 하는 방법.

27 [옮긴이] 100개의 빈 칸으로 된 사각형을 4등분하여 25개의 빈칸으로 이루어진 4
각형을 네 개 만들고 나서, 가르칠 교과목 내용에 따라 분류하여 각 칸에 적어 넣은

법,[28] 레비의 방법,[29] 세노크,[30] 쿠프, 라콩브, 메나제, 슐로트, 알렉시스 드 노아이유가 제안한 방법들, 그리고 학회 사무실로 책과 의견서가 쏟아져 들어왔던 백여 개의 다른 방법—과 **동일한 본성에 속하는** 것이었다. 그때부터 모든 것이 정해졌다. 학회, 위원회, 검토, 보고서, 학회지, **장점과 단점이 있다, 시간이 말해줄 것이다**, nec probatis nec improbatis,[31] 그렇게 시간이 끝날 때까지.

농업 및 산업 개선과 관련하여 드 라스테리 씨는 보편적 가르침의 방식대로 행동했다. 그는 혼자 힘으로 **보았고, 비교했고, 반성했고, 모방했고, 시험했고, 고쳤다.** 하지만 가난하고 무지한 가장들에게 지적 해방을 알리는 일과 관련하여 그는 부주의했으며 모든 것을 잊어버렸다. 그는 평등을 **진보**로 번역했고, 가난한 가장들의 해방을 **인민 지도**로 번역했다. 그리고 이 ontologies, 즉 이성적 존재들[32]을 돌보기 위해, 그는 다른 이성적 존재들, 조합corporations

....

28 뒤 암기하는 방법. 다시 말해 교과 내용이 사각형 내 연결망의 어느 '위치'에 있는지 연상하면서 내용을 외우는 방법이다. 1843년에 파리의 학교들에서 프랑스 역사를 가르치기 위해 이 암기법을 채택했다고 한다.

28 [옮긴이] 갈리앙이 만든 철자 원리법. 학생들이 받아쓰기하면서 자주 틀리는 어려운 철자법들의 '원리'를 설명함으로써 받아쓰기 능력을 향상시키는 방법.

29 [옮긴이] 다비드-외젠 레비-알바레스가 발명한 역사 교육법. 아이들에게 역사적 사실, 그리고 그와 비교할 수 있는 또 다른 사실, 마지막으로 그 사실들로부터 끌어낼 수 있는 도덕적 교훈의 형태로 역사를 교육하는 방법.

30 [옮긴이] 파예의 방법과 마찬가지로 글자들을 일괄적으로 오른쪽으로 눕혀 씀으로써 손의 움직임을 편하게 만든 속기술.

31 [옮긴이] "인정하는 것도 아니고 인정하지 않는 것도 아니고."

32 [옮긴이] ontologie는 보통 '존재론'이라고 번역된다. 그러나 여기에서 랑시에르는 존재를 뜻하는 접두사 onto-에 이성, 말, 논거를 뜻하는 logos를 붙여 '이성적 존재'

을 필요로 했다. 양떼는 한 사람이 끌 수도 있다. 하지만 **인민** 무리를 위해서는 **학회, 대학, 위원회, 학회지** 따위로 불리는 무리, 요컨대 바보 만들기, 사회적 허구의 낡은 규칙이 필요했던 것이다. 지적 해방은 그것의 고유한 활기로 그 낡은 규칙을 추월할 생각이었다. 그렇지만 지적 해방은 자기가 가는 길 위에서 그 낡은 규칙을 다시 만났다. 그것의 원리와 실행 속에서 가정에 부합하는 것과 부합하지 않는 것을 추려내고, 진보의 이름으로, 나아가 인민 해방의 이름으로 그것을 판단하는 일을 맡은 재판정으로 승격된 그 낡은 규칙.

진보론자들의 고리

그것은 드 라스테리 씨의 머리가 지친 탓에 생긴 단순한 비일관성이 아니었다. 그것은 지적 해방이 마찬가지로 빈자들의 행복을 바라는 자들, 즉 진보적 인간들에게 말을 건넬 때 정면으로 마주치는 모순이었다. 바보 만들기의 신탁은 창시자에게 미리 경고했다. "그 어느 때보다도 오늘 너는 네 성공을 바랄 수 없으리라. 그들은 진보를 믿으며, 그들의 의견은 다음의 축―나는 네 노력들을 비웃느냐―위에 군건하게 세워져 있나니. 그들은 거기에서 꿈쩍도 하지 않으리라."

....

라고 독특하게 쓰고 있다.

모순을 설명하는 것은 간단하다. 우리는 말했다. **진보**적 인간이란 **걷는** 자, 다시 말해 보고, 실험하고, 방식을 바꾸고, 자신의 앎을 검증하고 이렇게 끝없이 가는 인간이다. 이것은 진보라는 단어를 문자 그대로 정의한 것이다. 이제 진보적 인간은 또한 다른 것이다. 그는 진보의 **의견**에서 출발해서 생각하는 인간, 이 의견을 사회 질서에 대한 지배적 설명의 서열로 승격시키는 인간이다.

우리는 사실 설명이 교육자들이 바보를 만들 때 쓰는 무기일 뿐 아니라 사회 질서를 이루는 관계 자체임을 안다. 질서를 말하는 자는 서열의 분배를 말한다. 서열 정하기는 불평등에 대한 설명, 불평등에 대한 분배적 허구, 불평등을 정당화하는 허구를 전제한다. 불평등은 그것의 존재 말고는 다른 이유를 갖지 않는다. 설명하는 일의 일상은 한 사회를 특징짓는 지배적 설명의 잔돈일 뿐이다. 전쟁과 혁명은 제국의 형태와 경계를 바꾸면서 지배적 설명의 본성을 바꾼다. 하지만 이 변화는 좁은 범위에 국한되어 있다. 우리는 사실 설명이 게으름의 소행임을 안다. 설명은 불평등을 도입하기만 하면 된다. 이는 크게 애쓰지 않아도 이루어진다. 가장 기초적인 위계는 **선**과 **악**의 위계다. 그것을 설명하는 데 쓰일 수 있는 가장 간단한 논리적 관계는 **전**과 **후**의 관계다. 이 네 가지 항, 선과 악, 전과 후로 우리는 모든 설명의 모체를 갖는다. 어떤 사람들은 말한다. **전에는 더 좋았다**고. 전에는 입법가나 신성이 사태를 정리했다. 사람들은 검소하고 행복했다. 우두머리들은 아버지 같았고, 사람들은 말도 잘 들었다. 선조들의 신념은 존중받았고, 직무는 잘 분배되었으며, [사람들의] 마음도 하나로 뭉쳤다. [하지만] 지금 단어는 부패하고, 구분은 흐려지며, 서열은 혼동되고, 아랫사람에 대한 배려는 윗사람에 대한 공경과 함께 사라진다. 그러므로 우리의 구분 속에서 선의 원리와 우리를 여전히 이어주는 것을 보존하거나 회복하도록 애쓰자. 다른 이들이 대꾸한다. **행복은 내일을 위한 것**이라고. 인류는 변덕과 그의 상상의 공포에 빠진 아이, 못 배운 유모가 들려주는 동화가 몸에 밴 아이, 전제자의 난폭한 힘과 사제의 미신에 예속된 아이와도 같았다. 이제 정신은 깨이고, 습속은 문명화되고, 산업은 그것의 혜택을 퍼뜨리고, 인간은 자신의 권리를 알고, 지도는 인간에게 학식과 함께 그들의 의무를 알려줄 것이다. 이제 능력이 사회적 서열을 결정해야 한다. 그리고 지도가 그 능력을 드러나게 하고 발전시킬 것이다.

당시는 하나의 지배적 설명이 다른 설명의 세력에 굴복하려던 때였다. 과도기였던 것이다. 그것이 드 라스테리 백작과 같은 진보적 인간들의 비일관성을 설명해준다. 옛날에 대학이 Barbara, Celarent, Baralipton[33]을 웅얼거릴 때, 대학 **바깥에는** 신사들 또는

---

33 [옮긴이] 고전 논리학에서 여러 형태의 삼단논법을 기억하는 기억법. 전칭긍정명제, 전칭부정명제, 특칭긍정명제, 특칭부정명제를 차례로 A, E, I, O로 코드화하여, 대전제, 소전제, 결론의 형태를 외우는 것이다. 즉 Barbara는 AAA, Celarent는 EAE, Baralipton은 AAI인 셈이다. 예를 들면, ① Barbara : 모든 인간은 동물이다. 모든 동물은 죽는다. 따라서 모든 인간은 죽는다. ② Celarent : 어떤 파충류도 털이 없다. 모든 뱀은 파충류다. 따라서 어떤 뱀도 털이 없다. ③ Baralipton : 모든 악은 두려워해

의사들, 부르주아들 또는 교회 사람들이 있었다. 그들은 대학이 말하게 내버려두고 **다른 것**에 종사했다. 광학 실험을 위해 렌즈를 깎고 다듬도록 시키거나 손수 그 렌즈를 다듬곤 했다. 정육점 주인더러 짐승의 눈을 따로 **빼두라**고 시키고는 그것을 가지고 해부학을 연구했다. 서로 자신의 발견에 관한 정보를 교환하고 각자의 가설에 대해 논쟁했다. 낡은 사회에 뚫려 있는 미세 구멍 속에서 **진보들**des progrès, 다시 말해 이해하고 행하는 인간의 능력의 현실화는 그렇게 실행되었다. 드 라스테리 백작은 여전히 이런 실험하는 신사의 면모를 조금이나마 간직하고 있었다. 그러나 도중에 그는 새로운 설명, 새로운 **불평등화**의 상승하는 힘, 즉 **그** 진보le Progrès에 덥석 물렸다. 이제 더는 호기심 많은 자들과 비판 정신의 소유자들이 이런저런 과학 분야, 이런저런 기술 수단을 개선하지 않는다. **사회가 스스로**를 개선한다. 사회가 자신의 질서를 개선의 기치 아래 생각한다. 사회가 진보한다. 사회는 사회적으로만, 다시 말해 모두 다함께 그리고 질서 있게 진보할 수 있다. 진보는 불평등을 말하는 새로운 방식이다.

이렇게 말하는 방식은 옛날 방식보다 훨씬 더 무시무시한 힘을 가진다. 옛날 방식은 계속해서 그것의 원리와는 반대로 행동할 수밖에 없었다. 그것은 말하곤 했다. 전에는 더 좋았다고. 그래서

....

야 한다. 모든 폭력적인 정념은 악이다. 따라서 두려워해야 하는 어떤 것은 폭력적인 정념이다.

우리가 앞으로 나아가면 갈수록 더 데카당스에 빠져들게 된다고. 이 지배적인 의견은 지배적인 설명자의 실천, 즉 교육자들의 실천에서 적용되지 않는다는 점에서 틀렸다. 교육자들은 아이가 그의 배경에서 멀어지고, 그들의 지도 아래 무지에서 학식으로 이행하면서 완벽에 가까워진다고 가정해야 했다. 교육자가 하는 모든 실천은 앎의 불평등을 하나의 악으로, 그리고 선을 향해 무한정 발전해 나가면서 축소될 수 있는 악으로 설명한다. 모든 교육학은 자동으로 진보주의적이다. 그래서 큰 설명과 작은 설명자들 사이에 불일치가 생겼다.[34] 둘 모두 바보 만들기를 수행하지만 무질서하게 그렇게 했다. 그리고 이 바보 만들기의 무질서는 해방에 여지를 주곤 했다.

그런 시대는 저물고 있다. 이제부터 지배적 허구와 일상적 바보 만들기는 한 방향으로 간다. 여기에는 아주 간단한 이유가 있다. 진보, 그것은 사회 전체의 허구로 승격된 교육학의 허구이다. 교육학의 허구의 핵심은 불평등을 **지연**(遲延)으로 표상하는 것이다. 그 허구에서 열등함은 무고한 것으로 파악된다. 사기를 친 것도 아니고 폭력을 행사한 것도 아니고, 열등함은 그저 지연일 뿐이다. 〔설명자는〕 지연을 확인하고 그 지연을 메우려 그 지연 속에 직접 있어야 한다. 그것〔지연을 메우는 것〕에 도달하는 일은 결코

34　〔옮긴이〕 큰 설명은 "전에는 더 좋았다"고 말하는 '지배적 의견'을 가리키고, 작은 설명자들은 앎을 통한 진보를 전제할 수밖에 없는 교육자들의 실천을 가리킨다.

없을 것이다. 자연 자체가 예의주시한다. 항상 지연이 있을 것이며, 항상 불평등이 있을 것이다. 사람들은 그렇게 불평등을 축소하는 특권을 지속적으로 행사할 수 있다. 그리고 여기에는 두 가지 이점이 있다.

진보론자의 전제는 교육학의 전제들을 사회적으로 절대화하는 것이다. 전에는 더듬거리며, 보지 못한 채 앞으로 걸어갔다. 깨이지 않은 어미나 유모의 입을 통해 다소 잘못 수집한 단어들, 수수께끼, 물질세계와 처음 접촉하면서 끌어낸 잘못된 관념들. 이제 새로운 시대가 시작된다. 이제 인간-아이는 성숙으로 향하는 올바른 길을 간다. 길잡이는 만물 위에 씌워진 베일을 보여주고, 그것을 걷어 올리기 시작한다. 적절하게, 차근차근, 한걸음씩, **점진적으로.** "어느 정도의 지연을 진보 속에 집어넣어야 한다."[35] 방법이 필요하다. 방법이 없다면, **좋은** 방법이 없다면, 아이-인간이나 인민-아이는 유치한 허구, 관례, 편견의 먹이가 된다. 방법이 있다면 아이-인간이나 인민-아이는 합리적으로, 점진적으로 전진하는 자의 발걸음을 뒤따른다. 전자는 후자의 뒤에 무한정 접근한다. 학생은 결코 스승을 따라잡지 못할 것이며, 인민은 결코 깨인 엘리트를 따라잡지 못할 것이다. 하지만 거기에 도달할 수 있다는 희망이 그들(학생과 인민)로 하여금 좋은 길로, 즉 개선된 설명의 길로 나아가게 해준다. 진보의 세기는 승리한 설명자

---

35 *Journal de l'émancipation intellectuelle*, t. IV, 1836-1837, p. 328.

의 세기, 애 취급된[36] 인류의 세기다. 이 새로운 바보 만들기의 무시무시한 힘은, 그것이 여전히 옛 방식으로 진보적 인간들의 행보를 흉내 낸다는 데 있다. 또한 그것이 해방을 이제 막 알게 된 정신들을 속이기에 적합한, 조금만 부주의해도 그들을 넘어뜨릴 수 있는 용어들로 바보 만들기를 공격한다는 데 있다.

그것은 이런 말이기도 하다. 진보론자들이 구식에 대해 지금 승리하는 것은 구식과 진보론자들의 대립을 통한 구식의 승리라는 것, 제도화된 불평등의 절대적 승리라는 것, 이 제도의 모범적인 합리화라는 것이다. 바로 그것이 오래 지속되는 구식의 권력을 떠받치는 견고한 토대이다. 창시자는 진보론자들에게 진심으로 그것을 보여주려고 노력했다. "산업의 설명자들 그리고 모든 사람들은 이미 되풀이해서 이렇게 말했다. 문명의 진보를 보라! 인민에게는 기술이 필요하다. 사람들은〔이제껏〕인민에게 라틴어만 팔아먹었다. 인민은 라틴어 따위는 필요도 없는데 말이다. 인민은 도안하고, 기계를 제조할 것이다, 등등. 철학자들이여, 당신들은 옳다. 그리고 나는 대가Grand Maître―그는 당신들을 조금도 도와주지 않으며, 죽은 언어들의 권좌 위에 나태하게 뻗어 있

---

36 [옮긴이] 교육학을 뜻하는 그리스어 paidagōgia(=pédagogie)는 원래 '아이(pais, paidos)를 이끄는 것(agein)'을 말한다. 그 동사형 paidagōgein(=pédagogiser)에는 '아이들을 지도하다, 이끌다' 외에도, '아이처럼 지도하다'는 뜻이 있다. 다시 말해, 교육 혹은 지도는 어원상 상대를 '애 취급'하는 것이다. 따라서 우리는 이 동사의 명사형인 pédagogisation을 '애 취급(하기)'으로 옮기고, 그것의 수동 형용사인 pédagogisé를 '애 취급된'이라고 옮긴다.

다—의 지배 아래 있는 당신들의 열의를 존경한다. 나는 당신들의 헌신을 존경한다. 당신들의 자선적 목표는 틀림없이 구식의 그것보다는 더 쓸모 있다. 하지만 당신들의 수단은 구식의 수단이 아닌가? 당신의 방법은 구식의 방법이 아닌가? 구식처럼 설명하는 스승들의 패권을 지지한다고 비난받을까봐 떨고 있지 않은가?"[37] 선의는 상황을 더 악화시킬 위험이 있다. 구식은 그것이 원하는 것, 즉 **바보 만들기**를 안다. 결론적으로 구식은 그 작업을 한다. 진보론자들은 정신을 해방하고, 인민의 능력을 증진시키고 싶어 할 수 있다. 하지만 그들이 제안하는 것은 〔결국〕 설명을 개선함으로써 바보 만들기를 개선하는 것이다.

그것이 진보론자들의 고리다. 그들은 정신을 구습에서, 즉 사제들의 지배와 모든 종류의 **몽매**에서 뽑아내고 싶어한다. 그러려면 더 합리적인 방법과 설명이 필요하다. 위원회와 보고서를 통해 그 방법과 설명을 시험하고 비교해야 한다. 인민을 지도하는 데 실력 있고, 자격증을 가지고 있으며, 새로운 방법으로 교육을 받았고, 그들이 지도를 어떻게 하는지 감시받는 인물을 고용해야 한다. 무엇보다 실력 없는 자들의 즉흥작을 피해야 한다. 우연 또는 관례에 따라서 형성된 정신들, 개선된 설명과 점진적 방법을 모르는 자들이 학교를 열고, 거기에서 아무거나 아무렇게 가르치도록 방치해서는 안 된다. 판에 박힌 재생산의 장소이자 고질적

....

37   *Mathématiques*, p. 21-22.

인 미신의 장소인 가정, 경험적 지식 그리고 잘 깨이지 않은 감정이 아이들의 지도를 맡지 못하도록 막아야 한다. 그러려면 잘 정비된 공교육 체계가 있어야 한다. 대학이 필요하고 대가가 있어야 한다. 그리스인들과 로마인들에게는 대학도 대가도 없었다고, 그래도 상황은 썩 나쁘지 않았다고 말해봐야 소용없다. 진보의 시대에, 뒤떨어진 인민 중 가장 무지한 자들도 파리에 잠시 체류하기만 하면, "이래서 아니토스와 멜레토스가 다음의 사항들— 첫째, 설명해야 한다는 것, 둘째, 무엇을 설명할지, 셋째, 그것을 어떻게 설명할지—을 규제하는 조직의 필요성을 지적했구나"라고 납득할 것이다. 위와 같은 [규제에 관한] 대비책이 없다면 무지한 자들은 "첫째, 우리의 갖바치들은 로마와 아테네에서 그랬던 것처럼 용의주도한 조직 없이도 장화처럼 생긴 간판 주위에 **보편적 가르침**을 매달 수 있을 것이며, 둘째, 재단사는 우리가 로마에서 보았듯이 사전 설명 없이도 펼칠 수 있는 [천조각의] 표면들을 설명하길 원할 것이라고" 본다. 이런 식으로 무엇보다 피해야 할일—"낡은 설명들이 개선된 설명들을 희생시키면서 대대로 전승되는 일"—이 벌어질 것이다.[38]

그러므로 지도를 개선하려면 먼저 [말을 매는] **고삐**를 개선해야한다. 오히려 고삐가 유용하다는 표상을 개선해야 한다. 영구한 교육 혁명이 정상적인 체제가 된다. 그 체제에서 설명하는 제도

....

38   *Ibid.*, p. 143.

는 합리화되고, 정당화되며, 동시에 구식의 원리와 제도들의 영속성을 보장한다. 새로운 방법들, 랭커스터의 상호 교육을 위해 싸우면서 진보론자들은 먼저 최고의 고삐를 가져야 할 필요성을 제시하기 위해 싸운다. "당신들은 〔구식을 따르는〕 사람들이 랭커스터의 방법을 조금도 원하지 않음을 알고 있다. 그리고 당신들은 왜 그런지 짐작했다. 하지만 그들은 결국 당신들의 랭커스터식 방법을 내버려두었다. 왜 그런지 아는가? 고삐가 여전히 거기에 있기 때문이다. 고삐가 다른 사람들의 손에 쥐어 있었다면 그들은 더 좋아하긴 할 것이다. 하지만 결국 고삐가 있는 곳이라면 어디든 조금도 낙심할 필요가 없다. 당신의 응용 기하학도 **그들**의 취향에 맞지 않는다. 하지만 그것은 정식으로 적용된다."[39] 그들은 랭커스터의 방법을 내버려두었다. 머지않아 산업 교육도 틀림없이 내버려둘 것이다. 그것은 고삐였다. 다른 모든 고삐처럼 좋은 고삐. 하지만 그것이 제공하는 어떤 지도 때문이 아니라, 불평등주의적 허구를 **믿게 만들** 수 있기 때문에 좋은 고삐. 그것은 또 다른 말 길들이기였다. 그것은 그것의 원리, 모든 말 길들이기의 원리를 더 잘 긍정한다는 점에서만 옛 방식과 대립될 수 있다. "〔옛날에〕 사람들은 라틴어 주위를 빙빙 돌았다. 〔진보 시대에〕 승마 선생은 우리가 기계 주위를 빙빙 돌게 만들 것이다 (…) 만일 사람들이 그것에 유의하지 않는다면, 바보 만들기는 감지하기 어

---

39 *Ibid.*, p. 22.

렵고, 정당화하기 더 쉬울수록 더 크게 될 것이다."[40]

인민의 머리 위에

더 멀리 가보자. 보편적 가르침도 바보 만들기의 이러한 혁신에 합류하는 '좋은 방법'이 될 수 있다. 아이의 정신에 최상의 지적 훈련을 제공하면서 그 아이의 지적 발달을 고려하는 **자연적** 방법. 아이에게 혼자 힘으로 추론하고 혼자서 어려움에 대처하는 습관을 길러주는 **능동적** 방법. 자신감 있게 말하는 습관을 키우고 책임의 의미를 깨우쳐주는 능동적 방법. 문법학자들의 은어는 거들떠보지도 않으면서 학교에서 위대한 작가들의 언어를 배우는 훌륭한 **고전** 교육. 돈도 많이 들고 끝낼 수도 없는 중등교육 과정을 건너뛰면서, 솜씨좋은 깨인 젊은이들을 사회 개선에 쓸모 있는 일에 뛰어들 준비를 하도록 양성하는 실질적이고 **신속한** 방법. 큰일을 할 수 있는 사람은 작은 일도 할 수 있는 법이니, 모르는 것을 가르치기에 알맞은 방법이라면 아는 것은 장난하듯 가르칠 수 있게 해준다. 훌륭하다는 스승들은 자기 간판을 걸고 학교를 연다. 뒤리에츠 씨, 젊은 외젠 부트미, 드 세프레스 씨(폴리테크니크 출신인 그는 학원을 앙베르에서 파리로 옮겼다)같이 검증된 스승들, 그리고 파리, 루앙, 메츠, 클레르몽페랑, 푸아티에, 리옹,

....

40   *Ibid.*, p. 21.

그르노블, 낭트, 마르세이유…… 등지에 훌륭하다고 평가받는 일군의 사람들. 종교적이긴 하지만 그럼에도 깨어 있는 이 학원들, 예를 들어 '예수 학원' 시설—루뱅 여행을 다녀온 기야르 씨는 이 시설에서 **너 자신을 알라**에 바탕을 두고 가르쳤다[41]—도 그렇고, 파미에, 생리스 그리고 제자 데줄리에르[42]의 지칠 줄 모르는 열의를 보고 전향한 여러 다른 사람들이 조직했던 세미나 같은 것도 그렇다. 위 학원들—우리는 물론 급증하던 가짜들에 대해서는 말하지 않겠다—은 (자코토의) 방법이 쓰던 훈련을 정확히 따르는 것으로 유명했다. 칼립소는, **칼립소는 못했다, 칼립소는 하지 못**

....

41 [옮긴이] 아실르 기야르Achille Guillard는 『조제프 자코토 평전』에서 이렇게 말했다. "지적 해방의 방법의 원리와 목적은 스스로 하는 공부와 지식이다. 우리의 관념과 감각은 모두 내적인 것이기 때문에, 또한 우리는 모든 것을 우리 안에서 보기 때문에, 우리는 바로 우리 자신 안에서 끊임없이 공부해야 한다[…]. 이 방법은 **관찰법**—우리에게 모든 실증적 지식을 주었을 뿐 아니라, 근대의 모든 과학을 세련되고 풍부하게 만들었던 방법—을 보편적으로 적용한 것과 다르지 않다." *Achille Guillard, Biographie de J. Jacotot*, Paris, E. Dentu, 1860, p. 18 참조.

42 [옮긴이] 자코토의 가장 우수한 제자 중 한 명이었던 데줄리에르Deshoullières는 그의 책 『보편적 가르침의 개요Résumé de l'Enseignement universel』에서 지적 해방의 가르침을 이렇게 정리한 바 있다. "**해방된다는 것**은 더 이상 설명의 치명적인 멍에에 예속되지 않는 것, 설명이 설파하는 지적 불평등이라는 우리를 말려 죽이는 편견에 예속되지 않는 것이다. 그것은 자신의 영혼의 가치, 즉 모든 장르의 공부를 할 수 있는 자신의 역량과 소질을 이해하는 것이다. 그것은 인간의 위엄이 그가 처한 조건이나 그가 종사하는 일에 달려 있지 않음을 아는 것이다. 그것은 반성하고 깨닫기를 좋아하는 것이다. 그것은 자연이 우리의 지적인 습득 및 개선에 어떤 제한도 두지 않았다고 확신하는 것이다. 마지막으로 그것은 우리가 모델로 삼았던 것과 비슷한 작품을 만드는 데 착수하는 것인 바, 이는 우리가 학생들의 줄에서 빠져나와 스승들 사이에 자리하기 위한 것이다." P. Y. de Séprès, *Manuel complet de l'enseignement universel ou application de la méthode Jacotot*, Paris, Vᵉ. Dondey-Dypré, 1840에 드 세프레스 씨가 쓴 서문(p. x)에서 재인용.

했다…… 그리고 그 뒤, 즉흥작, 작문, 검증, 동의어[43] 등. 요컨대 자코토의 모든 가르침이 그 학원들에서 한두 가지 사소한 것들을 제외하고는 거의 지켜졌다. 사람들은 거기에서 모르는 것을 가르치지는 않았으니 말이다. 〔무지하길〕 바란다고 무지할 수 있는 것은 아니다. 부트미 씨가 고대 언어에 조예가 깊다고 해서 그것이 그의 잘못은 아니다. 드 세프레스 씨가 수학자, 심지어 최고의 수학자들 중 한 명이라고 해서 그것이 그의 잘못은 아니다.

....

43 [옮긴이] 즉흥작, 작문, 검증은 자코토의 방법, 보다 정확히는 학생의 방법에서 쓰던 훈련이라고 쉽게 이해할 수 있지만, '동의어'가 어떤 훈련인지는 상상하기 어렵다. 그러니 자코토의 말을 직접 들어보자. "우리가 동의어라고 부르는 것, 다시 말해 비교는 보편적 가르침에서 쓰는 독특한 훈련이다. 평생 동안 주시하고 비교하라, 당신은 결코 모든 것을 보지는 못하리라. 두 사물은 첫눈에 비슷해 보일 수 있다. 그것들의 차이를 찾아라. 그것들은 당신의 눈에 다르게 보일 것이다. **전체는 전체 안에 있다.** 비슷함을 보라. 예를 들어, 비극과 희극은 전혀 비슷해 보이지 않는다. 주시하라. 그것은 같은 것이다. 희극에서 당신은 정념에 휩싸인 사람들을 두려워하지 않는다. 이성을 통해 볼 때 그들의 미련함은 당신에게 우스꽝스러워 보인다. 비극에서 정념에 휩싸인 사람들의 지나침은 당신을 두려움에 떨게 만든다. 결과적으로 그지나침은 당신을 짓누른다. 동물은 상이한 감정들을 느낀다. 그러나 결코 감정에 휘둘리는 법이 없는 이성은 오로스마네에게서나 인간 혐오자에게서나 미치광이를 볼 뿐이다. 격노한 오로스마네가 '공포가 왕궁의 문 앞에 임하고 있구나!'라고 외칠 때 그것은 나를 두려움에 떨게 만든다. '**다시는** 자이르를 보지 못하리'라고 그는 말하고, 1분 뒤에 자이르의 발밑에 엎드려 있다. 알케스티스도 역시 그가 '**다시는** 케피소스를 보지 못하리'라고 말한다. 후자는 나를 웃게 만든다. 그러나 만일 오라스메네도 〔알케스티스〕 못지않게 우스꽝스럽다는 것을 알아보지 못한다면 나도 우스운 놈이 된다. 이성의 눈에 비극은 희극이다. 우리가 희극을 만들고자 할 때 비극에서 따올 것이 얼마나 많던가, 그리고 그 반대도 그렇지 않던가!" J. Jacotot, *Enseignement universel. Langue maternelle*, 6ᵉ édition, 1841, p. 116-117 참조. 요컨대 두 사물—자코토의 예에서는 비극과 희극—이 어떤 점에서 비슷해 보이고 또 어떤 점에서 다른지를 익히고, 비교하고, 입증하는 것, 그것이 곧 '동의어', 즉 '비교'라고 불리는 보편적 가르침의 훈련인 것이다.

〔그 학원들이 내놓는〕안내서는 지능의 평등에 대해 말하지 않는다. 하지만 우리가 알다시피 지능의 평등은 바로 창시자의 **의견**이다. 그리고 그 자신이 우리에게 의견과 사실을 엄격히 분리하라고, 사실 위에서만 모든 증명을 세우라고 가르쳤다. 따라서 이 의견의 모진 전제조건을 가지고 회의적인 정신들 또는 반만 설득된 자들을 겨냥해봤자 무슨 소용이겠는가. 차라리 그들의 눈앞에 사실들, 방법의 결과들을 펼쳐놓음으로써 그들에게 그 원리의 힘을 보여주는 것이 낫다. 또한 그렇기 때문에 사람들은 자코토의 이름을 더럽히지 않는다. 사람들은 오히려 **자연적 방법**, 과거 최고의 두뇌들(소크라테스와 몽테뉴, 로크와 콩디야크)이 인정한 방법에 대해 말한다. 스승 자신이 자코토의 방법이란 없으며 오로지 학생의 방법, 인간 정신의 자연적 방법이 있다고 말하지 않았던가? 그렇다면 허수아비마냥 자코토라는 이름을 휘둘러봤자 무슨 소용인가? 1828년에 이미 뒤리에츠는 창시자에게 예고했었다. '추상의 나무'에 도끼를 찍고 싶다고 말이다. 하지만 그는 나무꾼의 방식으로 그것을 하지는 않을 것이다. 그는 슬그머니 끼어들어서 '몇몇 과시적인 성공들'을 마련함으로써 방법의 승리를 준비하고 싶어했다. 그는 보편적 가르침을 통해 지적 해방에 다다르고 싶어했다.[44]

....

44   *Journal de philosophie panécastique*, t. V, 1838, p. 279. 〔옮긴이〕 본문에서 나무꾼은 1
       차적으로 '자코토'를 뜻하며, 지능의 평등을 따르는 '무지한 자들'까지 포괄한다.

1830년에 승리를 거둔 [7월] 혁명은 이 기획에 더 널찍한 무대를 제공했다. 1831년에 진보론자들 중 가장 근대적인, 젊은 저널리스트인 에밀 드 지라르댕이 기회를 주었다. 그는 스물여섯 살이었다. 그는 『에밀』의 작가를 후원했던 드 지라르댕 후작의 손자였다. 그는 사실 사생아다. 하지만 그는 누구도 자신의 출생을 두고 얼굴을 붉히지 않을 수 있는 시대를 열었다. 그는 새로운 시대 그리고 새로운 힘—노동과 산업, 직업 교육과 가계(家計), 여론과 언론—을 감지했다. 라틴 문헌학자들과 현학자들을 비웃었다. 지방 호족들이 법학을 공부하고 천한 계집들에게 치근거리라고 파리로 보낸 젊은 머저리들을 비웃었다. 활동적인 엘리트들, 최신 화학 분야의 발견들을 통해 비옥해진 땅들, 자신의 물질적 행복에 도움이 될 수 있는 모든 것을 교육받고 권리 · 의무 · 이익의 저울—그것이 근대 사회의 균형을 만든다—위에 깨인 인민을 원했다. 이 모든 것이 빨리 진행되길 바랐다. 젊은이들이 공동체에 일찍부터 쓰일 수 있는 빠른 방법으로 준비되기를 바랐다. 학자들과 발명가들이 발견한 것들이 곧바로 작업장과 가정의 삶으로, 그리고 외딴 시골까지 침투함으로써 그곳에서 새로운 생각들을 낳기를 바랐다. 이 혜택을 늦지 않게 퍼뜨리기 위한 기관을 바랐다. 드 라스테리 씨의 《일상 지식 저널Journal des connaissances usuelles》이 있었다. 이런 종류의 출판은 돈이 많이 들었다. 그래서 어쩔 수 없이 그런 저널이 필요 없던 독자층만 그것을 읽을 수 있었다. 아카데미 회원을 위해 과학을 대중화하고, 사교계의 부인을 위해 가정학을 대중화해봤자 무슨 소용인가? 에밀 드 지라르댕은《유용한 지식 저널Journal des connaissances utiles》을 창간하고, 대대적인 예약 및 광고 캠페인을 통해 십만 부를 찍었다. 그 저널을 뒷받침하고 그 활동을 연장하기 위해 그는 새로운 협회 하나를 세웠다. 그는 그것을 아주 간단히 이렇게 불렀다. 전국 지적 해방 협회Société nationale pour l'émancipation intellectuelle.

〔그 협회에서 주장하는〕 해방의 원리는 간단했다. 에밀 드 지라르댕은 이렇게 적었다. "건물과 마찬가지로 정치체제에는 굳고 평탄한 지반이 있어야 한다. 지도는 지능들을 균등하게 해주고, 생각들에 기반을 제공한다 (…) 대중 지도는 절대주의 정부를 위험에 빠뜨린다. 반대로 대중의 무지는 공화주의 정부를 위태롭게 한다. 왜냐하면 의회의 토론은 대중에게 그들의 권리를 보여주기 위해서 그 대중이 분별력 있게 그 권리를 행사하게 될 때까지 기다려주지 않기 때문이다. 인민이 자신의 권리들을 알고 나면, 이제 인민을 통치할 수단은 딱 하나밖에 없다. 인민을 지도하는 것이다. 그러므로 모든 공화주의 정부에 필요한 것은 단계적이고 전국적이며 전문적인 광범위한 교육 체계다. 그것은 대중의 몽매함 속에 빛을 비추고, 모든 자의적 구분선들을 대체하며, 각 계급에 그것의 서열을, 각 인간에게 그의 자리를 할당한다."[45]

이 새로운 질서는 물론 노동하는 주민의 존엄성을 인정하는 질

....

45   Journal des connaissances utiles, 3ᵉ année, 1833, p. 63.

서, 그 주민이 사회 질서에서 우세한 자리를 차지하는 질서다. 지적 해방은 지도의 특권에 결부된 낡은 위계를 뒤엎는 것이었다. 그때까지만 해도 지도는 지도받은 인민의 아이가 더는 그의 부모들의 상태를 바라지 않는다는 잘 알려진 결과를 가지고 자신들의 헤게모니를 정당화하는 지도 계급의 전유물이었다. 사회적 체계 논리를 뒤집어야 했다. 이제부터 지도는 더는 특권일 수 없다. 지도 부족은 **무능력**이 될 것이다. 인민이 지도받도록 강제하기 위해서, 1840년에 20세가 되었는데도 글을 읽지 못하는 모든 남자는 시민권을 누릴 수 없다고 선언되어야 했다. 그런 남자는 자동으로 운 나쁜 청년들에게 군복무를 선고하는 제비뽑기의 1순위 중 하나가 되어야 했다. 인민에게 부과된 의무는 똑같이 인민에 대해 짊어져야 할 의무이기도 했다. 1840년이 되기 전까지 프랑스의 모든 젊은이에게 읽기를 가르치려면 신속한 방법을 찾아야 했다. 전국 지적 해방 협회의 표어는 다음과 같았다. "인민의 머리 위에 지도를 부어라, 당신은 인민에게 세례를 베풀 의무가 있다."**46**

....

46　[옮긴이] "그─에밀 드 지라르댕─의 문제는 다음과 같다. 근대 민주주의 사회는 권리 · 의무 · 이익의 정확한 저울 위에서 지도받지 못한 프롤레타리아들이 그 사회에서 차지하고 있는 자리에 의해 위협받고 있다. 그러므로 그들을 지도해야 한다. 그것이 이 협회의 소임이다. 프롤레타리아들이 그들의 권리와 이익을 오해하지 않게 막아라. 깨이고 진보적인 근대 사회 안에서 그들에게 돌아온 자리에 어울리지 않는 생각들을 그들이 갖지 못하게 막아라. 그는 이렇게 적는다. '인민의 머리 위에 지도를 부어라, 당신은 인민에게 세례를 베풀 의무가 있다.' 자코토는 이런 성수(聖水)에 맞선다." Jacques Rancière, "L'émancipation et son dilemme," *Cahiers du Cedref*, n° 1,

세례반에 매달렸던 자가 있으니 그는 바로 외젠 부트미였다. 그는 교수법 학회에서 스카우트되어 전국 지적 해방 협회의 비서로 일했고, 보편적 가르침의 열광적인 숭배자였다.《유용한 지식 저널》창간호에서, 그는 신속한 대중지도법을 일러주겠다고 약속했다. 그는 「스스로 하는 가르침Enseignement par soi-même」이라는 논문을 통해 그 약속을 지켰다. 스승은 큰 목소리로 칼립소를 읽어야 한다. 그리고 학생은 **칼립소**를 되풀이해야 한다. 그 다음 학생은 단어들을 잘 분리하면서, **칼립소는 못했다, 칼립소는 하지 못했다** 따위를 되풀이해야 한다. 그 방법은 **자연적이고 보편적인 가르침**이라고 했다. 그것은 아이들에게 그 방법을 직접 가르쳤던 자연에 경의를 표하기 위해 붙인 이름이었다. 존경할 만한 하원 의원인 빅토르 드 트라시 씨는 자신의 행정 구역에 사는 농부 40명을 꽤 성공적으로 지도했다. 그리하여 농부들은 그에게 지적인 삶을 가능하게 해주어서 대단히 감사하다는 마음을 표시하는 편지를 쓰기까지 했다.《유용한 지식 저널》을 구독하는 통신 회원도 각자 그렇게 했다. 곧 무지의 나병은 사회체에서 완전히 사라질 것이다.[47]

모범적인 학원들을 격려하길 바랐던 협회는 드 세프레스 씨의 시설에도 흥미를 보였다. 협회는 〔드 세프레스 씨가 가르치는〕 **독**

....

1989, p. 52 참조.

47   *Ibid.*, 2e année, n° 2, 1er février 1832, p. 19-21.

학 방법을 검토하기 위해 협회의 위원들을 파견했다. 그 방법은 항상 위대한 발견들을 이끈 방법이었던 자연적 방법을 따라 소년들에게 **사실에 근거해** 숙고하고 말하고 추론하는 법을 가르쳤다. 분위기 좋기로 유명한 파리 시내 몽소 거리에 위치한 시설에는 더 바랄 나위가 없었다. 음식, 위생, 체육 교육은 말할 것도 없고 그곳의 도덕적·종교적 의식도 건전했다. 마지막으로 그 학원은 연간 최대 800프랑씩만 내면 중등 교육 3년 안에 그곳 학생들을 어떤 시험이든 치를 수 있도록 만들겠다고 장담했다. 그러면 가장은 자식의 교육비를 정확히 예상하고, 그 수익성을 계산할 수 있었다. 이 값에 협회는 드 세프레스 씨의 학원에 '국립 고등학교'라는 칭호를 주었다. 협회는 그 대가로 학원에 아이를 보낸 부모에게 그들이 자식에게 바라는 직업을 결정하려면 학원의 프로그램을 꼼꼼히 읽으라고 조언했다. 희망 직업이 정해지면, 협회의 위원들은 부모가 바라는 학업 지도가 면밀하게 이뤄지는지 모니터링을 했다. 학생이 그가 종사할 업무에서 두각을 나타낼 수 있도록 해주는 모든 것을 배우고, 특히 **군더더기는 하나도** 배우지 않을 수 있도록 말이다.[48] 불행하게도 위원들은 국립 고등학교의 일에 충분히 협력할 만한 여유가 없었다. 브르타뉴 지방의 농업 학원—그것은 낙농업 지식을 퍼뜨리는 동시에 마을에서 빈둥거리는 일부 청년들을 재활시키기 위한 것이었다—이 전국 지

---

48   *Ibid.*, 3ᵉ année, p. 208-210.

적 해방 협회가 돈을 쏟아부어야 했던 재정상의 밑 빠진 독이었기 때문이다. 적어도 그 협회는 장래를 위한 씨를 뿌렸다. "유용한 지식 저널은 훌륭한 저널이었다. 우리는 지적 해방이라는 당신의 단어를 가져다 썼다. 우리는 설명의 힘으로 우리 정기구독자들을 해방한다. 이런 해방은 전혀 위험하지 않다. 훌륭한 기사가 말에 굴레를 씌우고, 그 위에 올라탈 때 우리는 그 말이 어디로 갈 것인지 안다. 말 자신은 어디로 갈지 전혀 모를 테지만, 우리는 안심할 수 있다. 그 말은 (훌륭한 기사가 이끄는 한) 사방으로 헤매지 않을 테니까."[49]

구식의 승리

이런 식으로 보편적 가르침 그리고 지적 해방이라는 단어 자체는 **진보론자들**을 위해 복무할 수 있었다. 그들 스스로가 구식의 가장 커다란 이익을 위해 일하고 있었다. 다음과 같이 분업이 이루

....

49 *Journal de l'émancipation intellectuelle*, IV° année, 1836-1837, p. 328. [옮긴이] '장래를 위한 씨를 뿌렸다'는 반어적 표현으로 이해해야 한다. 위 인용문은 자코토의 아들들이 편집하던 《지적 해방 저널》에서 발췌한 것이다. 그렇기 때문에 인용문에 '지적 해방 협회'로부터 자신들의 저널 이름을 가져다 썼다는 말이 나오는 것이다. 바로 이 《지적 해방 저널》이 지적 해방 협회와 그것의 저널에 대해 후하게 평가하며, 심지어 '설명', '말을 이끄는 기사' 운운하는 것은 다분히 문제적이다. 요컨대 위 인용문은 자코토를 따르던 자들도 결국 진보론자들의 고리에 붙들리고 있음을 보여주는 것이다. 랑시에르는 이 책 말미에서 《지적 해방 저널》이 예수 학원을 지지하는 자들과 강경 판에카스티시앙들의 대립 속에서 폐간되어가는 모습을 묘사한다.

어졌다. 진보론자들은 방법과 특허, 잡지와 신문을 맡는다. 이것들은 설명의 개선을 무한정 개선함으로써 설명에 대한 사랑을 품는다. 구식은 학원들과 시험, 설명하는 제도의 확고한 기반에 대한 경영과 사회적 비준의 권한을 맡는다. "그리하여 설명하는 체계의 공백 속에서 충돌하는 온갖 발명 특허가 생겨났다. 읽기에 대한 설명들, 변형 서체, 쉽게 쓰일 수 있는 언어들, 일람표들, 개선된 방법들 따위. 그리고 옛날 책에 새로운 설명을 달아 새로 펴낸 책들에 그려진 여러 아름다운 것들. 우리 시대의 개선된 설명자들에게 추천된 모든 것. 그 설명자들은 모두 정당한 이유를 가지고 서로를 점쟁이라며 비웃는다. 특허 소유자는 결코 우리 시대만큼 동정할 만하지 않았다. 특허를 가진 자들이 얼마나 많은지 사소하게 개선된 자기만의 설명을 갖지 않은 초등학생 한 명 찾기도 힘들 정도였다. 그러니 그들은 머지않아 각자 가진 설명들을 서로에게 설명하게 되리라 (…) 구식은 이 논박들을 비웃고, 그것들을 자극한다. 구식은 판정할 위원회를 지명한다. 그리고 위원회는 모든 개선을 승인한다. 구식은 자신의 오래된 왕홀을 어느 것에게도 양보하지 않는다. Divide et impera.[50] 구식은 자신을 위해 중학교, 대학교, 예술학교를 유지한다. 구식은 다른 것들에게는 특허만 준다. 구식은 그들에게 특허가 이미 너무 많다고 말한다. 그리고 그들은 그 말을 믿는다.

....

50   [옮긴이] "분할하라 그리고 지배하라." '분할통치'를 이르는 말.

설명하는 체계는 시간처럼 자기 자식들을 낳는 족족 그들을 먹어치움으로써 영양분을 섭취한다. 새로운 설명, 새로운 개선은 생겨나자마자 죽고 곧 수천 개의 다른 설명과 개선에 자리를 내어준다(…).

설명하는 체계는 그렇게 갱신될 것이다. 라틴어 수업을 하는 중학교와 그리스어를 가르치는 대학은 그렇게 유지될 것이다. 사람들이 항의해도 중학교는 지속될 것이다. 사람들은 비웃어도 가장 학식이 많은 자들과 가장 명석한 자들은 계속해서 그들의 오래된 의식 습관대로 웃음기 없이 서로에게 인사를 할 것이다. 젊은 여자의 산업 방식은 그녀의 할머니의 과학적 거짓 꾸밈에 욕을 해댈 것이다. 하지만 산업가들은 항상 권좌를 만들기 위해 그들의 개선된 자와 컴퍼스를 쓸 것이다. 그 권좌에서 허튼소리를 늘어놓는 할멈은 모든 작업장 위에 군림한다. 한 마디로 산업가들은 땅 위에 나무가 있는 한 설명자의 의자를 만들 것이다."[51]

그렇게 **몽매한 자들에** 대해 **빛나는 자들**이 거두고 있는 승리는 몽매한 자들이 지키던 가장 오래된 대의인 지능의 불평등을 쇄신하기 위해 노력했던 것이다. 사실 이런 역할 분담에는 아무런 비일관성도 없었다. 진보론자들의 **부주의**는 모든 부주의, 즉 불평등에 대한 의견을 세운 정념에 기반을 두었다. 진보주의적인 설명자는 먼저 설명자, 다시 말해 불평등의 옹호자다. 사실 사회 질서

51　*Mathématiques*, p. 191-192.

는 누구도 불평등을 믿도록 강제하지 않으며, 누구나 개인들과 가족들에게 해방을 알리는 것을 막지 않는다. 이 간단한 알림— 그것을 가로막는 충분한 공권력도 없었음에도—은 또한 가장 뚫고 들어가기 힘든 저항과 만나는 알림이다. 지적 위계의 저항은 불평등을 합리화하는 것 말고 **다른 힘을** 갖고 있지 **않다.** 진보주의는 이 힘의 근대적 형태이며, 그 형태는 전통적 권위의 물질적 형태들과의 모든 혼합으로부터 정화된 것이다. 진보주의자들은 그들의 성직을 세우는 인민의 이러한 무지, 무능력 말고 다른 힘을 갖고 있지 않다. 진보주의자들은 자기 발밑에 구덩이를 파지 않는 이상 어떻게 보통 사람들에게 이렇게 말할 수 있겠는가? 여러분은 인간으로서의 존엄성에 합당한 모든 것을 가진 자유롭고 교육받은 인간이 되기 위해 우리를 필요로 하지 않는다고 말이다. "이 자칭 해방자들 각각은 그가 안장을 얹고, 굴레를 씌우고, 박차를 가하는 자신의 해방된 자들의 무리를 갖고 있다."[52] 또한 모두가 유일하게 **나쁜** 방법, **치명적인** 방법, 다시 말해 **나쁜** 해방의 방법, 자코토의 방법 또는 반-방법을 밀어내기 위해 모여 있다.

자코토라는 고유명을 숨기는 자들은 그들이 무슨 짓을 하는지 안다. 왜냐하면 이 고유명은 그것만으로 결정적 차이를 만들어내기 때문이다. 이 고유명은 **지능의 평능**을 말하고, 인민에게 지도와 행복을 주는 사람들의 발밑에 구덩이를 파기 때문이다. 그 이름

....

52 *Droit et philosophie panécastique*, p. 342.

을 죽여 없애야 한다. **알림**이 퍼져서는 안 된다. 그리고 사기꾼(자코토)은 다음의 사실을 명심해야 한다. "당신이 아무리 글로 써서 외쳐봐야, 문맹인 자들은 당신이 인쇄한 것을 우리를 통해서만 배울 수 있다. 우리가 그들에게 우리의 설명이 필요없다고 알려준다면 너무 어리석은 일이 될 것이다. 만일 우리가 누군가에게 읽기 수업을 한다면, 우리는 모든 **좋은** 방법들을 계속 해서 쓸 것이다. 하지만 지적 해방의 관념을 줄 수 있을 방법들은 절대 쓰지 않을 것이다. 기도문을 읽게 만들면서 시작하지 않도록 조심하자. 기도문을 아는 아이는 그가 혼자서도 그것들을 짐작할 수 있을 것이라고 믿을 수 있으니까. 더구나 기도문을 읽을 줄 아는 자는 혼자서도 나머지 모든 것을 읽는 법을 배울 수 있음을 그 아이가 알지 못하게 해야 한다 (…) 해방하는 단어들(배우다 **그리고** 연관시키다)을 결코 발음하지 않도록 주의하자."[53]

빈자들이 그들의 고유한 능력으로 스스로를 지도할 수 있다는 것, 그들이 **능력**—이 능력들은 이제 사회, 정치 질서에서 귀족들의 옛 지위를 잇는다—을 가지고 있다는 것을 알게 되는 것을 특히 막아야 했다. 이를 위해 해야 할 가장 좋은 것은 빈자들을 지도하는 것, 다시 말해 그들에게 그들이 무능력한 정도를 보여주는 것이었다. 도처에 학교가 문을 열었다. 어디에서도 누구도 설명하는 스승 없이 배울 수 있는 가능성을 알리려 하지 않았다.

---

53 *Droit et philosophie panécastique*, p. 330-331.

〔자코토가 바란〕 지적 해방은 하나의 원리 위에 그것의 '방침'을 세웠다. 사회 제도를 파고들려 하지 말고 개인과 가정을 통할 것. 그러나 해방의 기회였던 이 분리가 곧 통용되지 않게 되는 시기에 접어들었다. 사회 제도, 지식인 조합 그리고 정치 정당은 이제 가정의 문을 두드리러 온다. 그리고 가정을 지도하기 위해 모든 개인에게 말을 건넨다. 그때까지 대학과 대학 입학 자격시험은 몇몇 직종(몇천 명으로 제한된 변호사, 의사, 대학 교수 등)에 대한 접근을 통제할 뿐이었다. 사회적 직업의 나머지 전부는 자기 멋대로 자신을 형성했던 자들에게 열려 있었다. 예를 들어 폴리테크니크 학생이 되기 위해 대학 입학 자격 취득자가 될 필요는 없었다. 하지만 개선된 설명 체계와 함께 **개선된** 시험 체계가 새로 생겨났다. 구식은 이제부터 개선자들의 도움에 힘입어 점점 더 시험을 통해 그것의 설명과 그들의 수준이 고도로 상승하지 않고서 배울 수 있는 자유를 차단했다. 스승의 전지함 그리고 학생이 결코 스승과 대등해질 수 없는 학생의 무능력을 단적으로 보여주는 표상인 개선된 시험은 이제부터 사회에서 제 걸음대로 걷고자 하는 자의 길 위에 지능의 불평등이라는 불가피한 힘으로서 우뚝 솟는다. 그래서 지적 해방은 옛 질서에 포위되어 고립되었던 자신의 방어진지가 〔이제는〕 설명 기계의 전초부대에 의해 포위되었음을 가혹하게 바라보곤 했다.

애 취급된 사회

모두가 이에 결탁한다. 게다가 그들은 더 열렬히 공화국과 인민의 행복을 원하던 자들이다. 공화주의자들은 인민 주권을 원리로 삼았다. 그들은 주권자인 인민이 자신의 물질적 이익을 지키는 것에만 열중하는 무지한 군중과 같을 수 없음을 **잘 알고 있다.** 그들은 또한 공화국이 권리와 의무의 평등을 뜻할 뿐 지능의 평등을 공포할 수는 없다는 것도 **잘 알고 있다.** 사실 시대에 뒤떨어진 농부의 지능이 공화국 원수의 그것은 아니라는 점은 명확하다. 어떤 이들은 이 불가피한 불평등이 자연의 마르지 않는 넉넉함을 보여주는 무한하게 다양한 잎사귀처럼 사회적 다양성에 이바지한다고 생각한다. 불평등 때문에 열등한 지능이 그의 권리, 특히 그의 의무를 이해하지 못해서는 안 된다. 다른 이들은 시간이 차츰차츰 지나감에 따라 수 세기 동안의 억압과 어둠 때문에 야기된 이 결함이 줄어들 것이라고 생각한다. 위 두 경우에서 평등의—좋은 평등의, 치명적이지 않은 평등의—대의는 인민 지도라는 똑같은 **필요조건**을 갖는다. 식자들이 무지한 자들을 지도하고, 헌신하는 인간들이 이기주의적인 물질적 고민에 처박힌 인간들을 지도하고, 공적인 이성과 역량을 갖춘 보편자가 특수주의에 갇힌 개인들을 지도할 것. 이것이 **공교육**instruction publique이라고 부르는 것, 다시 말해 인민 주권 개념을 대표하는 자들이 경험에 의지해 사는 인민을 위해 계획한 지도이다.

공교육은 이렇게 진보의 세속적 권력이자, 불평등을 점진적으로 평등하게 만드는 수단, 다시 말해 평등을 무한정 불평등하게 만드는 수단이다. 모든 것은 늘 하나의 유일한 원리인 지능의 불평등 위에서 작동한다. 이 원리를 받아들이게 되면, 아무리 좋은 논리에서라 하더라도 그로부터 끌어낼 수 있는 결론은 단 한 가지밖에 없다. 똑똑한 카스트가 어리석은 다중을 지도해야 한다는 것. 공화주의자들과 모든 신실한 진보적 인간들은 이 결론에 구역질이 날 것 같다고 느낀다. 그들의 모든 노력은 이 결론은 거부하면서 그 원리에만 동의하는 것이다. 가령 『인민의 책Le Livre du peuple』을 쓴 웅변적 저자인 드 라므네 씨는 그렇게 한다. 그는 **솔직하게** 인정한다. "분명 인간들은 동등한 능력을 갖고 있지 않다."[54] 그렇다고 해서 서민이 수동적으로 복종만 해야 하거나 짐승의 서열로 떨어져야만 하는가? 그럴 수는 없다. "지능의 숭고한 속성인 자기 주권은 인간을 짐승과 구별해준다."[55] 분명 이 숭고한 속성의 불평등한 배정은 설교자가 인민에게 세우라고 권유하는 '신국(神國)'을 위험에 **빠뜨린다**. 그러나 신국은 만일 인민이 되찾은 자신의 권리를 '현명하게 쓸' 줄 안다면 여전히 가능하다. 인민을 **깎아내리지** 않는 수단, 인민이 자신의 권리를 **현명하게**

....

54 *Le Livre du peuple*, Paris, 1838, p. 65 그리고 *Journal de la philosophie panécastique*, t. V, 1838, p. 144.

55 *Journal de la philosophie panécastique*, t. V, 1838, p. 145에 나온 *Le Livre du peuple*, p. 73 의 대략적인 인용.

쓰는 수단, 불평등을 가지고 평등을 만드는 수단은 바로 인민 지도, 다시 말해 인민의 지연을 끊임없이 만회하는 것이다.

자리 잡은 논리, 즉 불평등을 '축소'한다는 논리는 위와 같다. 지능이 불평등하다는 허구에 동의한 자, 사회 질서가 내포할 수 있는 유일한 평등을 거부한 자는 허구에서 허구로 달리고, 이성적 존재에서 조합으로 달리는 것 말고 할 것이 없다. 그리하여 그는 주권자인 인민과 지체된 인민을 화해시키고, 지능의 불평등과 권리와 의무의 상호성을 화해시킨다. 공교육, 즉 불평등을 지연으로 제도화한 사회적 허구는 이 모든 이성적 존재들을 화해시킬 수 있는 마법사다. 공교육은 설명과 그것을 통제하는 시험들의 장을 무한히 확대함으로써 그렇게 할 것이다. 이런 조건에서 구식은 실업가들의 새로운 설교 그리고 진보론자들의 빛나는 신념에 힘입어 늘 이길 것이다.

이에 맞서려면 신실하다고 가정된 이 인간들에게 항상 좀 더 **주의**하라고 말하고 또 말하는 수밖에 없다. "이 형식을 바꾸어라, 고삐를 끊어라, 깨뜨려라, 구식과 맺은 모든 협약을 깨라. 구식이 당신 못지않게 멍청하다고 생각해보라. 그것을 꿈꾸어라. 그리고 나에게 **당신이 그것에 대해 생각하는 바**를 말하라."[56] 그러나 그 인간들이 어찌 그 다음을 이해하겠는가? 빛나는 자들의 임무가 몽매한 자들을 밝히는 것이 아니라는 것을 어찌 그들이 이해하겠는

---

[56] *Mathématiques*, p. 22.

가? 어떤 학자나 헌신적인 인간이 자신의 빛을 하수관 아래 내버
리고, 땅의 소금[57]이 맛이 없도록 내버리라는 말을 받아들이겠는
가? 그리고 어떻게 취약한 어린 초목들, 인민의 유치한 정신들이
설명이라는 은혜의 이슬 없이 자라겠는가? 몽매한 자들이 지적
인 질서로 올라가는 수단은 그들이 모르는 것을 식자들에게 배
우는 것이 아니라 그들이 모르는 것을 다른 무지한 자들에게 가
르치는 것이라는 사실을 누가 이해할 수 있겠는가? 아주 힘들겠
지만 인간이라면 이 이야기를 이해할 수 있다. 하지만 어떤 **능력
자**도 그것을 절대 이해하지 못할 것이다. 조제프 자코토도 그를
무지한 스승으로 만들었던 그 우연이 아니었더라면 그것을 절대
이해하지 못했을 것이다. 오로지 우연만이 불평등 속에 제도화되
고 구현된 믿음을 뒤집을 수 있을 만큼 강력하다.

　하지만 **아무것도 아닌** 어떤 것으로 충분할 것이다. 짧은 순간이
나마 인민의 애호가들이 이 시작점에 이 첫 번째 원리에 주의를
고정하기만 하면 된다. 그 원리는 다음과 같은 아주 간단하고도
오래된 형이상학적 공리로 요약된다. 전체의 본성은 부분들의 본
성과 같을 수 없다. 사람들이 사회에 합리성이라고 부여하는 것,
사람들은 그것을 사회를 구성하는 개인들로부터 앗아간다. 그리
고 사회는 개인들에게 〔그 합리성이 있음을〕 거부한다. 사회는 자
기를 위해 〔개인들에게서〕 합리성을 앗아갈 수는 있지만, 개인들

57　〔옮긴이〕 프랑스어로 땅의 소금은 '엘리트'를 뜻하는 은유적 표현이기도 하다.

에게 결코 그것을 돌려주지 않을 것이다. 이성이나 이성의 동의어인 평등에도 사정은 마찬가지다. 이성이나 평등을 실제 개인들에게 귀속시킬 것인지 아니면 개인들의 허구적 모임에 귀속시킬 것인지 선택해야 한다. 평등한 인간들을 가지고 불평등한 사회를 만들 것인지 아니면 불평등한 인간들을 가지고 평등한 사회를 만들 것인지 선택해야 한다. 평등에 조금이라도 애착을 가진 자라면 주저해서는 안 될 것이다. 개인들은 실재하는 존재들이고, 사회는 허구이니 말이다. 평등은 실재하는 존재들에게 가치가 있는 것이지 허구에게 가치가 있는 것이 아니다.

불평등한 사회에서 평등한 인간들이 되는 것을 배우는 것으로 충분할 것이다. 바로 이것이 **스스로 해방된다**는 말이 뜻하는 바다. 하지만 이리도 간단한 것이 이해하기는 가장 어렵다. 더구나 새로운 설명, 즉 진보가 평등과 그것의 반대를 복잡하게 뒤섞어 버린 이후에는 더더욱 말이다. 능력자들과 공화주의의 심장을 지닌 자들이 몸을 바치고 있는 과제는 불평등한 인간들을 가지고 평등한 사회를 만드는 것, 불평등을 무한정 **축소하는** 것이다. 이 입장을 택한 자에게는 그것을 끝까지 밀어붙이는 한 가지 수단밖에 없다. 사회를 통째로 애 취급하기, 다시 말해 사회를 구성하는 개인들을 일반적으로 아이 수준으로 떨어뜨리기. 사람들은 나중에 그것을 평생 교육, 다시 말해 설명하는 제도와 사회의 공외연성이라고 부를 것이다. 우월한 열등자들의 사회는 **평등할** 것이며, 또 그 사회는 그것이 설명을 들은 설명자들의 사회로 완전히 탈바꿈

했을 때 그 불평등을 **축소하게** 되어 있을 것이다.

조제프 자코토의 독특성, **광기**는 다음의 사실을 느꼈다는 데 있다. 새로운 해방의 대의, 인간들의 평등의 대의가 사회 진보의 대의로 탈바꿈하는 시기에 접어들었다는 것. 그리고 **사회 진보**는 먼저 사회 질서가 합리적인 질서로 인정될 수 있는 능력에서 이루어진 진보였다. 사회 진보에 대한 믿음은 이성적 개인들의 해방 노력을 희생시키고, 평등 관념이 내포하던 인간의 잠재성들을 질식시킴으로써만 발전할 수 있었다. 지도를 통해 평등을 증진시키기 위해 거대한 기계가 작동하기 시작했다. 그것은 재현된, 사회화된, **불평등해진, 개선되기에** 좋은, 다시 말해 위원회에서 위원회로, 보고서에서 보고서로, 개혁에서 개혁으로 지연되어 결국 시간이 끝날 때까지 지연된 평등이었다. 자코토는 진보 아래 평등이 지워지고, 지도 아래 해방이 지워지는 것을 생각한 단 한 사람이었다. 그 말을 잘 이해해보자. 자코토가 살던 세기에는 진보주의에 반대하는 연설가들이 아주 많았다. 그리고 지금의 시대 분위기, 지쳐버린 진보의 분위기는 우리가 바로 그 연설가들의 통찰력에 경의를 표하길 바란다. 아마도 그것은 지나친 영예일 것이다. 그 연설가들은 그저 평등을 증오했을 뿐이다. 그들이 진보를 증오했던 까닭은, 그들이 진보주의자들처럼 진보를 평등과 혼동했기 때문이다. 자코토는 진보의 표상 및 제도화를 평등의 지적·도덕적 모험에 대한 포기로 지각하고, 공교육을 해방에 대한 애도 작업으로 지각한 유일한 **평등주의자**였다. 이런 종류의 앎은

끔찍한 고독을 만들어낸다. 자코토는 이 고독을 감내했다. 그는 해방하는 평등을 교육학적이고 진보주의적으로 번역하는 모든 것을 거부했다. 자코토는 '자연적 방법'이라는 간판 아래 자코토라는 이름을 감추었던 제자들에게 다음의 사실을 확인시켜주었다. 유럽의 어느 누구도 이 이름, 광인의 이름을 감당할 만큼 강하지 않았다는 것을. 자코토라는 이름, 그것은 진보의 허구 아래 이성적 존재들의 평등이 매장되어버린 세태에 대해 절망하는 동시에, 그 세태를 조롱하는 이 앎을 가리키는 고유명이었다.

판에카스티크의 콩트들

이 고유명에 따라붙는 간극을 유지하는 것 말고는 달리 할 것이 없었다. 자코토는 사태를 명확히 했다. 자코토는 자신을 보러 온 진보주의자들을 걸러내는 **체** 하나를 가지고 있었다. 그들이 그의 곁에서 평등의 대의를 위해 불타올랐을 때, 자코토는 가만히 말하곤 했다. **우리는 우리가 모르는 것을 가르칠 수 있다네.** 불행히도 그 체는 너무 잘 기능했다. 그것은 마치 반드시 원상태로 되돌아오는 용수철을 지그시 누르고 있는 손가락 같았다. 진보주의자들은 하나같이 이렇게 말했다. 단어를 **잘못 택했다**고. 남은 제자들 중 소규모 결사대는 '자연적인' 보편적 가르침의 선생들에 맞서 깃발을 지키려고 애썼다. 제자들에 대해 자코토는 그의 방식대로 평화적으로 행동했다. 그는 그들을 두 부류로 나눴다. 한편으로, '자코토의 방법'을 **가르치는 자**가 되거나 **설명자**가 되는 제자들. 그들은 보편적 가르침의 학생을 지적 해방으로 이끌려고 애쓰는 자들이었다. 다른 한편으로, **해방하는 자**가 되는 제자들. 그들은 해방의 전제조건에서만 지도하거나 심지어 아무것도 가르치지 않았으며, 가장에게 어떻게 자신이 모르는 것을 자녀에게 가르칠 수 있는지를 보여주면서 그 가장을 해방하는 데 그치는 자들이었다. 자코토가 저울을 평행하게 유지하지 않았다는 것은 불을 보듯 뻔하다. 그는 "보편적 가르침의 지도를 받았으나 해방되지 않은 1억 명의 식자들보다 무지하지만 해방된, 바로 그 한 사람"[58]을 더 좋아했다. 그러나 해방이라는 단어 자체가 모호해져 버렸다. (전국 지적 해방 협회의) 지라르댕의 기획이 실패한 뒤, 드세프레스 씨는 그의 학회지의 제목으로《해방L'émancipation》을 다시 가져다 썼다. 그 저널은 국립 고등학교 학생들이 작성한 최고의 답안들로 듬뿍 채워졌다. 거기에 '보편적 가르침 보급 협회 Société pour la propagation de l'enseignement universel'가 결합했다. 그 협회 부회장은 자격을 갖춘 스승들이 필요하며, 가난한 가장들은 아이의 지도를 직접 책임질 수 없다고 웅변조로 주장했다. (드세프레스 씨가 만든 학회지 및 그에 결합한 협회와의) 차이를 지적해줄 필요가 있었다. 두 아들이 자코토의 말을 받아 적어 작성하던 자코토의 저널—자코토는 몸이 불편해 글을 쓸 수 없었다. 자코

----

58   *Journal de l'émancipation intellectuelle*, t. III, 1835-1836, p. 276.

토는 더 이상 꼿꼿이 서려 하지 않는 머리를 떠받쳐야 했다[59]—
은 결국 저널 제목을 《판에카스티크 철학 저널Journal de philosophie
panécastique》로 정했다. 이를 본떠서 그의 지지자들은 '판에카스티
크 철학회Société de philosophie panécastique'를 만들었다. 아무도 그
학회로부터 그 이름을 빼앗으려 하지 않았다.

우리는 그 이름이 뜻하던 바를 알고 있다. **각각의** 지적 발현 속
에는 인간 지능의 전체가 있다. 판에카스티시앙[60]은 꾀바른 소크
라테스나 고지식한 파이드로스처럼 이야기광이다. 하지만 플라
톤의 주인공들과는 달리 판에카스티시앙은 웅변가들 사이나, 연
설들 사이에 있는 위계를 알지 못한다. 그가 관심을 가지는 것은
반대로 웅변가들이나 연설들의 평등을 탐구하는 것이다. 그는 어
떠한 연설에서도 진리를 기대하지 않는다. 진리는 느껴지는 것이
지 말해지는 것이 아니다. 진리는 말하는 자의 행동에 규칙을 제
공하지만 결코 말하는 자가 내뱉는 문장들 속에서 현시되지 않
을 것이다. 판에카스티시앙은 연설의 도덕성에 대해서도 판단하
지 않는다. 그에게 중요한 도덕이란 말하고 쓰는 행위를 주재하
는 도덕, 소통하려는 의도의 도덕, 타인을 다른 지적 주체가 그에
게 말하고자 하는 것을 이해할 수 있는 지적 주체로 인정하는 도

59　[옮긴이] 자코토는 말년에 목 부위 통증으로 고생했고, 띠를 이용해서 머리를 지탱
해야 했다.
60　[옮긴이] 판에카스티크를 실천하는 자.

덕이다. 판에카스티시앙은 모든 연설에, 모든 지적 발현에 관심을 갖는다. 그것은 한 가지 목적을 위해서다. 모든 연설들과 지적 발현들이 같은 지능을 작동시킴을 입증하기. 그것들을 하나에서 다른 하나로 번역하면서 지능의 평등을 입증하기.

이는 당시의 토론에 유례없는 관계를 가정했다. 인민과 인민의 능력이라는 주제를 둘러싼 지적 전투가 맹위를 떨치고 있었다. 드 라므네 씨는 『인민의 책』을 출간했다. 회개한 생시몽주의자이면서 《두 세계지(誌)Revue des deux mondes》의 권위자인 레르미니에 씨는 라므네 씨의 일관성 없음을 비난했다. 조르주 상드 여사는 인민과 인민 주권의 깃발을 다시 세웠다. 《판에카스티크 철학 저널》은 이 각각의 지적 발현들을 분석했다. 각각은 정치 진영에 진리의 증언을 가져왔다고 자처했다. 그것은 시민과 관련된 문제였다. 판에카스티시앙은 그로부터 끌어낼 것이 아무것도 없었다. 여러 차례 계속된 논박 속에서 그가 관심을 가진 것은 이편과 저편이 **자신들이 말하고 싶어하는 것**을 표현하기 위해 썼던 **기술**이었다. 판에카스티시앙은 그들이 서로를 번역하면서 어떻게 고전 작품부터 푸른 수염 이야기 또는 모베르 광장에 모인 프롤레타리아들의 말대꾸에 이르기까지 수많은 다른 시들, 수많은 다른 인간 정신의 모험들을 번역하곤 했는지를 보여주었다. 기술에 대한 탐구는 문학적 소양이 있는 자의 쾌락이 아니었다. 그것은 철학이었다. 인민도 실천할 수 있던 유일한 그것 말이다. 낡은 철학들은 진리를 **말하고**, 도덕을 가르치곤 했다. 그것들은 이를 위해서는 아주 유식해야 한다고 가정하곤 했다. 판에카스티크는 진리를 말하지 않고 어떤 도덕도 설교하지 않았다. 그리고 그것은 각자가 들려주는 지적 모험담처럼 쉽고 간단했다. "이것은 우리 각자의 이야기다 (…) 당신의 전공이 목동이든 왕이든 상관없이, 당신은 인간 정신에 대해 이야기할 수 있다. 지능은 모든 직업에 통용된다. 지능은 사회의 전 계층에서 볼 수 있다 (…) 아버지와 아들, 이 두 무지한 자는 판에카스티크에 대해 서로 이야기할 수 있다."[61]

공직 사회와 정치적 대의체계에서 배제된 프롤레타리아들의 문제는 식자들과 유력자들의 문제와 다르지 않았다. 식자와 유력자처럼 프롤레타리아들은 평등을 **인정하는** 조건에서만 그 단어의 완전한 의미에서 인간이 될 수 있었다. 평등은 주어지거나 요구되는 것이 아니라, 실천되고 **입증**되는 것이다. 그리고 프롤레타리아들은 그들의 옹호자들과 상대자들의 지능이 평등함을 인정하는 한에서만 평등을 입증할 수 있었다. 예를 들어 그들은 분명 1853년 9월 공포된 법에 의해 공격받은 언론의 자유에 관심을 가졌다. (언론의 자유를) 옹호하는 자들이 자신들의 추론을 세우기 위해서는 더도 말고 덜도 말고 딱 상대가 그것을 반박하기 위해 들이는 만큼의 힘이 있어야 한다는 것을 그들은 인정해야 했다. 한쪽은 이렇게 요약해서 말하곤 했다. "나는 우리가 (그것에

----

61   *Droit et philosophie panécastique*, p. 214.

대해〕 말할 자유를 가져야 하는 모든 것을 말할 자유를 가지길 바란다." 다른 쪽은 이렇게 요약해서 답하곤 했다. "나는 우리가 〔그 것에 대해〕 말할 자유를 가져서는 안 되는 모든 것을 말할 자유를 가지길 바라지 않는다." 중요한 것, 즉 자유의 발현은 다른 곳에 있다. 자유는 이 적대적 입장을 뒷받침하기 위해 한편이 다른 편을 번역하는 평등한 **기술**에 있다. 자유는 수사적 무분별 안에서도 멈추지 않고 발휘되는 지능의 힘에 대한 비교로부터 나오는 **존중**에 있다. 자유는 타인의 죽음을 대가로 자기만 옳고 진리를 말한다고 주장하는 것을 그만두는 자에게 있어서 말한다는 것이 무엇을 **뜻할 수 있는지**를 **인정**하는 데 있다. 이 기술을 전유하고, 이 이성을 정복하는 것이 프롤레타리아들에게 중요한 것이었다. 시민이 되기 전에 인간이어야 한다. "그가 이 투쟁에서 시민으로 어느 편을 들든 간에, 판에카스티시앙으로서 그는 그의 상대들의 정신을 존경해야 한다. 피선거권이 있는 계급에서는 말할 것도 없고, 선거권이 있는 계급 바깥으로 내쳐진 프롤레타리아는 자신이 월권이라고 보는 것을 정당하다고 여길 필요도 없고, 월권자들을 좋아해야 할 필요도 없다. 그러나 프롤레타리아는 프롤레타리아의 선(善)을 위한답시고 선거권을 박탈하는 이유를 설명하는 자들의 기술을 공부해야 한다."[62]

이 기상천외한 길을 끈질기게 일러주는 것 말고 달리 할 것이

....

62   *Droit et philosophie panécastique*, p. 293.

없었다. 그 길은 각각의 문장에서, 각각의 행위에서 **평등의 면모**를 파악하는 것이다. 평등은 도달해야 할 목표가 아니라 하나의 출발점, 어떠한 상황에서도 유지해야 할 하나의 **가정**이었다. 결코 진리는 평등을 위해 말하지 않을 것이다. 평등은 오로지 그것의 입증 속에서만, 항상 도처에서 스스로를 입증하는 것을 대가로 해서만 존재할 수 있다. 평등은 인민에게 할 연설이 아니었다. 그 것은 그저 대화하면서 들어야 할 하나의 예, 오히려 예들이었다. 평등은 그것을 나누고자 하는 자들과 함께 끝까지 지켜야 할 **실패**와 **거리**의 도덕이었다. "진리를 **구하라**. 그러면 찾지 못할 것이니. 진리의 문을 두드리라. 그러면 문은 열리지 않을 것이니. 그러나 너에게 이 **탐구**는 행하는 법을 배우기에 쓸모 있을 것이니라 (…) 이 샘에서 마시기를 단념하라. 그러나 그 일로 거기에서 마실 것을 찾기를 멈추지 말라 (…) 오라, 그러면 우리는 시를 지을 것이다. 판에카스틱 철학 만세! 판에카스틱 철학은 콩트에 끝이 없는 이야기꾼이다. 그것은 어떤 진리도 해명하지 않으면서 상상의 쾌락에 빠진다. 그것은 진리를 감추는 변장 아래에서만 이 베일에 가려진 것을 본다. 그것은 이 가면을 보고 그것을 분석하는 데 만족한다. 그 밑에 있는 얼굴 때문에 괴로워하지 않으면서 말이다. 구식은 결코 만족하지 않는다. 구식은 가면을 걷어올린다. 그것은 즐긴다. 그러나 그 기쁨은 오래가지 않는다. 구식은 자신이 걷어올린 가면이 다른 것을 가린다는 것을 곧 깨닫는다. 그런 식으로 진리를 찾는 자들이 소진될 때까지 쭉. 가면이라고 가정된 것들을 들어올리는 것은 우리가 철학사라고 부르는 것이다. 오! 그 얼마나 아름다운 역사인가! 〔하지만〕 나는 판에카스티크의 콩트들이 더 좋다."[63]

해방의 무덤

조제프 자코토의 아들들인 의사 빅토르와 변호사 포르튀네가 1841년에 출판한 『판에카스티크 철학 유고 모음집*Mélanges posthumes de philosophie panécastique*』은 위와 같이 끝난다. 창시자는 1840년 8월 7일 세상을 떠났다. 페르-라셰즈 묘지에 있는 그의 무덤 위에 제자들은 지적 해방의 신조를 새겼다. **하나님은 인간의 영혼을 스승 없이 혼자서 배울 수 있도록 창조하셨다고 나는 믿는다.** 이 구절은 정말이지 묘비 위에조차 새겨지지 않는다. 몇 달이 지나자 비문(碑文)은 더럽혀졌다.

　모독의 소식은 포르튀네 자코토와 빅토르 자코토가 아버지의 뒤를 이어 편집하던 《지적 해방 저널*Journal de l'émancipation intellectuelle*》에 실렸다. 사람들은 한 고독한 인간의 목소리를 대체하지 못한다. 설령 그들이 오랫동안 그의 말을 글로 받아적었다 하더라도 말이다. 호에 호를 거듭할수록 《지적 해방 저널》에는 예수 학원의 활동에 대해 드보레 씨(리옹 법원 소송 대리인)가 썼

---

63 *Mélanges posthumes*, p, 349-351.

던 보고서들이 쌓여갔다. 우리가 기억하듯, 루이 기야르 씨는 루뱅으로 여행을 떠나서 얻어온 원리에 따라 리옹에서 이 예수 학원을 지도하고 있었다. 그곳의 가르침은 **너 자신을 알라**에 기초했음에 틀림없다. 예수 학원생들의 어린 영혼들이 수행한 〔너 자신을 알라는〕 일상적인 의식 점검은 그들에게 그들의 지적인 학습의 성공을 주재하는 도덕적 힘을 부여했다.

1842년 9월 호에서, 강경한 판에카스티시앙들은 해방 교리를 그렇게 이상하게 적용하는 것에 대해 문제를 제기했다. 그러나 논쟁할 시간은 더 남아 있지 않았다. 〔그로부터〕 두 달 뒤《지적 해방 저널》은 그의 차례가 되어 침묵에 들어갔다.

창시자는 그것을 이미 예언했었다. 보편적 가르침은 뿌리내리지 못할 것이라고. 그는 사실 덧붙였다. 보편적 가르침은 사라지지 않을 것이라고.

2008년부터 랑시에르의 책들이 잇달아 번역되었다. 그 물꼬를 튼 것이 『감성의 분할』, 『무지한 스승』, 『정치적인 것의 가장자리에서』 들이다. 특히 『무지한 스승』은 랑시에르의 저서 가운데 독자들이 가장 많이 찾은 책이다. 상식으로 통용되는 불평등주의·성과주의 교육관과는 근본적으로 다른 신선한 문제제기에 많은 이들이 공감한 것으로 보인다. 해가 지나도 이 책의 시사성은 줄어들지 않았고 독자들의 관심도 여전했다. 하지만 역자의 부족함에 기인한 몇 군데 오역이나 어색한 문장이 계속 눈에 밟혀 여간 마음이 편치 않았다. 그래서 몇 년 전부터 틈틈이 수정할 곳들을 체크해두었다.

올해 3월 '공동육아와 공동체 교육'의 제안으로 『무지한 스승』에 대해 세 차례 이야기하는 자리를 가졌다. 참가자들은 자체적으로 강독을 진행한 뒤 질문지를 만들어 나에게 주었다. 나는 그

물음들에 대한 답을 구하기 위해 '하나의 전체가 되는 책'인『무지한 스승』에 '주의'를 기울였다. 개정판을 위한 준비가 끝났다고 생각했던 때였음에도 불구하고 몇 가지 중요한 오역들을 더 찾아낼 수 있었다. 안다고 가정된 선생의 자격으로 참여한 자리에서 질문을 받고 책과 씨름하면서 나는 그들의 학생이 되었던 것이다. 따로 또 같이『무지한 스승』이라는 섬을 여행했던 선생님들께 감사드린다.

2016년 8월

양창렬

1 | 『무지한 스승』의 배경

이 책은 1987년에 출간된 자크 랑시에르의 『*Le Maître Ignorant*』을 한국어로 옮긴 것이다. 이 책은 다소 생뚱맞게 "1818년에 루뱅 대학 불문학 담당 외국인 강사가 된 조제프 자코토는 어떤 지적 모험을 했다."로 시작한다. 랑시에르는 왜 1987년에 1818년의 이 철 지난 사건을 들춰내고 있으며, 이것은 또 2008년 한국의 현실과 무슨 상관이 있단 말인가? 이 책은 어떤 점에서 시사적인가? 보다 정확히는 어떤 점에서 '동시대적'인가?

이 책이 출간되었던 당시 프랑스의 장면을 떠올려보자.[1] 1981

---

1 크리스틴 로스는 『무지한 스승』의 영역판 앞머리에 붙인 역자 서문에서 이 책의 배경이 되는 프랑스의 교육 논쟁 지형을 훌륭하게 정리하고 있다. 그녀보다 나은 소개

년에 사회당 출신 프랑수아 미테랑은 대통령이 된다. 당시 교육부 장관으로 임명된 사바리는 부르디외와 파세롱의 사회학적 연구―『상속자들』(1964), 『재생산』(1970), 『구별 짓기』(1979) 등―에 준거하여 교육 개혁을 시도했다. 그들은 지배 계급이 특권적으로 누리는 고급문화의 구별 짓기가 학교에서부터 작동하며, 그로부터 상징폭력이 재생산된다고 보았다. 이를 해결하기 위해서는 전인교육이 필요하고, 학내에 평등하고 화기애애한 분위기를 조성해야 하며, 낙후된 계급 아이들의 수준에 교육을 맞춤으로써 계급간 학력 격차를 축소해야 한다고 했다. 이것은 진보적인 사회주의 성향의 교육 개혁 방안이었다.

그러나 사바리에 이어 1984년 교육부 장관이 된 장-피에르 슈벤느망은 '공화주의' 성향이 강했다. 그는 프랑스어 기초 수업 강화, 시험 및 선별 제도 강화, 공민 교육 강화를 주장했다. 이는 장-클로드 밀네르의 책 『학교에 대하여』(1984)에 의해 뒷받침되었다. 밀네르의 주장은 다음과 같다. 스승과 제자의 불평등한 관계가 오히려 학생으로 하여금 학습 욕구를 불러일으킨다. 학교에서 평등을 실현한다는 명목으로, 뒤처지는 아이들을 위해 지도

를 쓸 수 없는 본인은 독자들이 그녀의 글을 직접 참조하길 바랄 뿐이다. Kristin Ross, "Translator's Introduction," in Jacques Rancière, *The Ignorant Schoolmaster: Five Lessons in Intellectual Emancipation*, Stanford University Press, 1991, p. vii–xxiii. 우리는 랑시에르가 이런저런 인터뷰와 글에서 직접 밝혔던 『무지한 스승』과 관련된 이야기들을 정리하는 데 만족할 것이다.

방식을 하향평준화해서는 안 된다. 오히려 같은 지식을 똑같이 전달하는 것이야말로 평등이다. 똑같이 가르쳐서 우수한 성적을 거둔 학생들을 선별하는 것이 중요하다. 이것은 공화적 엘리트주의, 스승과 제자의 불평등 그리고 지식의 보편성에 대한 믿음에 기초한 방안이다.

이 두 입장은 첨예하게 맞섰다. 바로 이 논쟁 지형에 랑시에르는 19세기 교육자인 자코토의 황당한 모험 이야기를 들고 개입했다. 랑시에르는 왜 이런 선택을 했을까? 이것은 우리가 도입부에서 던진 '동시대성'의 문제와 밀접한 관계가 있다.

2 | 동시대성

동시대성이란 무엇인가?[2] 그것은 A와 B가 '같은 시대'에 있다는 말인가? 아니면 A가 '시대의 흐름'을 잘 탄다는 말인가? 니체 이후, 적지 않은 철학자들은 '동시대성'을 '반시대성'으로 바꿔 읽고 있다. 동시대성이란 시류에 편승하는 것이 아니라 시대와 공간적 거리를 두거나 '틈'을 만들어내는 것, 그 시대와 시간적 거리를 두고 사태를 바라보는 '시차'를 깆는 것을 뜻한다는 것이다.

....

2   동시대성에 대해서는 David Panagia, "Dissenting Words: A Conversation with Jacques Rancière," *Diacritics*, Vol. 30, No. 2 (Summer, 2000), p. 120-121 참조.

랑시에르 역시 동시대적인 것이란 반시대적인intempestif 것, 시대착오적인anachronique 것이라는 말을 여기저기에서 하고 있다. 그러나 그것이 니체를 비롯해 반시대성을 앞서 사유한 자들의 반복에 불과하다면 우리가 이렇게 종이와 잉크를 낭비할 이유도 없을 것이다. 랑시에르의 동시대성-반시대성 개념의 독특함은 그의 시간관에 있다. 그는 시대에 일관된 흐름—설령 그것의 이음매가 우연하게 일시적으로 어긋난다 하더라도—이 있다고 보지 않는다. 그는 '시간'이 있는 것이 아니라 '시간들'이 있다고 말한다. 이로부터 따라나오는 것은 무엇인가? 이제 우리는 시간 '안에' 머무느냐, 시간 '바깥으로' 이탈하느냐의 문제가 아니라, '시간들'을 어떻게 재편성하느냐의 문제에 주목하게 된다. 그것은 우리가 한시도 붙잡을 수 없이 야속하게 스쳐지나가는 시간, 아래로 가라앉으면서 응고된 그 시간의 '참뜻'을 '지금' 밝히는 고고학적 작업이 아니다. 어떤 담론들이 새롭게 출현하는 마디들을 나누는 작업도 아니다. 19세기를 살았던 한 인물의 전기(傳記)적인 사건을 환기하는 것은 과거에 잠시 반짝였던 섬광을 '회고'하는 것과는 다르다. 왜냐하면 회고란 하나의 시간이 누적된다고 보는 시간관을 수평하게 놓은 것에 지나지 않기 때문이다. 오히려 랑시에르에게 동시대성이란 상관없어 보이는 여러 장면들을 지금 합치는 것, 즉 '시간들을 함께 놓기'이다.

과거의 장면을 오늘의 무대에 다시 올리는 작업은 허구적인 효과를 낳는다. 우리는 과연 랑시에르가 묘사하는 자코토가 진짜 그런 인물이었는지, 이 책에서 어디까지가 자코토의 이야기이고, 어디까지가 랑시에르의 이야기인지 구분하기 어렵다. 랑시에르는 오히려 자신이 "자코토의 반시대적 제자로서" 말한다고 주장한다.[3] 그는 자코토의 문장들을 다시 쓰고rephraser 있고, 그의 말을 빌려 자기 이야기를 하고 있다. 무대 위에서 다른 사람이 되어 연기하기 위해서는 자신이 연기할 '캐릭터'를 택해야 하듯, 그는 기꺼이 자코토라는 캐릭터를 택하고서 무대에 오른다. 우리는 그의 '가면' 아래 숨겨진 진짜 얼굴이 무엇인지 캐내려고 애쓸 필요가 없다. 이 생뚱맞은 재연출과 연기를 거짓이니 허구니 하며 비난할 필요도 없다. 우리는 그저 그 이야기가 무엇인지, 그리고 '그로부터 따라나오는 것은 무엇인가?'라고 묻기만 하면 된다.

그로부터 따라나오는 것은 무엇인가? 이 재연출로부터 결과하는 것은 바로 오늘의 장면/무대 자체의 재편성이다. 랑시에르는 진보적 사회주의자들과 공화주의자의 논쟁 속에 자코토의 모험이라는 장면을 삽입함으로써 논쟁 지형 자체를 바꾸어버린다. 이 새 무대의 주인공은 일갈한다. 사회주의자들이나 공화주의자들이나 현실적인 불평등에서 출발해서 평등이라는 목적을 향하고 있다는 점에서는 차이가 없다고. 그 둘은 똑같이 (지적 능력의) 불평등을 무한정 축소할 수는 있으되, 결코 평등에 도달하지는 못

3   『무지한 스승』의 포켓판 출간에 맞춰《새로운 시선Nouveaux Regards》과 했던 인터뷰 참조.

할 것이라고. 자코토는 이렇게 양극에 위치한 입장들의 분할 자체를 시워버리면서 새롭게 대립각을 세우고 있다. 그는 반대로 평등에서 출발해야 한다고, 지적 능력의 평등은 하나의 공리이며 그것은 끊임없이 입증되어야 하는 것이라고 말한다. 랑시에르는 이처럼 논쟁의 지형을 1980년대 프랑스의 교육 문제에서 일차로 19세기 자코토의 교육 방법으로 옮기고, 이차로 교육의 문제를 지적 능력의 평등이라는 철학적·정치적 문제로 옮긴다.

3 | 처음에서 시작하기

처음에서부터 시작해보자. 조제프 자코토라는 이름은 이미 랑시에르의 국가박사 논문인 『프롤레타리아들의 밤』(1981)에서부터 등장한다.[4] 그 책에서 랑시에르는 정규 교육 수단을 갖지 못했던 노동자 혹은 빈자들이 자기 자식들을 직접 가르치는 사례 중하나로 자코토의 보편적 가르침을 간략히 언급하고 넘어간다. 1984년, 국제 철학 학교는 '씨테 내의 야만인들. 19세기 인민의자기-해방과 프롤레타리아들의 지도'라는 콜로퀴엄을 연다. 이때 랑시에르는 「이교적 앎과 빈자의 해방」이라는 중요한 글을 발

....

4　　Jacques Rancière, *La nuit des prolétaires: Archives du rêve ouvrier*, Fayard, 1981; Hachette 2005, p. 63-64, 174 참조.

표한다.[5] 이 글이야말로 직접적으로 『무지한 스승』의 중요한 모티브들을 담고 있다.

　정확히 말하면 앎과 무지, 안다고 가정된 스승과 무지한 스승의 대립에 대한 랑시에르의 고민은 흔히 부친살해에 비유되곤 하는 『알튀세르의 교훈』(1974)까지 거슬러 올라간다. 그는 알튀세르의 이데올로기 대(對) 과학의 대립 속에서 대중의 무지와 피지배 상태가 영속될 수밖에 없다고 보았다. 왜냐하면 과학주의는 대중의 무지가 이론적 실천을 하는 지식인 혹은 과학자의 개입을 통해 앎으로 전환된다고 가정하는 바, 여기에서 무지한 자는 항상 무지한 자로 '전제'되며, 무지한 자와 아는 자의 구분이 존속하는 한 지적 평등은 도래하지 않을 것이기 때문이다. 부르디외의 비판적 사회학도 마찬가지다. 그에게 있어 피지배자들은 자신들이 왜 그리고 어떻게 지배받는지에 대해 결코 알 수 없다. 설령 피지배자들이 지배자들이 누리는 특권적 지식이나 가치들을 향유한다고 느끼더라도 그것은 이데올로기적 효과이거나 지배가 만들어내는 가상에 불과하다. 랑시에르는 지식인들이 쉽게 빠지는 이러한 과학주의의 고리를 《논리적 반란》에 게재한 「굴라크의 목자(牧者)」(1975), 「철학자들의 전설」(1978) 등에서 신랄하

5　Jacques Rancière, "Savoirs hérétiques et émancipation du pauvre," *Les sauvages dans la cité*, Champ Vallon, 1984. 우리는 이 논문의 중요한 구절들을 본문의 옮긴이주를 통해 적어두었다.

게 비판한다. 그리고 이 비판은『철학자와 그의 빈자들』(1984)에서 플라톤, 마르크스, 사르트르, 부르디외를 검토하면서 절정에 이른다.

그렇다면 랑시에르는 어떻게 과학주의의 고리에서 벗어날 수 있었는가? 처음에 그가 알튀세르에 맞서 세운 가설은 이렇다. 마르크스의 이론화 작업이 시작되기 이전에 노동자 운동의 고유한 말, 자생적 사상이 존재할 것이다. 이는 노동자들이 자신들의 고유한 정체성에 기초한 노동자 문화를 발전시켰을 것이라고 가정하는 것이다. 랑시에르는 1830년대부터 1850년대 사이 노동자 운동의 문서고를 뒤지면서 자신의 가설이 곧 틀렸다는 것을 깨달았다. 노동자들의 말과 글에서 그는 노동자로서의 삶에서 벗어나고자 하는 인간들의 꿈을 보았다. 그리고 그 꿈을 표현하기 위해 대문호들의 문체를 따라하는 노동자-시인들의 시도들을 보았다. 노동력을 재생산하라고 주어지는 밤에 노동자가 아닌 한 명의 시인 또는 철학자로서 살아가는 인간들, 그들이 프롤레타리아들이었다. 노동자 운동에서 노동자적 정체성과 계급의식을 발견하려는 것은 결국 '노동자는 노동자다'라는 동어반복의 고리에 사로잡히는 것이다. 그것은 '각자 제 자리에chacun à sa place'라는 플라톤적 몸짓의 뒤집어진 형태에 지나지 않는 것이다. 오히려 랑시에르가 주목한 것은 노동자들이 전통적인 나눔—사유하는 인간과 노동하는 인간, 말하는 인간과 소음만을 내뱉을 뿐인 인간—과 단절했다는 사실이다. 19세기 노동자 운동이 보여준 것은 '평등한 지적 능력에 기초하여 우리도 다른 모두와 똑같이 읽고, 쓰고, 말하고, 공통된 것에 대해 논할 수 있다'는 것이었다. 바로 이 지능의 평등의 맥락에서 조제프 자코토에 대한 연구가 들어오는 것이다.

4 | 무지한 스승, 지적 해방, 지능의 평등

이 책의 제목은 『무지한 스승』이고, 부제는 '지적 해방에 대한 다섯 가지 교훈'이다. 무지한 스승이란 무엇인가? 무지한 스승은 학생에게 가르칠 것을 알지 못하는 스승이다. 그는 어떤 앎도 전달하지 않으면서 다른 이의 앎의 원인이 되는 스승이다. 그는 불평등을 축소하는 수단들을 조정한다고 자처하는 불평등의 사유를 모르는 스승이다.

자코토는 모든 추론이 사실에서 출발하고, 사실에 따라야 한다고 했다. 그가 루뱅 대학에서 우연하게 마주친 사실은 무엇인가? 그는 프랑스어 담당 외국인 강사로서 네덜란드 학생들에게 프랑스어를 가르쳐야 했다. 그런데 그는 학생들에게 프랑스어를 설명할 때 쓸 네덜란드어를 알지 못했다. 그는 페늘롱이 쓴 『텔레마코스의 모험』의 프랑스어-네덜란드어 대역본을 학생들 손에 쥐어주고, 그 책을 반복해서 읽고 외우도록 했다. 놀랍게도 학생들은 설명해주는 스승 없이도 거의 완벽하게 프랑스어로 자신의 의견을 말하고 쓸 줄 알게 된다. 이것은 무슨 뜻인가? 가르치고 배우는 행위는 기본적으로 스승의 앎이나 학식을 전달하고 설명하는 데 있는 것이 아니라 학생의 지능이 쉼 없이 실행되도록 강제하는 의지에 달려 있다는 것이다. 선생의 의지는 학생의 의지를 강제하지만, 그것을 무화시키지 않는다. 스승이 학생에 대해 갖는 반-권위적 권위 속에서 학생은 그의 지능마저 스승의 지능에게 복종시키는 것이 아니라, 반대로 자율적으로 책(에 인쇄된 저자)의 지능과 씨름한다. 스승은 학생더러 구하던 것을 계속 구하라고 명령함으로써 학생의 앎의 원인이 된다. 따라서 스승의 의지와 학생의 의지가 관계 맺고, 학생의 지능과 책의 지능이 관계 맺는다. 의지와 지능의 관계의 이러한 분리가 '지적 해방'의 출발점이라고 자코토-랑시에르는 말한다.

자코토는 설명을 해주지 않는 무지한 스승의 모습을 통해 교육학이 본디 내포한 불평등주의적 논리를 공격한다. 아무리 좋은 의도를 가진 교육자가 학생들의 지능에 맞는 효과적인 설명 방법을 개발한다고 하더라도, 그는 자기가 가진 '앎'과 학생의 '무지'를 구분하면서 시작한다. 교육자는 학생의 무지를 앎으로 전환하면서도 무지와 앎의 축소될 수 없는 거리를 계속 유지하는 것이다. 이는 마치 제논이 말했던 아킬레우스와 거북이의 역설과 같다. 아무리 학생이 빨리 지식을 습득하더라도 선생은 늘 한 발 앞서 있다. 심지어 한 명의 선생이 아니라 단계마다 기다리고 있는 선생들이 있다. 게다가 교육자는 학생들에게 자신의 설명을 이해시키기 위해 끊임없이 다른 설명들을 참조한다. 랑시에르는 심지어 설명은 무한 퇴행한다고 주장한다. 이 설명의 무한 퇴행을 끝내는 순간을 결정하는 것은 오로지 선생에게 달려 있다. 아버지, 어머니는 그것을 할 수 없다. 그러니 (지적 해방이 아니라) 앎의 진보는 오로지 선생의 손에 달려 있다.

그러나 무지한 스승은 이러한 불평등의 논리를 알지 못한다. 그가 아는 '사실'은 선생이 학생에게 무언가를 알려줄 때 학생이 이해한다면, 이 상황은 이미 말하는 자와 듣고 이해하는 자 사이의 '지적 평등'을 전제한다는 것이다. 정치에서도 마찬가지다. 사회적 불평등은 평등을 가정한다. 어떤 질서에 따르는 자는 이미 그 주어진 질서를 이해해야 하고, 자신이 그 질서에 따라야 한다는 것을 이해해야 한다. 요컨대 학생 또는 피지배자가 스승 또는 지배자의 말에 따르기 위해서는 그들과 동등한 자여야 하는 것이다.

무지한 스승은 도발적인 방식으로 지적 해방을 제안하고 있으며, 이를 주장하기 위해 지능의 평등에 대한 의견 혹은 공리를 가지고 출발해야 한다고 말하고 있다. 여기에서 랑시에르가 가장 중요시하는 것은 평등에 대한 사유다. 그는 오늘날 무지한 스승이 누구 혹은 무엇인지 묻거나 또는 개인을 지적으로 해방하는 독학 방법과 제도 교육을 대립시키는 것이 관건이 아니라고 말한다. 오히려 지능의 평등에서 출발하는 논리와 지능의 불평등을 가정하고 그 불평등을 무한정 축소하겠다고 말하는 진보의 논리를 맞세우는 것이 관건이라는 것이다. 이 점에서 『무지한 스승』
은 교수법에 대한 토론에 머무는 것이 아니라, 철학적·정치적
문제를 던진다. 스승의 말, 타인의 말을 받아들이는 행위가 평등
을 증거한다고 볼 것인지, 불평등을 증거한다고 볼 것인지와 관
련된 철학의 문제. 교육 체계의 전제가 축소해야 할 불평등인지
아니면 입증해야 할 평등인지와 관련된 정치의 문제.[6]

5 | 현동적인/현실태로서의 평등

그렇다면 어떤 평등이 문제인가? 랑시에르는 이 책에서 l'
égalité en acte란 단어를 사용한다. 딱 한 차례 등장하는 이 단어를
무심코 넘기지 말자. en acte는 '현동적인'으로 옮길 수도 있고, '현
실태의'로 옮길 수도 있다.

현동적인 평등이란 무엇인가? 랑시에르는 지능의 평등이 하나
의 진리가 아니라 우리가 그것에 대해 갖는 '의견'이라고 말한다.
게다가 우리는 그것의 효과를 통해서만 지능의 평등에 대해 알
수 있다. 그러니 끊임없이 그 예를 찾고, 효과 속에서 그 지능의
평등을 증명하고 입증해야 한다. 무지한 스승이 자신이 모르는
것을 가르쳤다는 사실 주위를 계속해서 맴돌면서 그것을 되풀이

....

6   『무지한 스승』 포르투갈어판 서문 참조.

하는 작업, 이 현동화 속에서만 평등은 존재할 수 있다.

현실태로서의 평등이란 무엇인가? 지적 능력의 평등은 불평등한 사회 속에 하나의 사실로서 암묵적으로 전제되어 있는 것이다. 평등은 실현해야 할 목표가 아니라 출발점으로 상정해야 하는 것이다. 평등을 쟁취하기 위한 정치 투쟁이 있는 것이 아니다. 반대로 평등을 먼저 가정하지 않고서는 정치 자체를 발명할 수 없다. 자신이 다른 이들과 평등하게 말하고 사유하는 존재라는 것을 인정하지 않고서 어떻게 공통적인 것을 논하고 구성하는 무대/장면을 만들 수 있겠는가? 평등이 현실태로 존재한다는 것은 그것이 시간이나 정도의 기준을 벗어난다는 말이다. 지금은 불평등하지만 나중엔 더 불평등해지거나 더 평등해진다 같은 말은 성립하지 않는다. 더 많은 평등greater equality을 위한 제도화, 나아가 정치의 제도화를 주장하는 사람들은 랑시에르의 생각을 진보의 고리에 다시 집어넣을 뿐이다.[7] 그들은 결국 평등을 실현해야 할 하나의 프로그램으로 간주하며, 언젠가 중력 방향으로 사태를 결론짓고, 사회의 허구에 자신을 내맡길 수밖에 없다. 반대로 랑시에르는 사회—그것은 무게의 법칙과 관성의 법칙을 따를 뿐이다—의 해방이 아니라 개인들의 지적 해방이 관건이라고 본다.

....

7   닉 휴렛이 그런 경우다. Nick Hewlett, *Badiou, Balibar, Rancière: Re-thinking Emancipation*, Continuum, 2007, 특히 p. 107과 111 참조.

근본적인 지적 악(惡)은 '무지'가 아니라 '무시'다.[8] 랑시에르는 『무지한 스승』에서 이를 '자기 무시'라고 말한다. '나는 이해 못하겠소.'란 말은 '나에겐 그것이 필요 없소.'라고 토로하는 것에 지나지 않는다. 즉 나는 나에게 운명처럼 주어진 자리에 부합하는 것을 알면 충분할 뿐 그 이외의 것은 알 수도 없고 관심도 없다고 말하는 것이다. 이와 반대로 사회에서 배분된 자리들이 우연적이고 자의적이며, 누구는 태어날 때부터 지배자고 누구는 태어날 때부터 피지배자인 것이 아니라는 것을 아는 것이 중요하다. '네 자신/자리를 알라'가 아니라 '네가 다른 모두와 지적으로 평등하다는 사실을 알라'를 쉬지 않고 빈자들에게, 나아가 모두에게 알려야 한다. 요컨대 지적인 평등이란 '아무나가 가진 능력'이다. 바로 그 평등한 능력, 능력의 평등에 기초할 때에만 '민주주의'로서의 정치는 가능하다.

현동적이면서 현실태로 존재하는 평등으로부터 결과하는 것은 무엇인가? 그것은 심지어 '불평등주의적 언표들'이 언제나 가능했고, 가능하며, 가능할 것임을 받아들인다. 바디우는 랑시에르가 불평등이 본래적으로 존재하는 장소에서 순간적으로 평등을 선언하는 데 만족할 뿐 평등한 자들의 공동체의 실현을 거부하며, 자신의 입장으로부터 실천적인 결론을 내리거나 예단하기를 중단함으로써 자신의 위치를 확보할 뿐이라고 비판한다. 이에

....

8   Jacques Rancière, *Le philosophe et ses pauvres*, Champs-Flammarion, 2007, p. XIII.

맞서 바디우는 평등주의적인 전제를 가정하는 것이 보편적인 명증성을 갖고 있음을 보이고, 불평등주의적 언표들의 불가능성을 예단할 수 있어야 한다고 말한다.[9] 그러나 랑시에르라면 이렇게 응수할 것이다. 바디우는 (지능의) 평등에 대한 의견을 '진리'로 가정할 뿐 아니라, 불평등주의적 언표를 말하는 자들의 지능을 열등한 것으로 간주함으로써 자신의 출발점을 스스로 거스르고 있다고. 랑시에르는 평등에 대한 서로 다른 사유와 의견이 논쟁을 하는 계쟁 상황 자체가 지능의 평등을 예증하고 있다고 본다. 바디우처럼 굳이 평등 전제가 참이고, 불평등주의적 언표는 거짓이라고 간주하지 않더라도 우리는 얼마든지 개인적으로나 집단적으로 싸울 수 있다.

물론 제도 교육이 평등이나 해방을 위해 아무것도 할 수 없으며, 진보론자들의 모든 개혁 시도들이 결국 우월한 자와 열등한 자, 지배자와 피지배자의 거리를 유지하는 것일 뿐이라는 체념어린 입장은 우리를 당혹스럽게 만들기에 충분하다. 하지만 이 책은 "창시자는 그것을 이미 예언했었다. 보편적 가르침은 뿌리내리지 못할 것이라고. 그는 사실 덧붙였다. 보편적 가르침은 사라지지 않을 것이라고."라는 문장으로 끝난다. 랑시에르도 비슷하게 이렇게 말하는 것만 같다. "불평등한 질서가 지배하는 사

9 Alain Badiou, "Rancière et la communauté des égaux," *Abrégé de métapolitique*, Le Seuil, 1998 참조.

회 속에서 그 사회와는 다른 개인들의 공동체를 작동시키는 것이 도처에서 언제나 가능하다."고. 평등의 실현을 약속하는 프로그램이 무너져버린 곳에 도래하는 것은 해방 정치의 불가능성이 아니라, 이미 존재하는 지적 평등을 위협하는 불평등의 사유에 맞서 지금 여기에서 행동해야 한다는 긴급한 요청이다. 자코토와 랑시에르의 지적 모험을 '보고', 그에 대해 '생각하고', 그로부터 '행동하는' 것, 그럼으로써 교육과 평등 그리고 정치에 대한 사유 체제régime de pensée를 다시 짜는 것. 이것은 이제 독자들의 역번역contre-traduction에 달려 있다.

· · ·

독자로서 본인은 자코토와 랑시에르의 '모험 이야기'인 이 책을 아주 흥미진진하게 읽었다. 역자로서 이 책의 리듬과 느낌을 독자들에게 전달하기 위해서는 '장인의 작업'이 필요하다. 그만큼의 '의지'는 있었으나 그만큼의 '결과'가 산출되었는지는 모르겠다. 또 하나의 서툰 번역으로 랑시에르의 사유를 왜곡하는 것은 아닌지 걱정이 앞선다.

이 책을 읽은 독자라면 주렁주렁 달린 옮긴이주의 존재 자체가 이 책의 주장에 위배된다고 생각할 것이다. 옮긴이주는 역자가 독자로서 했던 지적 모험들—책에 쓰인 것들과 다른 것들을 연관시키는 작업—의 흔적이라고 생각해주길 바란다.

늘 그렇듯 독자들의 반응은 언제나 두려움 그리고 동시에 설렘의 대상이다. 독자들의 질정을 바란다.

조제프 자코토의 지능, 그를 재연출한 랑시에르의 지능, 그것을 우리말로 옮긴 나의 지능, 원고를 교정·편집한 편집자의 지능, 이 모든 말과 글을 인쇄한 노동자들의 지능, 그리고 무엇보다 이 책을 역번역하게 될 독자들의 지능, 이 모든 하나의 동일한 지능을 위하여.

2008년 11월
양창렬

| 찾아보기 |

용어

ㄱ |

가르침, 교육 enseignement 15, 35,
37, 50, 65, 120, 126, 229, 256
검증, 입증 vérification 20, 25, 35~36,
47, 64, 67, 70, 72, 80~83, 85~86,
89, 94, 103, 127~131, 133, 138,
141~142, 152, 168, 185, 189, 211,
218, 229, 251~252, 254, 270
것/사물 la chose 11, 23, 52, 70, 72,
191
공동체 communauté 117, 139~140,
148, 272, 274
교육학 pédagogie 19~20, 23, 30~31,
221~222
교훈 leçon 25, 54, 132, 138, 175,
178~179, 267
구식 la Vieille 36, 49, 55~57, 62~63,
177, 202, 204, 223~224, 226,
236~237, 241, 244, 254
근거 raison 167~169, 173, 235

ㅁ |

말 길들이기, 승마 manège 38, 118,
165~166, 226,
무분별 déraison 72, 123, 150~151,
154~158, 160, 163, 165, 166,
168~169, 173~174, 176,
178~179, 181, 183, 186, 253

무시 mépris 107, 152~154, 165, 190,
272
무지한 자 l'ignorant 21, 32~34, 38,
63, 67, 69, 72, 78, 80~81, 84, 95,
126, 152, 181, 190, 225, 242, 245,
252, 265
무지한 스승 le maître ignorant
31~32, 65, 67~70, 72, 78, 81~82,
178, 245, 265, 267~270
물질성 matérialité 47, 70, 80, 126,
148

ㅂ |

바보 만들기 abrutissement 20,
22~23, 30, 38, 65, 76, 118,
147~148, 156, 182, 198, 201, 217,
221, 223~224, 226~227
발현 manifestation 60~61, 69, 82,
101, 105, 139, 181, 250~251, 253
방법 méthode 18, 20~21, 25, 28,
30~31, 34, 36, 51, 61~62, 64, 72,
81, 113, 118, 129, 132, 152, 172,
190, 192~193, 196~197, 199,
202~207, 210~211
번역 traduction 23~25, 48, 57, 76,
110, 112, 117, 124, 126, 128,
135~137, 248, 251, 253
보편적 가르침 l'enseignement universel
35~36, 39~41, 45~46, 76~77,
85~87, 93, 109, 112~113, 118,

무지한 스승

1판 1쇄 펴냄 2008년 11월 28일
1판 10쇄 펴냄 2015년 12월 1일
2판 1쇄 펴냄 2016년 8월 25일
2판 9쇄 펴냄 2023년 6월 15일

지은이 자크 랑시에르
옮긴이 양창렬

주간 김현숙 | **편집** 김주희, 이나연
디자인 이현정, 전미혜
영업·제작 백국현 | **관리** 오유나

펴낸곳 궁리출판 | **펴낸이** 이갑수

등록 1999년 3월 29일 제300-2004-162호
주소 10881 경기도 파주시 회동길 325-12
전화 031-955-9818 | **팩스** 031-955-9848
홈페이지 www.kungree.com
전자우편 kungree@kungree.com
페이스북 /kungreepress | **트위터** @kungreepress
인스타그램 /kungree_press

ⓒ 궁리, 2016.

ISBN 978-89-5820-392-6 93100